"『마마 콤플렉스』는 설득력 있는 글로 모성애가 무엇이어야 하는가에 대해 명확하게 밝혀놓음으로써 모성애를 재해석할 만한 가능성을 보여주는, 매우 총명하게 쓰인 책이다. 여성학 분야에서 저메인 그리어가 미치는 영향력만큼이나 모성애에 관해서 최고의 영향력을 끼칠 것이다."

― 존 얼바인 박사. 리드 클리닉 창시자. 베스트셀러작가이자 아동 심리학자

"모성애는 우리 인간 생존을 위한 뿌리일 뿐만 아니라, 인간의 모든 인간적 기능 즉, 생물학적, 사회적, 문화적, 영적, 경제적, 교육적, 예술적 기능 등을 아우르는 인간 존재의 서로 다른 면들의 중심에 자리하고 있습니다. 후기 현대 사회라는 맥락에서 보면 이 책은 21세기에 가장 중요한 책이라고 할 수 있습니다. 이 책은 매우 정교하고 아름다운 접근 방식으로 신비롭고 오묘한 모성애의 세계에 환상적이고 여성적으로 다가갔으며, 부성애가 아빠와 아이 사이에 미치는 영향력에 대해서도 탐색했습니다. 우리가 살고 있는 세계에 퍼져 있는 문제들은 남성 중심의 사회에서 엄마나 모성애를 폄하하면서 성을 만족감을 주는 도구로만 여기고 물질적인 것과 기업의 이익만을 중시함으로써 빚어진 끔찍한 결과입니다. 그 때문에 절차가 믿음을, 트위터와 문자가 대화를 대신하게 되었고, 인터넷 검색이 제대로 된 이해를, 끊임없는 수다가 다정한 침묵을 대체하게 되었습니다. 인류는 가끔씩 돌이켜보며 '문명'이나 '성장'이 그다지 대단한 것이 아니며 우리 사회에 다시 근본적인 자연스러움이나 자연으로의 회귀가 더 필요할지도 모른다는 생각을 하곤 하는데, 지금이 역사적으로 바로 그런 시점입니다.『마마 콤플렉스』는 물질주의, 모더니즘 그리고 미디어의 의식 없는 맹습으로 파괴되기 이전의, 영원할 것 같았던 그때로 되돌아가서 모성애의 진정한 의미를 되찾자고 역설합니다."

"제가 처음에는 이 책이 그렇게 큰 영향력을 미칠 것이라는 예상을 미처 하지 못했습니다. 하지만 책을 읽고 난 뒤에 영유아과 중환자실을 회진하게 되었을 때 제가 산모가 아기 곁에서 떠나지 않고 머물 수 있도록, 대신 모든 스텝들이 환자의 방으로 들어가라고 지시하고 있었습니다. 그 뒤로도 중환자실에서 책임간호사가 아기의 호흡관을 떼어낼 때 우는 아기를 달래려는 산모를 제지하면 화가 치밀어 오르는 것을 느꼈습니다. 저와 같은 임상의들이 바로 산모와 신생아 사이를 계속해서

갈라놓았던 것이고 치유와 건강에 필수적인 가족관계를 끊어왔으며, 규제와 정책을 들이대는 것으로 이 정신 나간 상황을 합리화하려고 했습니다. 적어도 제 주변에서는 다시는 이런 일들이 용인되지 않을 것입니다."

- K.J.S. 아난드, MBBS, D.Phil, 소아과, 마취과, 해부학, 신경과 교수

"안토넬라는 두 가지 아주 중요한 점을 강조합니다. 우선, 우리 사회가 애착사회가 되어야 한다는 것입니다. 그래야 특히 엄마들이 하는 역할이 좀 더 수월해집니다. 그리고 다른 하나는 애착육아에 대한 양극화된 생각에서 벗어나도록 해야 모든 사람들이 자신의 상황에서 맞는 방법으로 존재할 수 있다는 것입니다."

- 스티브 비덜프, 심리학교수, 베스트셀러 '남자아이 키우기'의 저자

"사랑은 삶의 본질이며 인류의 번성과 소통, 성장, 번영에 근본이 됩니다.『마마 콤플렉스』는 사랑의 욕구에 대한 시적인 헌정이며 사랑을 포용하는 것에 관한 안내서입니다. 깊이 교감하는 엄마와 아이의 관계에 대해 매우 고무적이며 교육적인 이 책은 인류의 성장에 필수적인 역할을 하는 엄마들과 아이들에 대한 사회적 보살핌이 얼마나 중요한지를 상기시켜줍니다."

- 피터 R. 브레긴 MD, 심리학자, 공감치료연구소 책임자,
베스트셀러 '독이 되는 정신의학', '정신의학 약물 퇴행' 저자

"『마마 콤플렉스』는 현대적인 모성애를 단번에 포용하고 있는 회고록이자 사회해체론이라고 할 수 있습니다. 작가는 각각의 장에서 10명의 전문가들과 충돌하면서 거북한 코러스를 만들어냈습니다. 가부장적인 주제를 제시한다고 해서 꼭 비주류의 음모론이라고 치부할 수는 없습니다. 2012년 작『섹스와 벌』에 나오는 작가 에릭 버코위츠의 주장은 좀 더 설득력이 있습니다. 고대의 입법자들과 생물학적으로 열세에 몰리는 것에 대한 두려움을 가진 남성들이 출산과 모성애를 그저 남성우월적인 공장에서 여성들이 하는 노동 정도로 치부하는 사회를 만들었다는 주장입니다. 그런 사회는 오늘날에도 실제로 존재하고 있으며 모성애는 여전히 중요한 일로부터 잠시 '휴가'를 받아서 하는 일 정도로 치부되고 있습니다. 한껏 애정을

쏟아서 한 인간을 빚는 일보다 더 중요한 무엇인가가 있다는 것이 당연시되는 사회인 것이지요. 『마마 콤플렉스』에 나오는 이들의 목소리가 모두 그와 같은 생각을 담고 있어서 설득력을 더해줍니다. 작가 본인도 개인적으로 경험한 모성애의 신비를 이야기했습니다. 남동생을 자살로 잃었고 어머니와도 파괴적인 관계로 등을 지고 살아왔던 작가 감보토 버크는 해돋이를 보면서 감탄하는 딸의 모습을 보고 '내 인생에서 가장 황홀했던 순간'이라고 표현했습니다. 바로 모성애를 경험한 것이지요. 아주 개인적이고 신비로우며 장엄하리만큼 강렬해서 의학적인 설명들로는 도저히 표현이 불가합니다. 그녀가 말하고 싶어 하는 것은 엄마들의 공통된 경험은 박사들조차 쉽사리 넘볼 수 없는 고귀한 가치가 있다는 것입니다."

- 잭 막스, 위켄드 오스트레일리안

"자살, 중독, 성, 그리고 연예인 문화와 같은 어둡고 흥미를 끄는 주제들을 다루어오면서 명성을 얻은 작가가 모성애처럼 평범하고 이미 우리들에게 익숙해져 있는 주제에 대해서는 어떻게 접근했을까요? 안토넬라 감보토 버크의 최신작 『마마 콤플렉스』는 갓 부모가 된 이들을 위한 지침서이면서 변화를 선동하는 주장이며 동시에 회고록이기도 합니다. 그러나 이 책의 본질은 '친밀함'에 관한 것입니다. 다른 어떤 책과도 다른 이 책은 독자들을 완전히 새로운 친밀함의 관계로 인도합니다. 아기와 나누는 친밀함이 바로 그것입니다. 이 책은 친밀함에 관한 우리들의 취약성을 짚어낼 뿐만 아니라 친밀함이 우리의 치유되지 않은 과거를 어떻게 다시 불러내는가에 초점을 맞춥니다. 마마는 애착에 대한 찬미인 동시에 아이와 가까워지기 위해 어떤 장애물이라도 뛰어넘으려는 우리의 노력을 치켜세워주고, 부모와 아이의 친밀함이 왜 평범한 것 또는 길들여진 것이 아닌가를 보여줍니다.

- 앤디 폭스, 데일리 라이프

"대단함, 대단함…… 이 훌륭한 책을 구입하세요!"

-제임스 매티슨, 채널10

마마 콤플렉스

나는 왜 부족한 엄마인가?

마마 콤플렉스

안토넬라 감보토 버크 지음 | 신주영 옮김

안토넬라 감보토 버크의
육아 가이드

★ **아이를 아껴주세요**

우리가 당장 내일 죽을지도 몰라요. 그러니 늘 오늘이 마지막이
란 생각으로 하루 종일 아이를 따라다니면서 입을 맞춰주고 껴
안아주세요. 카드에 글이나 그림으로 '네가 있어서 엄마가 행복
하다.'고 말해주세요.

★ **TV를 끄세요**

TV는 DVD를 보는 데만 쓰세요. 그것도 아기가 잠든 뒤에 보는
것이 좋아요. 아기와 함께 있을 때는 절대로 라디오나 음악을 크
게 켜두지 마세요. 될 수 있으면 텔레비전을 덜 보고 페이스북이
나 트위터도 하지 마세요. 우리가 그런다고 해서 아쉬워할 사람
은 아무도 없습니다.

★ **아이와 함께 산책을 나가세요**

스마트폰은 갖고 가지 마세요. 산책하는 동안 아이에게 말을 걸

어주고 주변에 보이는 것들이나 엄마의 어린 시절 이야기를 들려주세요. '바로 그 순간'에 집중하면서 아이와 좋은 관계를 만들어가세요.

★ **늘, 언제나, 항상! 아이의 손을 잡아주세요**

이런저런 세상일은 다 잊어버리고 편한 차림으로 천천히 걸어보세요.

★ **아이가 어릴 때는 다이어트에 너무 신경 쓰지 마세요**

여러분의 몸무게를 들먹이면서 안 좋은 말을 하는 사람들은 만나지도 마세요. 다이어트는 아이를 학교에 보내고 난 뒤에 시작해도 충분합니다. 그 전에는 케이크도 마음껏 드세요.

★ **춤을 춰보세요**

부엌이든 복도든 상관없어요. 아이 앞에서는 일부러라도 춤을 추세요. 꼭 음악이 있어야 하는 건 아니에요. 사실 가장 멋진 춤은 음악 없이 추는 춤이지요. 그냥 내키는 대로 몸을 움직여보세요.

★ 스트레스에 짓눌려 있는 사람은 만나지 마세요

그 사람이 가족이나 친한 친구여도 마찬가지입니다. 그래도 괜찮습니다! 그것 때문에 죄책감을 느낀다면, 엄마의 스트레스가 아이에게 얼마나 안 좋은 영향을 미치는지를 생각하세요. 그것보다 더 나쁜 건 없습니다.

★ 자기 전에 아이 곁에 누워 책을 읽어주세요

아이가 오늘 하루를 어떻게 보냈는지 잘 들어주세요. 혼자 글을 읽을 수 있게 되었어도 엄마가 책을 읽어주고 아이의 말을 들어주고 서로 이야기 나누는 것을 멈추지는 마세요. 커튼을 열어서 밤하늘의 별을 함께 보세요. 아이를 잃었거나 낳지 못하는 사람들도 있는데 내가 얼마나 큰 축복을 받은 사람인지 생각해보세요.

★ **빵 굽기를 시작하세요**

케이크가 덜어주지 못할 상처는 없어요. 맛있는 케이크는 모든 문제를 풀어주는 답입니다. 정말이에요!

★ **한동네 사는 엄마들과 친구가 되세요**

마음 맞는 친구를 찾아보세요. 유별난 사람들도 있지만 당신 일에 발 벗고 나서주고 당신을 웃게 만드는 친구를 만날 수 있을 거예요.

★ **파티용품을 준비하세요**

사랑할 수 있다는 것은 특권입니다. 마땅히 축하해야 할 일이에요!

antonellagambottoburke.com

차례

사랑의 언어

미셸 오당

> "안토넬라가 딸에게 느끼는 열정은
> 이 책 전체를 이어주는 금빛 실타래라고 할 수 있습니다."

　최근 프랑스의 한 신문에 국립학교 시스템의 명칭 변경에 관한 프로젝트가 소개되었는데, 필자는 '유치원의 명칭인 에꼴 마테네르(Ecole maternelle, 2살부터 6살까지의 아이들을 위한 학교)'를 '에꼴 프리메이에르(Ecole primaire)'로 바꿔야 한다고 주장했습니다. '요즘 들어 100년 가까이 사용해온 에꼴 마테네르의 maternelle라는 단어가 성차별적이라고 여겨지기도 하고, 아가들에게 엄마가 꼭 필요하다는 걸 암시하기 때문'이라는 것입니다. 같은 날 미국 국방부 장관 리온 파네타는 여군들에게 전투보직을 개방하지 않겠다던 기존의 방침을 철회한다고 발표했습니다. 이제는 여자들도, 심지어 엄마들까지 남자들처럼 사람을 죽일 수 있는 허가를 얻게 된 셈입니다.

저는 그런 상황에서 이 책을 읽게 되었습니다. 내용은 저자 안토넬라 감보토 버크의 에세이와 그녀가 해온 여성성과 육아에 관한 전문가들의 인터뷰입니다. 저자는 세대를 초월한 관점으로 지금의 유니섹스 사회를 비판할 가장 품위 있고 간결한 방법을 찾았습니다. 안토넬라는 우리 사회 곳곳에서 볼 수 있는 여성성 훼손을 지적합니다. 그녀는 오히려 "지금 우리의 문화는 남성우월주의에만 쏠려 있어서 이제까지 여성적인 것으로 여겨온 연민이나 다정함, 수다, 따뜻함 같은 표현들조차 지금은 여자들의 직업적 성공에 걸림돌이라고 여겨진다."고 주장합니다.

이 주제에 관한 작가의 입장은 아주 독특합니다. 에세이 작가이자 비평가이며 언론인이자 애착부모인 그녀는 딸이 네 살이 될 때까지 한 침대에서 잠을 잤습니다. 의사들은 그녀에게 난산의 후유증으로 애착문제나 산후우울증이 생길 수 있다고 경고했습니다. 하지만 그녀는 "어떤 전문가도 우리 부부가 부모가 되고 나서 몇 년 동안 경험한 것들 덕분에 얼마나 큰 행복을 누리게 될지를 미리 알려주지 않았다."고 말합니다. 그녀는 크리스마스 다음 날 아기를 낳았습니다. "갓 태어난 딸을 안고 크리스마스 장식이 가득 달린 나무들 사이를 지나가면서 저는 마치 모든 법칙이 무시되는 은하계로 들어가는 느낌이 들었습니다." 그렇게 신세계에 매료된 그녀는 모성애의 의미를 제대로 알고 싶어서 저와 가보 마테, 실라 키칭거, 로라 마크햄 등을 인터뷰했습니다.

그녀가 딸에게 느끼는 열정은 이 책 전체를 잇는 금빛 실타래라고 할 수 있습니다. 그녀는 자신이 딸을 사랑하는 마음은 할머니가 보여주었던 "연민 어린, 감정적, 부드러움"에서 비롯된 것인데, 지금은 그런 것들의 가치가 제대로 인정받고 있지 못하다고 말합니다. 저도 그녀의 할머니와 같은 시대의 사람이어서 그 말에 전적으로 공감합니다.

여러 세대를 살아온 제 개인적인 관점에서 보면, 남녀관계에 관한 문화적인 환경은 빛의 속도로 바뀌고 있습니다. 그 예로 1920~1930년대에는 누구나 집에서 아이를 낳았고 여자들은 '내가 분만하는 모습을 남편이 지켜본다는 건 상상할 수도 없어.'라고 했습니다. 출산 후에 성적 매력을 잃게 될까 봐 걱정했던 것이지요. 그런데 불과 몇십 년밖에 지나지 않은 지금은 모든 여자들이 반대로 '남편 없이 혼자서 아이를 낳는다는 건 상상할 수도 없어."라고 말합니다.

오늘날의 문화적 환경은 기본적으로 '남자가 할 수 있는 것이라면 무엇이든 여자도 할 수 있다.'고 믿고 있고, 남자들의 생각도 별반 다르지 않습니다. 남자와 여자의 장점이 서로 다르다는 언급만으로도 성차별이라는 비난을 받을 정도지요. 과학적 관점과 상식이 서로 가장 막역한 동지가 되면서 기존의 문화적 환경은 급속히 무효 처리되고 있습니다. 이것이 바로 제가 출산 분야의 의료전문가들의 세미나와 워크숍에서 알게 된 것입니다.

저는 '쉬운 출산'을 설명한 뒤에 관계자들의 반응을 살펴보고 싶었습니다. 그래서 불빛이 거의 없는 작고 따뜻한 방 한 편에서 진통이 시작된 임산부 곁에 어머니처럼 보이는 산파가 혼자 앉아서 말없이 뜨개질을 하고 있는 장면을 보여주고 느낀 점을 물어보았습니다. 21세기를 사는 사람들로서는 그런 단순한 시나리오를 경험한 적이 없기 때문에 문화적으로 받아들이기가 쉽지 않았을 것입니다.

제가 그런 출산의 영향을 설명할 수 있는 이유는 1950년대 초 프랑스의 한 산과병원에서 일했던 경험 때문입니다. 그때까지만 해도 현대의 '자연분만'에 관한 기본 이론조차 제대로 정립되어 있지 않았습니다. 아무튼 그 질문에 대해 가장 흔한 반응은 '뜨개질을 여자들이 원래 하는 일'로 여기게 만들어서 성차별적이라는 것이었습니다. 그리고 "아이 아빠는요?", "산파가 남자면요?" 하는 질문들도 쏟아졌습니다. 그들이 보인 반응이 바로 저자 안토넬라가 '여성성의 훼손'이라고 표현했던 것들입니다. 저는 보통 그런 질문을 받으면 논쟁하거나 즉답을 하지는 않습니다. 오히려 최근의 생리학적 발견들에 비추어 그런 상황을 해석해주지요.

뜨개질 같은 단순반복적인 활동이 주는 영향을 연구한 생리학자들이 있습니다. 덕분에 뜨개질이 아드레날린을 줄여준다는 사실을 알게 되었지요. 그렇다면 산파의 아드레날린 수치는 왜 중요할까요? 최근 새로이 등장한 거울신경 시스템 탐색이라는 분야의 연구에서는 감정이 얼마나 쉽게 전염되는지를 정교하게 보여줍니다. 그런데 거기에 아드레날린 전염에 관한 세부적인 연구도 포함되어 있습니다. 다시 말해 뜨개질을 하는 산파는 진통중인 산모의 아드레날린 수치가 최대한 낮게 유지되도록 돕고 있는 것입니다. 산파가 꼭 그렇게 하는 이유는, 아드레날린 호르몬의 발산이 출산에서 가장 중요한 호르몬인 옥시토신의 분비를 방해하기 때문입니다. 따라서 아드레날린 수치를 좌우하는 모든 요소들이 고려되어야 합니다. 방안 온도가 따뜻한 것도 그렇고, 산모가 경험 많고 어머니처럼 여겨지는 산파에게 안전함을 느끼는 것도 다 아드레날린의 분비를 억제시켜줍니다.

인간의 출산에는 독특한 점이 있습니다. 뇌의 일부인 신피질이 매우 극단적으로 발달되어 있다는 것입니다. 신피질은 지적 능력의 뇌를 말합니다. 그 '생각하는 뇌'의 활동이 출산과정처럼 내 마음대로 할 수 없는 일들을 제어할 수 있습니다. 그렇기 때문에 진통중인 산모를 신피질의 자극으로부터 보호해야 합니다. 사람은 자신이 누군가에게 관찰당하고 있다고 느끼면, 자기 스스로 자신을 관찰하고 의식하기 시작합니다. 신피질이 작동되는 것입니다. 산파 한 명만 있는 분만환경이 권장되는 이유가 바로 그것 때문입니다. 산모 옆에는 한 사람만 있어야 사생활이 보호될 가능성이 높아집니다. 누군가에게 관찰당하고 있다는 느낌을 덜 받기 때문에 안정적인 심리상태가 유지되는 것이지요. 실제로 많은 전통사회에서 산파가 둘이면 분만이 어려워진다는 속설이 있습니다. 그래서 우리도 작고 빛이 거의 없는 방, 그리고 산파가 산모 앞이 아니라 한구석에서 조용히 뜨개질을 하는 상황을 설정해본 것입니다.

어떤 상황이 미치는 영향을 생리학적으로 해석할 때는 역설적이게도 이렇게 사례로 제시하는 것이 참가자들의 의견을 이끌어내기가 좋습니다. 오늘날, 약물을 과다처방하거나 제왕절개수술을 너무 많이 시행하는 의사들에 대한 비판은 정치적으로 옳게 여겨집니다. 그런데도 순산을 도우려는 저의 제안은 문화적으로 쉽게 받아들여지지 않습니다.

과학과 상식의 충돌을 설명할 방법은 많습니다. 1953년 무렵, 제가 파리의 한 산과병원에 있을 때 저는 출산 직후에 아기와 같이 있어도 되는지를 물어보는 산모를 본 적이 없습니다. 당시에는 문화적으로 아이를 떼어놓는 것이 너무 강하게 당연시되어 있었습니다. 엄마들 모두 신생아에게 '보살핌'이 필요하다고 생각해서 자기 아기를 곧바로 간호사들에게 넘겨준 것입니다. 엄마와 아기가 한 방에 있어야 한다는 생각은 아무도 하지 않았던 것입니다.

그런 맥락에서 보면, 신생아에게 엄마가 필요하다는 사실은 과학적인 관점으로부터 '갑자기' 알게 된 것인데, 이것이야말로 정말 중요한 발견입니다! 몇몇 과학자들은 엄마와 아기의 애착형성에 가장 중요한 시기를 소개했고, 다른 과학자들은 출산과정에서 변화하는 호르몬이 행동방식에 어떤 영향을 미치는지를 연구했습니다. 초유를 연구한 과학자도 있고, 아기가 태어난 지 한 시간 안에 엄마 젖을 찾을 수 있다는 사실을 발견한 과학자도 있습니다. 또 출산을 세균학의 관점으로 연구해서 아기는 미생물을 출생 직후 엄마에게서 옮겨 받는 것이 가장 이상적이라는 결론을 얻어낸 과학자도 있습니다.

그런데 흥미롭게도 21세기인 지금, 수준 높은 과학적 관점으로 확인할 필요도 없이 그러한 '상식'을 다시 발견해낸 사람이 바로 이 책의 저자인 안토넬라입니다. 이 책의 제목이기도 한 "마마(mama, 영문판 원제)"는 그녀의 딸 베데스다가 4개월 때 처음으로 말했던 단어라고 합니다. 라틴어로 "mamma"는 포유류 중에서 남녀 관계가 상호보완적인 것이 특징인 호모사피엔스를 구분하는 데 영감을 준 단어이기도 합니다. 아기들은 우리가 상식을 재발견하는 데 도움이 될 것입니다.

안토넬라는 "저는 딸을 보면 가슴이 터질 것 같습니다…… 존중되어야 할 부드러움, 느낄 수 있는 능력으로 성스러워진 것, 저는 이것이 바로 여성성이라고 생각합니다. 그저 작은 소녀, 그 소녀의 엄마 그리고 포플러나무 사이로 부는 바람 같은 것들이요."라고 말합니다.

상식은 그녀의 글이 전 세계 각국에서 출판되고 있는 이유 중 하나에 불과합니다. 그녀가 딸에게 느끼는 헌신의 깊이는 포유류인 인간으로 살아간다는 것이 무엇인가를 다시금 생각하게 해줍니다.

미셸 오당
영국, 런던

21세기에 엄마로 산다는 것

안토넬라 감보토 버크

> "엄마와 젖먹이를 떼어놓는 문화는
> 역사적으로도 가장 과격한 문화로 구별되어 왔다."

거의 모든 엄마들이 그러는 것처럼 나도 한때 '엄마가 된다는 것'을 직장생활을 제대로 해낼 능력이 없는 여자들이 선택하는 차선책 정도로 생각했다. 삼십 대 때는 나나 내 친구들이나 엄마라는 존재를 단조로운 사람 또는 사육자쯤으로 여겼다. 그 당시 우리는 '엄마가 된다는 것'은 존재의 이유가 될 수 없고 그냥 어쩔 수 없이 받아들이는 것이라고 생각했다.

사실 서구사회에서는 이러한 인식이 거의 모든 이들에게 팽배해 있다. 높은 이상을 추구하는 여자들은 이제 자녀양육을 고학력 엘리트의 능력을 썩히는 일로 여겨 '관계'보다는 '도전'을 갈구한다. 영국의 경제학자 엘리슨 울프에 따르면 서양의 대학에서는 학부생

중에서 여자의 비율이 훨씬 높다고 한다. 현재 미국의 학부 졸업생들의 성비도 남자 3명에 여자 4명꼴이고, 영국 역시 학부생과 대학원생의 60%가 여자다. 미국의 하버드대와 래드클리프대 졸업생들을 조사했더니 갈수록 더 많은 여자들이 결혼을 늦추고 있고, 아예 아기를 낳지 않는 여자들도 40%에 가까운 것으로 나타났다.

최근 영국의 재무부에서는 엄마가 자녀를 직접 양육하는 것을 '여러 삶의 방식 중 하나의 선택'이라고 해서 동성애나 나체주의와 같다고 보는 시각을 드러냈다. 존경 받는 여성들이 그런 시각에 힘을 실어주기도 한다. 인기 여배우 케이트 블란쳇은 셋째를 낳은 지 일주일 만에 회담에 나가 연설을 했고, 프랑스 대통령 니콜라스 사르코지 내각의 전직 장관이었던 라시다 다티도 제왕절개수술을 한 지 5일 만에 힐을 신고 업무에 복귀했다. 미국 배우 할리 베리는 둘째를 임신했을 때 이런 말을 했다. "출산 후 최대한 빨리 다시 일을 시작할 거예요. 첫째를 낳고는 4년 가까이 쉬었는데, 지금은 모든 일이 너무 잘 되고 있어서 일을 계속하고 싶어요."

가수 릴리 알렌 역시 하루라도 빨리 찬사와 관심을 받을 수 있는 세계로 복귀하고 싶다는 욕심을 노골적으로 드러냈다. 그녀는 당시 세 살도 안 된 자기 두 딸들에 대해서 이렇게 말했다. "저는 아이들을 사랑합니다. 그러나 제가 원래 인내심이 없고 바쁜 사람이라서 말 못하는 아기 둘하고 같이 있자니 너무너무 지루해요! 팬들과 제 음악에 대해 나누는 긍정적인 교감, 공연에서 느끼는 쾌감, 협찬 받은 옷이나 핸드백, 멋진 식당에서 마련해준 좋은 자리 같은 것도 그립습니다!"

엄마로 산다는 것을 너무나 하찮게 여기는 요즘, 이 정도는 그리 놀라운 일도 아니다. 영웅심과 성공은 어느 문화에서나 이상으로 여겼다. 그런데 그것이 편견 때문에 얼마나 좁은 의미로 해석되고 있는지 지금의 문화에 고스란히 드러난다. 인류 역사를 봐도 영웅적인 행동은 특별히 남자들에게만 국한된 것으로 여긴다. 간혹 전쟁 중에 영웅 대접을 받은 여자들이 있기는 해도 형식적인 것에 불과했다. 사실 영웅심의 중심축은 용기, 자기희생, 다른 생명에 대한 존중이다. 그런데도 아이를 낳다가 희생된 수많은 어머니들은 잊혔다.

출산과 양육이 죽음을 무릅쓰는 일인데도 그 중대성을 제대로 평가해주는 곳은 아무데도 없다. 심지어 출산은 거의 모든 나라에서 페미니스트들에게 폄하되고 있고, 남자들에게는 감상적인 것으로 치부된다. 시리아 내전에서 목숨을 잃은 사람들의 수보다 2013년 전 세계적으로 아이를 낳다가 숨진 여자들의 수가 4배나 더 많다. 그런데도 그들의 죽음은 신문이나 긴급구호 게시판에 언급되지 않았고, 구호물품이나 대중의 격분조차 얻어내지 못했다. 매년 임신이나 출산 중에 목숨을 잃은 293,000여 명의 여자들과 임신이나 출산의 부작용 때문에 생긴 크고 작은 병으로 고생하는 10~70억 명의 여자들에게는 아무도 관심을 기울이지 않는다. 우상으로 추앙되는 것은 고사하고 월계관을 씌워주거나 메달을 걸어주거나 행진을 해주는 일도 당연히 없다.

대통령들은 희생당한 어머니들을 위해 묵념하지 않는다.

만약 전쟁영웅들의 희생을 기념한다고 리본과 사탕바구니를 선물한다면 모욕적이라고 생각할 것이다. 그러면서도 과다출혈로 죽음 직전까지 갔거나, 회음부절개술이 잘못 돼서 성기가 망가졌거나, 제왕절개수술을 받다가 방광이 잘렸거나, 마취가 잘못 돼서 반신불수가 되었거나, 산후우울증으로 고통 받고 있는 수없이 많은 엄마들은 매년 어버이날이나 돼야 겨우 작은 감사의 선물을 받을 뿐이다. 어쩌면 앞서 말한 숫자가 믿어지지 않을지도 모르겠다. 하지만 한 의료 연구기관의 조사 결과를 보면, 2008년 미국에서 출산한 여성의 94%가 출산 후유증을 경험했다고 한다.

그럼에도 불구하고 출산으로 생긴 심각한 감정적, 영적, 육체적인 문제들은 철저히 외면되거나 심지어 조롱까지 당한다. 피트니스 잡지에서는 "출산하셨네요, 축하 드려요. 그럼 이제부턴 뭘 하실 건가요? 보통 산후 6주부터는 다시 운동을 시작하셔야 해요."라고 나불댄다. 실제로 이런 광고는 이제 너무나 흔하다. 출산은 여느 이벤트와 다를 바 없고, 잘 끝냈으니 이제부턴 나보다 아기를 더 위하는 고리타분한 생각 따위는 버려야 하며, 엄마가 아기를 떼어 놓는 것은 너무 당연하다는 인식이 팽배한 것이다. 엄마와 아기의 단절이 얼마나 심각한지는 "페이스북 좀 그만하고 나 젖 좀 줘!"라는 문구가 새겨진 우주복이 인기를 끄는 것만 봐도 알 수 있다.

엄마와 아기의 애착관계는 단계적으로 약해진다. 단절은 엄마들이 의료전문가들에게 열등감을 느끼고 검사나 목욕 때문에 자꾸 아기를 떼어놓게 되는 병원에서부터 시작된다. 한 엄마는 출산 과정에서 트라우마가 생겼다고 한다. "제 아들의 심장박동 수치는 괜찮았어요. 그런데도 그들은 아기 얼굴만 잠깐 보여주곤 제가 안아보기도 전에 곧바로 아기를 신생아집중치료실로 데려가 버렸어요. 제왕절개수술 부위를 꿰매는 동안 저는 제가 아이를 낳은 게 아니라 맹장수술을 받은 것 같은 느낌이었어요. 아기를 안아보지 못해서 아무런 교감도 느끼지 못했거든요."

더 어처구니없었던 건 그녀를 신생아집중치료실에 데려다줄 간호사가 없어서 이튿날까지도 아기를 볼 수 없었다는 사실이다. 그녀는 결국 갓 태어난 자기 아들을 보겠다는 일념으로 사람들의 만류를 뿌리치고 3층 계단을 스스로 걸어 내려갔다. "아기 곁에 앉아서 이야기도 하고 아기를 만져보고 싶었어요. 그런데 의료진은 계속해서 저한테 아기를 안아보게 해주려면 너무 많은 장비를 옮겨야 하고 아기가 너무 약해서 아직은 위험하다고 말했어요. 아기가 그때까지 젖 빠는 동작을 보이지 않아서 제가 필요 없다고 생각한 거죠. 한마디로 저는 자기들 일에 방해만 되는 사람이었던 거예요. 그들은 교감, 사랑, 온기에는 아무런 관심도 없었습니다."

그런데 수치스럽게도 이 지구상에서 갓난아기를 엄마에게서 떼어놓는 포유류는 인간밖에 없다. 예일대 심리학과와 신경생물학과 교수인 존 크리스털 박사는 엄마에게서 분리된 갓난아기가 받는 영향은 상당히 심각하다고 밝혔다. 엄마와 떨어진 생후 이틀 된 아기의 심장박동 수와 자율신경계의 활동은 다른 아기들보다 176%

나 높았다. 엄마에게서 떨어진 갓난아기가 어느 정도 스트레스를 받을 것이란 예상은 했지만, 그의 연구로 분리불안이 갓난아기들에게 얼마나 중대한 생리적 스트레스인지 확인할 수 있었다.

발달장애가 엄마와 갓난아기의 분리와 연관되어 있다는 것도 새삼스러운 발견이 아니다. 과학자들은 수세기 동안 갓 태어난 새끼 동물을 어미에게서 떼어놓고 새끼들의 뇌에 어떤 영향이 있는지를 연구해왔다. 그런데도 병원이나 사회가 엄마와 아기를 대하는 방법에는 크게 달라진 것이 없다.

참담하게도 어미와 갓난아기의 분리는 결과적으로 여러 세대에 걸쳐 대물림 되는 부작용을 낳았다. 아이들은 돌봄기관에 맡겨졌다가 다시 학교에 맡겨지고, 어른들은 심장마비가 올 때까지 일을 하다가 노인이 되면 요양기관에 맡겨져서 죽음을 맞이한다. 이 모든 과정에서 우리가 잃는 것은 결국 사랑이다. 배변이나 목욕 같은 기본적인 생리활동을 처리해주는 의무적인 돌봄과, 살고 싶은 마음이 들게 해주는 친밀함의 경험은 하늘과 땅만큼 다르다. 우리는 삶의 단순한 행복을 의도적으로 지우고 있는 것이다.

이러한 태도가 가져온 가장 파괴적인 면은 섬세한 모성애가 문화적으로 받아들여지지 않는다는 것이다. 제대로 된 모성애는 조용하고 평화로우며 지속적인 상황에서만 발달할 수 있다. 어른이 되었을 때 사람을 사랑하고 교감하는 능력은 세심한 모성애에 따라 좌우되며 그 시대의 문화에까지 영향을 미친다. 엄마와 아이를 떼어놓는 문화는 역사적으로도 가장 과격한 문화로 구별되어 왔다. 그런데 엄마들의 자궁이 제대로 수축되기도 전에 일터로 돌아가라고 협박하는 지금의 문화에서 어떻게 섬세한 모성애가 발달할 수 있겠는가? 그럼에도 불구하고 그러한 협박은 수단과 방법을 가리지 않는다. "잘 나가던 직장에서 잘릴지도 모르는데 걱정되지 않니?" 이런 말은 염려처럼 들리지만 실제로는 수치심을 느끼게 한다. "아기를 낳은 다음 예전 몸매로 돌아갈 계획은 세웠나요?" 이렇게 돌려서 말하기도 한다. 그리고 "아기에게 최고의 것을 해줘야 하지 않겠어?" 하면서 재정적인 부분을 압박하기도 한다.

내가 아는 직장인 엄마 둘은 마음이 따뜻하고 적극적이지만 늘 지쳐 있었다. 한 엄마가 "이렇게 말하면 죄책감이 들지만, 애들을 돌보는 것만으로는 충분치가 않아." 하고 말했다. 그래서 내가 육아가 충분히 자극적이지 못하다는 뜻인지 아니면 사회적으로 육아를 대수롭지 않게 여기는 것이 불만스럽다는 뜻인지를 물었다. 그러자 그 엄마는 잠깐 당황하더니 화난 말투로 대답했다. "애들 얘기를 하면 다들 지루해 하거든."

지난 2000년에 여배우 줄리아 로버츠에게 아카데미 여우주연상을 안겨준 "에린 브로코비치"는 실화를 바탕으로 한 영화다. 아이 셋을 둔 저소득층 싱글맘인 주인공은 성공을 거둔 뒤에도 근무시간이 길고 업무도 과중한 직장을 왜 그만두지 않느냐는 질문에 이렇게 반문한다. "어떻게 저한테 그런 요구를 할 수 있죠? 저는 난생처음으로 사람들에게 존경받고 있어요. 제 고향에선 이제 제가 나타나면 모두 하던 일을 멈추고 제 말에 귀를 기울여요. 저는 여태 그런 대우를 받아본 적이 없어요, 단 한 번도! 그러니까 저한테 직장을 포기하라는 말 같은 건 하지 마세요."

미국의 영화감독 브레드 버드 역시 이런 어이없는 반응을 경험했다. 편집자인 그의 아내가 아이들에게 전적으로 집중하기로 결정했을 때 사람들이 보인 반응도 그랬다. "아내가 일 얘기를 할 때는 모두들 동의하고 이해했어요. 그런데 아내가 집에서 일하는 엄마라고 말하는 순간, 그들의 표정에서 아내가 하는 일을 무시하는 느낌을 받았습니다."

이것이 모든 엄마들이 흔하게 겪는 괴롭힘의 하나다. 그러면 기가 죽은 엄마들은 자신의 나약함을 사회에서 받아들여지는 방식으로 재포장한다. 갓 출산한 엄마가 어느 인터넷 게시판에 "갓난아기가 있는데 직장에 복귀하는 가장 적당한 시기는 언제인가요?"라는 제목의 글을 올렸다. "생각만 해도 눈물이 나지만 남편과 가족들에게 모든 것을 기대야 하는 지금 상황을 더는 견딜 수가 없어요! 저는 늘 누구의 간섭도 받지 않고 제가 사고 싶은 것을 살 수 있을 만큼 열심히 일해왔거든요!"

그녀는 돈으로 모든 것을 해결할 수 있다고 생각하고 있다. 또 출산 후 얼마나 빨리 예전 몸매로 돌아갈 수 있는지를 세상에서 가장 중요한 가치로 여긴다. 그 게시판을 들여다보는 여자들 대부분이 그녀와 똑같은 고민을 하고 있을 것이다. 그러나 그녀에게 정말로 필요한 것은 부드러운 도움의 손길이며, 자기가 낳은 갓난아기와 교감할 수 있도록 도와주는 사람이다. 그런데도 정작 그녀가 인터넷 게시판에서 얻은 것이라곤 '요즘은 누구나 신생아를 두고 바로 직장에 복귀한다.'는 집단적 위로와 직장에서 바쁘게 일하다가 집에만 있게 된 것을 따분하게 느끼는 다른 여자들의 불만의 목소리들뿐이다.

엄마들은 인생의 가장 중요한 시기에 사회로부터 끊임없이 절망감을 경험한다.

중국, 그리스, 인도, 일본, 한국, 베트남 등에서는 아직까지도 출산 후 30~40일 동안 산모와 갓난아기가 바깥출입을 삼가고 서로 교감하는 시간을 갖게 하는 문화가 지켜지고 있다. 이 기간은 산모들이 상상하기 어려울 만큼 많은 에너지를 쏟아야 하는 출산을 마치고 나서 몸을 회복할 수 있도록 배려한 기간이며, 동시에 새로 시작된 엄마 역할에 익숙해지도록 아기와 산모가 교감하는 시간이다. 그런데 수많은 여자들이 그 시간을 병원이라는 낯선 환경에서 쫓기듯 보내면서 자연분만에도 실패하고 수유도 못하는 상황이 되었다. 세상에서 가장 순수한 축복과 행복이 가득해야 할 출산이라는 경험의 가치가 경제적인 이유로 과소평가되고 있는 것이다.

산모와 갓난아기 사이의 교감이 상징하는 즐거움과 만족감을 대수롭지 않게 여기는 문화는 수많은 파문을 일으킨다. 불완전하고 나약한 존재인 인간의 자존감 형성에 가장 큰 영향을 미치는 모성애가 점점 약해지면서 다른 사람을 받아들이고 교감하는 능력에 타격을 입었고, 결과적으로 사랑을 주고받는 능력이 사라지고 있다. 하지만 느긋한 어머니의 사랑은 우리의 부족함과 나약함을 전적으로 받아주는 유일한 사랑이다. 우리에게 안도감을 주는 것은 오직 모성애뿐이다.

수중분만의 창시자인 미셸 오당은 출산과 삶의 유대감에 근본적인 영향을 미치는 사랑호르몬인 '옥시토신' 시스템이 약해지면서 재앙에 가까운 결과가 초래되었다고 믿는다. 우리 문화가 아드레날린으로 정의되고 말았다는 것이다. 지금 우리는 아침잠을 깨우는 진한 커피, 시끄럽게 울리는 자명종 시계, 텔레비전, 라디오는 물론이고 사랑을 찾는 방법조차 SNS에 휘둘릴 만큼 삶의 모든 영역에서 무리하게 떠밀려 다니고 있다.

하지만 아기들은 그렇게 억지로 밀어붙여서 되는 존재들이 아니다. 균열은 바로 거기서부터 시작된 것이다.

IT세계에서는 "느림보다 빠름이 더 좋다."고 규정되어 있지만, 가속도를 숭배하는 움직임은 친밀감을 가로막는 가장 큰 방해요소요 자녀양육에도 가장 해로운 독이다. 가속화된 존재는 우선순위나 선택을 고려할 여유가 없는 것은 물론이고, 아예 깊이 고려하는 것 자체가 불가능하다. 삶은 그저 다가오는 것이고 우리는 그것에 반응하는 데만 급급하기 때문이다. 이제는 모든 기준이 과학기술에 의해 정해진다. 모든 것은 눈에 띄어야 하고, 밝고 순간적이어야 한다. 그런데 친밀감은 조용하고 아주 느리며 인내심이 요구되는 것이다.

애착이란 반복적으로 노출되고, 지속적으로 나약함을 나누는 관계에서 나오는 산물이며, 믿음의 결과물이다. 사랑은 결코 서둘러서 되는 것이 아니다. 우리 문화는 바로 이런 점에서 허물어지기 시작했다. 자녀양육에는 반드시 교감이 필요하다고 분명하게 언급해야 한다는 것 자체가 21세기를 살아가는 사람들이 얼마나 자기 자신의 마음과 단절되어 있는지를 보여준다. 감정은 더 이상 인간 정체성의 중심에 존재하지 않는다. 바로 그것이 인류의 가치를 위험에 몰아넣었다.

유아 정신건강 분야의 연구자로 이름난 브루스 페리 박사는 인류가 지닌 가장 중요한 능력은 '관계를 만들고 유지하는 능력'이라고 했다. 그것이 바로 인간이 어려움을 극복하고 배우고 일하고 사랑하며 자손을 이어가는 데 가장 중요하다고 본 것이다. 그는 조심스레 그것이 뇌의 특정 부분의 구성과 작동능력에 관계가 있다고 설명한다. "인간의 뇌는 우리가 보고 듣고 냄새 맡고 맛보고 생각하고 말하고 움직이게 하는 기관일 뿐만 아니라 우리가 사랑하게 또는 사랑하지 못하게 하는 기관이기도 합니다. 이 뇌 시스템은 생후 첫돌까지와 유아기에 발달하는 정서적 관계를 형성하고 유지하게 해줍니다."

연구원 데이비드 메틀러도 그 말에 동의한다. 인간 발달과 가족에 관한 연구는 환경과 문화로부터 너무 많은 영향을 받기 때문에 인류 전체에 적용 가능한 학설이 존재한다는 것이 거의 불가능하지만, 애착에 관해서는 "아주 특별한" 부분이 있다는 것을 알아낸 것이다. 다양한 문화와 환경에 걸쳐 진행된 상당수의 실증적인 연구들을 분석해보니 애착에 대해서만큼은 전 인류에게 동일한 학설의 적용이 가능하더라는 것이다.

애착관계에 관한 실질적 연구는 2차 세계대전 당시 시작되었다. 지그문트 프로이드의 딸이자 유아심리상담학의 창시자인 안나 프로이드가 1940년 영국의 대공습 때 가족으로부터 떨어져서 안전한 장소에 피신해 있던 아이들의 성장에 문제가 생겼다는 것을 발견하면서부터였다. 그 아이들은 부모보다 신체적으로나 지적으로나 더 우월한 보호자들의 보살핌을 받았음에도 폭력성, 정서적 위축, 벽에 계속해서 머리를 들이박는 자해행동, 야뇨증, 신경질 같은 행동장애 증상을 보였다. 프로이드는 그것이 애착관계의 단절에서 비롯된 것임을 깨달았다. 그리고 작은 아이들이 느끼는 비탄이 얼마나 깊고 심각한지를 도무지 인식하지 못하는 어른들의 불감증을 안타까워했다.

프로이드는 심리학자 존 보울비가 같은 주제를 탐색하는 데 기초를 제공했다. 지금은 애착관계 학설의 아버지로 알려진 보울비가 1951년 세계보건기구에 발표한 논문은 발달심리학의 환경을 완전히 바꿔놓았다. 그 논문에서 그는 영유아들의 정신건강에는 엄마와의 따뜻하고 친밀하며 지속적인 관계 또는 꾸준히 보살펴주는 다른 한 사람의 돌보미가 절대적으로 필요하며, 그런 관계에서만이 두 사람 모두 만족감과 즐거움을 느낄 수 있다고 강조했다. 그런 관계일 때는 정신질환의 극단적인 특징인 불안이나 죄책감 등의 감정이 나타나지 않고, 원만하고 일반적인 방향으로의 발달이 이루어질 수 있다는 것이다.

간단히 말해서 "잘 키우든 못 키우든 아이들은 어차피 알아서 크기 때문에 양육은 실질적인 직업이 아니다."라고 한 저메인 그리어의 주장은 사실이 아니라는 말이다. 부모의 헌신은 아이들에게 돌이킬 수 없을 만큼 절대적인 영향을 미친다. 신생아의 뇌는 출산 당시 20~25퍼센트만 완성된 상태로, 이때는 자율신경계인 심장박동과 숨쉬기 정도만 가능하다. 따라서 뇌의 나머지 부분은 신생아가 사랑을 얼마나 경험하느냐에 따라 다르게 발달하는 것이다. 최근에는 신생아들이 너무나 예민하다고 해서 '외부태아'라고 부르기도 한다. 진화의 측면에서 보면 환경과 상황에 맞춰 아기를 맞춤식으로 만들어낼 수도 있다는 뜻이다. 결론적으로 생후 첫 3년은 나중에 어른이 돼서 사랑스러운 인간관계를 이루고 행복을 누리는 기본이라 할 '안정감' 형성에 너무나 중요한 기간인 것이다.

페리 박사는 공감, 애정, 나눔, 분노 조절, 사랑의 능력처럼 건강하고 행복하며 생산적인 사람들이 가지고 있는 여러 가지 주요 특징들은 영유아기에 형성되는 핵심적인 애착능력과 관계가 있다는 점을 강조했다.

급속히 악화되기만 하는 단절의 문제는 지금의 육아 방식으로는 친밀함을 유지할 수 없다는 것을 명확히 보여준다.

심리치료사 수 게르하트는 유아기 초반에 둔감하고 무관심하며 일관되지 않은 양육을 경험한 아기들의 경우, 스트레스에 대한 반응과 감정조절 시스템에 이상이 생길 수도 있다고 말했다. 뇌는 생후 일 년 반 동안 가장 빠른 속도로 성장하는데 성장에 부적합한 환경에서는 발달이 제대로 이루어지지 않을 수 있다는 말도 덧붙였다.

신생아의 뇌는 잠깐이라도 혼자 남겨졌을 경우 본능적으로 유기되었다고 인식한다. 따라서 유아기에 엄마에게서 버림받은 아기들은 사람들과 애착관계를 맺는 능력이 망가지고 자기경멸로 인해 약물남용이나 우울증, 불안장애 같은 병으로 진전되기도 한다. 결국 한 생명을 파멸에 이르게 할 수도 있다는 뜻이다. 세계보건기구에 따르면 1945년 이후 자살률은 전 세계적으로 60퍼센트나 높아졌다.

상황이 이렇다 보니 주름제거술 등 성형시술이 50퍼센트 넘게 늘었다는 미국 안면성형 및 복원수술학회의 발표는 그리 놀라운 일도 아니다. 세상에서 받아들여지는 외모로 자기 자신을 완전히 바꾸고 싶어 하는 사람들이 그만큼 많아진 것이다. 우리는 사실상 자기경멸과 자기학대라는 유행병을 창시한 선진국들의 죄를 애착의 부재가 아닌, 미디어 탓이라고 착각하고 있는 것이다.

역사학자 스테파니 쿤츠는 남편들이 돈을 벌기 위해 말도 안 되는 긴 시간 동안 직장에 메어 있는 동안 아무런 직위도 없이 혼자 집에 남겨진 아내들은 아마 익사하는 느낌일 것이라고 말했다. 따라서 효과적인 양육을 위해서 엄마는 아기에게 일관되고 지속적인 에너지를 쏟아야 하고, 그에 맞먹는 에너지를 남편이나 가족, 지역사회로부터 충전 받을 수 있어야 한다.

당장 우리에게 필요한 변화는, 우선순위를 바로잡는 것이다. 좋은 삶의 정의가 무엇인지를 다시 생각해서 그것에 맞춰 우리 삶의 정책들을 재조정해야 한다. 임시 보육사인 브로니 위어는 죽음을 앞둔 사람들의 가장 큰 후회가 '너무 일만 열심히 해왔다는 것'이라고 말했다. 결국 그들의 후회는 자녀들과 유아기를 함께하지 못했다는 것이었다. 우리가 변화를 이루어내려면 처음으로 돌아가야 한다. 개인적이고 문화적 차원에서 엄마들을 한자리에 모으고, 그들이 아기들과 유대감을 만들어갈 수 있도록 해줘야 한다. 그렇게 해서 제 기능을 상실한 우리 사회의 아픔을 다음 세대로 대물림하지 말아야 한다. 성차별주의자들의 근거 없는 믿음처럼, 모성애는 단지 여리고 나약해 보이는 생물학적인 현상이 아니다. 오히려 여자들에게 맡겨진 가장 고귀한 임무에 대한 당연한 반응이다. 우리는 삶의 중요한 가치에 사랑이 포함되도록 재정립해야 하고, 엄마들은 실제로 단조로움과는 거리가 먼, 인류의 미래를 설계하는 사람들임을 이해해야 한다.

진정한 로맨스

"나는 밤새도록 아이를 들여다보느라 잠을 이룰 수가 없었다.
아이가 내겐 마치 해돋이 같았기 때문이다."

남편에게 인생에서 가장 로맨틱했던 순간이 언제였는지를 물어보기 전까지는 사실 나도 그런 생각을 해본 적이 없다. 가끔 다른 여자들처럼 나도 같이 사는 남자의 속내가 궁금했을 뿐이다.

그런데 남편의 대답은 "우리가 귀염둥이 딸을 낳은 뒤 처음 삼 년간!"이었다. 나는 깜짝 놀랐다. 고작해야 유치한 풋사랑이나 실연의 경험 얘기나 하겠지 싶었고, 그 시기는 나에게 어느 때보다 어수선하고 정신없고 힘들었기 때문이다. 그 당시 나는 마치 자아를 떠나 존재하는 것 같았고, 뭔가를 이루기 위해 통과해야 하는 지독히 어려운 시험을 치르고 있는 느낌이어서 순간순간을 가까스로 견뎌냈다.

우리는 둘 다 내가 겪은 열일곱 시간의 진통, 혈관이 터져서 피범벅이 된 얼굴, 두 대 반의 마취제 투여, 모르핀 부작용으로 일어난 구토, 처음 일어섰을 때 터져 나온 천식발작 등을 아직도 고스란히 기억하고 있다. 내가 크리스마스 전날 출산을 해서 산모병동으로 가는 길에 늘어서 있던 나무들에는 크리스마스 장식이 달려 있었다. 휠체어를 타고 황달 증세가 있는 갓난아기와 함께 그 나무들 사이를 지나가면서 나는 마치 모든 법칙이 무시되는 은하계에 진입하는 느낌이었다. 의사는 나처럼 난산을 겪은 산모들에겐 애착문제나 산후우울증이 나타날 수 있다고 남편에게 말했다. 내 가족력까지 감안한다면 상황이 결코 좋지가 않았다.

하지만 우리가 부모가 되고 나서 경험한 로맨스 덕분에 몇 년 동안 더없는 행복을 누리게 될 것이라는 말은 어떤 전문가도 미리 해주지 않았다.

로맨스라는 단어는 원래 용감한 기사의 모험담에서 비롯된 것이다. 나 역시 관계의 단절로 촉발된 도피 또는 기분전환 정도로 이해했었다. 나는 〈로미오와 줄리엣〉, 〈오만과 편견〉, 〈롤리타〉가 여전히 인기 있는 이유인 인간의 악한 본성, 감성적인 욕구, 과장된 감정 같은 비극적 로맨스를 믿었고, 심지어 아편으로 자의식을 버리는 무모함에도 공감했던 사람이다. 사실 로맨스에 내재된 감정들은 의무감과 위기를 넘나들던 나의 현실에는 도무지 어울리지 않는 것이었다.

로맨스에는 감상적인 행동이 필수적이라고 느꼈고, 그 이면에 있는 실제 감정은 상대적으로 덜 중요해보였다. 나는 지금도 유치한 집착이 삶을 더 흥미롭게 만들어준다는 데 동의한다. 어린 시절, 학교버스에서 내리는 나에게 다가와서 릴케의 시가 적힌 메모지를 건네주었던 소년, '코니아일랜드 베이비'가 연주되는 동안 내게 키스했던 남자, 정원에 있는 목련나무 잎사귀 위로 떨어지는 봄 빗방울, 검정코트를 입고 거의 매일 나와 함께 옥스퍼드 외곽의 보리밭을 걸어주었던 신사까지도 나에게는 아직 시적인 존재들로 남아 있다.

비록 릴케의 시를 건넸던 소년은 퇴학당한 뒤로 연락이 끊겼고, 코니아일랜드 베이비의 팬이었던 남자는 폭력적으로 변해서 경찰에 신변보호를 요청해야 했으며, 검정코트의 신사도 거즈수건으로 물이 빠져나가듯 내 인생에서 떠나갔지만 그런 기억들은 내 지난날을 돌이켜 보았을 때 지표가 되어주는 별 같은 존재들이며, 그들의 빛은 별빛처럼 사랑이 사라진 뒤에도 오래도록 빛이 난다. 그들의 얼굴은 아직까지 내 기억 속에 희미하게 남아 있지만, 그 당시에 느꼈던 마법은 사실 뜬구름 같은 것이었다.

덕분에 나는 20대에 내 인생설계도를 수정했다. 시적인 감상을 갈구했던 내가 인정을 더 원하게 된 것이다. 개인적으로 힘든 일을 많이 겪으면서 별빛에는 무관심해졌고, 마치 익사 직전의 필사적인 발버둥처럼 물질적인 것에 집착하기 시작했다. 말끔한 정원과 실크, 프랑스산 속옷, 티파니 다이아몬드……. 사들이는 것들마다 감정보다는 가치가 더 중요시되는 물건들이었다. 전에는 그런 것들이 아름답다고 느껴본 적이 한 번도 없었다. 그러던 내가 완전히 그것들에 도취되어버린 것이다. 하지만 그 이상의 의미는 없었다. 동화에 나오는 인어에게 훔쳐온 금처럼, 내 손에서는 모조리 재가 되어버렸다. 나는 그런 물건들을 거의 다 남들에게 나눠줬다. 일등석 비행기 표가 기한이 만료되도록 내버려둔 적도 있었고, 온종일 거울만 들여다보면서 지낸 적도 있었다. 완벽한 구두, 완벽한 립스틱, 완벽한 머리스타일……. 남자는 필요 없었고, 내 삶의 진행자는 오로지 나뿐이었다.

로맨틱한 사랑은 소설이라는 장르가 등장하면서 더욱 가속화되었다. 여자들의 삶이 이야기가 되었을 뿐만 아니라 여자들에게 해방감과 자존감을 심어주었다. 에드가 린톤과의 결혼에서 자유로워진 캐서린 언쇼가 야성적인 히스클리프를 갈망하는 것, 에드워드 로체스터의 헌신으로 제인 에어의 세계관이 넓어지는 것 등의 전형은 〈그레이의 50가지 그림자〉의 주인공 크리스천 그레이처럼 아슬아슬한 성적 고통을 주는 현상이나 〈트와일랏〉 시리즈의 치명적이지만 길들여진 에드워드 컬렌에게서 지금도 여전히 드러난다. 그리고 로맨틱한 사랑은 여전히 현명함에 반대되는 상징으로 여겨진다.

모든 로맨틱한 감정은 신비주의에 근거한다. 핵심은 어머니의 품 안에서 느끼는 것과 똑같다. 그런 경험을 충분히 해보지 못한 사람은 그런 욕구를 전혀 느끼지 못하거나 삶이 뒤틀려 파탄에 빠질 수 있다. 모든 중독은 근본적으로 초월성, 즉 현실에서 도피하고 싶은 욕망 때문에 생긴다. 나는 남동생의 자살사건을 계기로 중독에 가까웠던 물질에 대한 집착에서 벗어날 수 있었다. 동생이 죽은 뒤로는 오히려 무형적인 것만을 추구하게 되었다.

그렇게 내 모든 것이 변했고, 얼마 뒤 지금의 남편을 만났다. 그는 아무런 기대나 욕망이 없이 더 이상 이 세상에 존재하지 않는 남자의 누나로 비통해하며 살아가는 나를 오래도록 지켜보면서 지지해주었다. 우리 사이의 강렬한 감정은 우리 스스로가 알아차리기도 전에 다른 사람들이 먼저 알아보았다. 한 친구가 "너희 둘이 같이 있을 땐 아예 다른 사람들은 안중에도 없는 것 같아."라면서 투덜거렸을 때 나는 절대로 그럴 리가 없다고 부인했다. 남편은 내가 친하게 지내던 여자의 아들이어서 그에게 끌렸으면서도 나 스스로 부인했던 것인지도 모르겠다. 그 당시 나는 더 이상 내 삶에 복잡한 문제를 만들고 싶지 않았다.

하지만 나는 결국 굴복하고 말았다. 처음에는 그런 나의 결정을 아무도 이해해주지 않았다. 그렇지만 내 눈에는 남편이 다른 사람들과 달라 보였다. 그는 의지가 흔들리거나 변하지 않는, 내가 알던 모든 남자들 중에 유일하게 타인의 방해를 받지 않는 사람이었다. 꾸며대거나 흥분하지 않았고 우리가 맺어지는 데 문제가 되는 것들에는 별 관심이 없었다. 어찌 보면 내가 다시 시적이고 로맨틱한 상태로 되돌아간 것이라고 할 수 있다. 그런데 딸의 출생으로 모든 것이 바뀌었다. 로맨스는 더 이상 행동에 관한 것이 아니라 관계였던 것이다.

딸이 처음으로 해돋이에 감탄하는 것을 본 순간, 나는 그것이 내 삶에서 가장 경이로운 순간임을 깨달았다. 아이는 햇빛에 매료되어 창으로 들이치는 햇살을 가만히 바라보고 있었다. "이렇게 아침이 되는 거란다." 내가 아주 작은 소리로 말해주었다. 그리스의 여류시인 사포는 예수 탄생 600년 전에 이런 시를 썼다.

어떤 이들은 기마부대가, 어떤 이들은 보병대가,
또 어떤 이들은 함대가 검은 대지 위에서 가장 아름답다고 말하지.
하지만 나는 말하리라.
사랑하는 이가 가장 아름답다고.

나는 밤새도록 아이를 들여다보느라 잠을 이룰 수가 없었다.
아이가 내겐 마치 해돋이 같았기 때문이다.
나는 출산 후 6개월 동안이나 멋진 나의 남편과 사랑을 나누지 않았다. 아기에게 도취되어서 남편을 남자로서 무시한 것이었다. 대신 그는 지금 내게 훨씬 더 매혹적이고 중요하고 한없이 깊은 울림이 느껴지는, 전혀 다른 존재가 되어 있다. 남편은 더 이상 그냥 남자가 아니라 내 아기의 아빠다. 우리는 두려움, 분노, 혼란으로 가득한 변화의 시간들을 지나오면서 서로 부모가 되어가는 과정을 지켜보았다. 이제 8살이 된 딸은 우리 두 사람의 결합에서 나온 산물이며, 우리는 그 아이의 피로 영원히 연결되어 있다. 예전에 믿었던 로맨스는 터무니없게 느껴졌고, 더 이상 평범함으로 돌아가야 할 이유가 없어 보였다. 아무것도 변한 것이 없는 척 무언극을 할 수는 없었다. 섹스를 넘어선, 진정한 사랑을 느끼는 의식에 빠져들고 싶었던 것이다.

섹스로 짜릿한 환희를 느낄 수 있지만, 그것은 친밀함을 나누는 여러 방법 중의 하나일 뿐이다. 섹스가 문화적으로 다양한 욕구를 대변하게 된 것은 그만큼 우리가 친밀감을 제대로 이해하지 못하고 있다는 뜻이다. 혹독한 노동시간, 지역적 소외, 가족의 붕괴는 결과적으로 친밀함을 나누고 가르칠 시간을 앗아가 버렸다. 로맨스의 중심축인 친밀감은 더디고 삶을 '보여주기'보다는 '나누는 것'에 중점을 둔다. 친밀감은 최고로 화려한 부케보다 오히려 함께 빨래를 개고 아기에게 젖을 물리는 것에서 더 많은 영향을 받는다. 그런데도 친밀감을 갈망하는 인간의 본능은 이따금 섹스에 대한 집착으로 오인된다. 어른스러워 보이려는 것일 수도 있고, 진정한 친밀감을 나누는 것보다 시간도 덜 들고 서로의 나약함을 숨길 수 있기 때문이다.

남편과 나는 부모가 되고 나서 결혼생활에 대한 막연한 기대에서 벗어나 아기를 통해 자아실현을 한 것 같았다. 그리고 더 중요한 것은 어떤 연결고리를 찾은 느낌이었다는 것이다. 그 마법은 일시적이지도 않았고 화려하거나 감각적인 느낌도 아니었다. 대신 단순하지만 솔직했고, 삶의 속살을 그대로 드러낸 것처럼 순수해서 다른 어떤 것도 필요하지 않았으며, 처음으로 삶 그 자체로 충분했다. 사랑하는 사람을 돌보는 이들에게서도 똑같은 것을 느끼곤 하는데, 그들에겐 세상일이 별 의미가 없는 것처럼 보인다.

　내 청춘의 로맨틱했던 기억들이 그에 얽힌 관계들이 덧없이 지나가버렸다고 덜 아름다워지는 것은 아니다. 내 20대의 모험이나 장밋빛 꿈들이 결국 충족되지 못했다고 해서 덜 멋있어지는 것도 아니다. 그것들은 오히려 직접적으로 들리지 않아서 더 멋지게 들리는 배경음악과 같아졌다. 그림 같은 로맨스를 구세주처럼 믿었던 시절이라서 기억 하나하나는 내가 도망치고 싶었던 상황들과 얽혀 있지만, 나는 더 이상 내 인생으로부터 해방될 필요가 없어졌다.

　대신 그 빈자리에는 약속과 새로운 탄생이 자리했다. 남편과 나는 아직까지도 결혼에 뒤따르는 뜻밖의 소란에 넋이 나가곤 하지만, 그 시작은 분명 로맨스였다. 헌신에는 우리가 억누를 수 없는 연금술 같은 것이 존재해서 다른 것들은 모두 나를 더 나은 사람으로 만들어줄 훈련쯤으로 느껴진다.

출산의 미학

"출산은 완전히 환희에 가득 차서 삶에 발을 들여놓는 일이자,
삶에 우리 자신을 내어 맡기는 일입니다."

영국의 인류학자이자 작가인 80대 후반의 실라 키징거는 한때
'출산의 여신 아르테미스'로 불렸다. 그녀 역시 자신을 항상 희귀
조에 비유했는데, 직접 만나보니 정말 화사한 사람이었다. 그녀가
실크 치파오(중국 청나라 시대 전통의상) 스타일의 재킷을 입고 방에
들어섰을 때 방 전체를 압도하는 느낌이었다. 실제로 그녀는 열정
과 지혜가 넘쳤고 간혹 정반대의 비타협적이고 괴짜 같은 모습도
보였지만 털털한 성격이었다.

영국 탬스밸리대학교의 명예 교수이며 세계적인 자연분만운동
가인 그녀는 아이 다섯을 모두 집에서 낳았다. 그리고 지금도 여전
히 울프슨건강과학학교에서 산파에 관한 강의를 하면서 출산의 선

택권을 주장하는 집회에 열심히 참여하고 있다. 또 복잡한 출산경험, 모유수유, 출산의 사회적 인류학 등을 주제로 워크숍을 진행하고 있으며, 『출산 위기』, 『우는 아기 이해하기』, 『아기들이 우는 이유』, 『내 방식으로 출산하기: 가정출산 또는 출산센터 이용하기』 등의 이름난 저서와 최고의 베스트셀러인 『새로운 임신과 출산, 선택권과 문제점』 등 23권의 책을 썼다.

산과전문의들 사이에서는 반동분자로 불리는 키징거는 산통과 출산에 대해 "황홀한, 신나는, 드라마틱한"이란 표현을 제일 처음 쓴 사람이다. 그리고 너무나 아무렇지도 않게 시행되는 회음부절개술을 비판했다. 그녀는 지속적인 출산교육만이 약물남용이나 기계 의존, 제왕절개수술과 회음부의 상처를 줄일 수 있고, 신생아의 심박 수와 호흡 속도도 향상시켜줘서 모유수유의 가능성을 높이고 산모우울증도 현격하게 줄일 수 있다고 믿는다. 또 의사들이 출산을 위험하게 여기기 때문에 오히려 위험이 더 커졌다고 지적한다.

출산 후 심각한 정신적 트라우마를 겪는 산모는 스무 명에 한 명 꼴이다. 그들에게 그녀의 영향력은 엄청나다. 키징거는 많은 산모들이 출산 중에 자기 몸을 스스로 통제할 권한을 빼앗겨서 정신적인 고통을 느끼는데, 정작 그들에게 처방되는 것은 그들에게 필요한 '정보와 이해' 대신 항우울제라고 개탄한다. 그래서 그녀는 출산위기네트워크(sheilakitzinger.com)를 통해 그들을 돕고 있다.

키징거의 첫 번째 저서인 『출산 경험』은 1962년 넷째 아이 출산 후에 쓴 것이다. 당시에는 회음부절개술이나 관장, 누워서 출산하기와 같은 시술을 당연시했는데, 그녀는 그런 형식적인 시술을 막는 데 큰 역할을 했다.

하지만 그녀가 아직까지 인정하지 않고 있는 진실도 있다. 아이들을 학대하고 무시하는 잘못된 행동에 대한 책임이 여자들에게 있는 경우에도 그것을 인정하지 않는다는 것이다. 설사 잘못이 있더라도 그것은 사회와 남성들 탓이라고 여긴다.

그녀가 도도하게 말했다. "저는 여자들의 잘못을 지적하는 것이 무슨 득이 되는지 모르겠어요. 여자들에게 어떤 잘못이 있다면, 그냥 놔두세요! 당신이 그들을 바꿀 필요는 없어요. 저는 그들의 행동을 분석하는 것은 얼마든지 권장하지만, 그것을 그들을 지적하는 데 쓰지는 않겠습니다. 그들에게 그것이 과정이라는 설명은 하겠지만요."

나는 그녀가 그렇게까지 여자들을 어린애 취급하는 것이 불쾌하고 맥도 빠진다. 그것이 이제까지 그녀가 쌓아온 업적을 스스로 깎아내리는 일이라고 생각하기 때문이다. 역사학자 스테파니 쿤츠는 키징거의 그런 태도를 여자들이 도덕적으로 취약하다고 보는 관점에 대한 대항으로, 여성의 순수성을 강조했던 19세기 초 영국으로 거슬러 올라간다고 지적했다.

내가 어떤 여자들은 의식적으로 남성적인 성향이나 가치관을 선택한다고 말하자 그녀는 '그것은 사회가 우리에게 떠맡겨 버렸기 때문'이라고 반박했다. "정말로 떠맡겨졌어요. 사회적으로 세뇌된 것이지요. 남자들만 그렇다는 말은 아니에요. 여자들도 자주 자기들이 어떤 결정을 내리고 있는지를 의식하지 못합니다. 그냥 무의식적으로 하게 되는 것이지요. 다른 사람들도 그렇게 하고 있고 그것이 사회적으로 받아들여지는 것 같으니까."

내가 다시 무의식적인 행동도 자신이 결정하는 것이라고 지적하자 그녀의 표정이 굳어졌다.

그렇지만 여자들을 가부장제의 영원한 희생자처럼 묘사하는 것만 빼면 그녀는 정말 사람들의 관심을 집중시키는 사람이 맞다. 그녀가 가장 많은 관심을 기울인 주제는, 출산의 의료화와 산업화가 가속화되면서 여자들이 출산에 대한 자신감을 완전히 잃어버렸고, 그것이 육아에까지 영향을 미친다는 것이다.

"여자들은 실제로 출산에 겁을 냅니다. 역사에서 봐도 출산은 한때 죽음을 준비할 만큼 두려운 것이었어요. 아기를 낳다가 죽는 일이 정말 허다했거든요! 출산 전에 작별편지를 써둘 만큼 여자들은 아주 오랫동안 출산에 자신감이 없었습니다. 그래도 그때는 같은 여자들에게서 도움을 받을 것이라는 믿음은 확고했지요. 그런데 남자 산부인과 의사들이 출산을 장악하면서부터 그런 믿음이 깨져버렸습니다."

키징거는 여자들이 다시 자신감을 회복하기 위해서는 각자의 경험을 서로 나누어야 한다고 말한다. "그것이 정말 중요합니다. 출산경험뿐 아니라 성생활의 경험도 나눔으로써 서로를 도와야 합니다. '어머, 그럴 수 있다는 걸 몰랐어요!'라는 말이 나와야 해요." 키징거는 또 "대개 섹스 얘기가 나오면 직접적인 성행위만을 떠올리는데, 그것은 미친 짓이에요. 섹스가 긍정적인 육체행위가 되게 하는 수없이 많은 부분들이 존재하거든요. 출산에도 분명히 감각적인 요소가 있어요. 아기를 품에 안는 것, 아기의 본질을 느끼는 것, 아이의 큰 눈동자를 바라보는 것 등…… 우리가 지닌 여성적인 감각의 일부인 이 모든 것이 축복받아 마땅한 부분입니다!"라고 강조한다.

의료계 밖에서 여자들과 일하는 많은 사람들처럼 키징거도 전체론을 깊이 신뢰한다. 전체론이란 감정적, 지능적, 육체적, 영적인 부분 모두를 고려하는 것을 말한다. "예를 들어, 여자들이 제왕절개수술을 선택하는 것은 일부러 다른 경험을 회피하는 것입니다. 물론 그럴 만한 이유가 있을 테니 존중되어야겠지요. 하지만 제왕절개수술이 산모와 신생아에게 미치는 부작용을 먼저 정확히 알아야만 합니다. 제왕절개수술을 하기로 결정했다는 것은 결국 '나는 그것을 느끼지 않겠다.'는 뜻입니다."

그녀는 모유수유에 대해서도 비슷한 관점을 가지고 있다. 애착이 필요할 때 제대로 해소되지 않았다면 간접적으로라도 그 영향을 받게 된다는 것이다. 『당신의 우는 아기 이해하기』에서는 엄마의 젖가슴이 아기에게 영양분만 전달하는 것이 아니라 안정감도 느끼게 한다는 사실을 밝혔다.

"어른들은 사랑하는 사람과 한방에 같이 있거나 손만을 잡아도 안정감을 느낍니다. 그런데 3개월 된 아기는 그것이 불가능합니다. 아기들이 절대적인 안정감을 느끼려면 그보다 더 가까운 접촉, 더 친밀한 손길이 필요합니다. 그래서 반드시 입으로 젖을 물어야만 모든 것이 괜찮다고 여기고 마음을 놓을 수 있습니다."

키징거는 여자들이 모유수유를 어려워한다고 지적했다. "엄마들이 미리부터 그런 강렬한 육체적 경험은 하고 싶지 않다고 결정했기 때문에 결국 못하게 되는 것입니다. 이것은 이미 밝혀진 사실입니다. 모유수유는 강렬한 육체적 경험입니다. 시작하기도 쉽지 않고, 처음에는 더 어렵죠. 하지만 아기의 욕구를 만족시켜주면서 얻게 되는 충족감은 말로 표현하기 어려울 정도입니다."

"물론, 아기를 제대로 안아야 해요. 아기 머리를 억지로 가슴에 들이밀면 안 됩니다. 저는 프랑스에서 첫아이 출산을 앞두고 두어 군데 조산원을 놓고 고민하다가 다 마음에 들지 않아서 결국 집에서 낳았습니다. 가톨릭 시설에는 분만대 옆에 십자가에서 피 흘리는 예수님 사진이 걸려 있었고, 제 옆에는 젖먹이는 법을 배우려는 산모가 있었습니다. 수녀님이 '어머니, 준비됐죠?' 하더니 곧바로 번데기처럼 천으로 꽁꽁 싸매놓은 아기를 산모의 젖가슴에 들이밀었습니다. 젖 먹이는 법 가르치기는 그게 다였어요."

가늘지만 위엄이 느껴지는 목소리로 그녀가 진지하게 말했다. "출산은 성숙의 과정입니다. 아기가 커갈수록 엄마도 함께 성장해가지요. 그리고 마침내 육아가 교육적인 일이라는 사실을 깨닫게 됩니다! 교육은 학교 책상에 앉아서만 받는 것이 아니에요. 그렇다고 여자가 되기 위해서는 반드시 아기를 낳아야 한다는 뜻은 아닙니다."

키징거가 출산에 깊은 관심을 갖게 된 것은 산파였던 어머니 때문이다. "어머니는 산파가 직업이라고 인식되기 전부터 산파 일을 했습니다. 그런데 정작 영국에서 산파가 직업으로 등록되기 시작했을 때는 등록하지 않으셨지요. 아마도 산파 일이 정식 직업이라고 생각하지 않았던 것 같아요. 어머니는 열다섯 살 때부터 간호 일을 시작해서 부상당한 장병들을 보살폈습니다. 그때는 1차 대전이 끝날 무렵이었는데, 병사들을 돌보는 병원에서 일하다가 우연히 출산을 돕게 되었다는데 그때만 해도 다들 집에서 아이를 낳을 때였지요. 그렇게 시작했다가 결국 산파가 되셨어요. 저는 어머니와 정말 친밀했습니다."

아이 양육에 대해 어머니로부터 무엇을 배웠는지 묻자 그녀는 들뜬 목소리로 "자유였어요!"라고 대답했다. "어머니는 제게 무한한 자유를 허락했습니다. 정말이에요! 저는 아홉 살 때 채식주의자가 되었고 특이한 유년기를 보냈습니다. 평화주의자들의 모임에 갔던 기억도 납니다. 전쟁 반대 포스터들, 딕 셰퍼드 목사님 같은 평화주의자들, 그리고 어머님의 영웅이었던 간디, 저는 그런 분위기에서 자랐습니다. 매우 급진적이었죠! 그리고 대학에 진학해서 공부를 할지 내 삶을 더 누릴지를 결정해야 할 시기에 저는 일반적인 길을 가지 않고 아이 다섯을 낳았습니다. 저는 저의 그런 결정에 정말 만족합니다."

그녀는 서양에서는 친밀함보다 독립심을 더 강조하기 때문에 자녀들과의 관계가 멀어질 수 있다고 생각한다. "미디어에 나오는 것들은 대부분 독립, 즉 출산 후 다시 '정상 상태'로 돌아가는 것에 초점이 맞춰져 있습니다. 앞으로 나아가는 것이 아니라 '정상 상태'로 "되돌아가는 것"이 가능이나 한가요? 그리고 진짜 권력은 자기 인생의 모든 부분을 통제하는 힘에서 오는 것입니다."

하지만 키징거는 느리긴 해도 힘의 균형이 이루어지고 있다고 믿는다. "무언가를 밤사이에 후딱 바꿀 수는 없습니다. 여자들은 즐거움과 기쁨의 관점에서 삶을 말해야 하는데 그렇게 하지 않습니다. 삶의 성취나 힘, 만족을 마치 직장에서 어떤 지위에 오르거나 시험을 통과하는 일이라고 생각하지요. 하지만 실제로 삶은 그렇지 않습니다. 우리에겐 삶의 감각적인 즐거움도 있어야 해요. 그렇지 않으면 삶에서 얻는 보상이 너무 보잘것없는 것 아니겠어요? 자기 내면을 잘 들여다보고 사회에서 내가 차지하는 위치나 나와 남들의 충족감, 인권 같은 큰 이슈들을 깊이 생각하는 시간을 가진다면 삶의 경험이 더 풍성해질 수 있습니다."

모성애가 점점 무뎌지는 것은 여성의 사회진출이 늘어난 것과도 관계가 있다. 사회생활에서는 둔감함이 오히려 장점이 되기 때문이다. 심리학자 니콜라 베도스는 최근 들어 엄마 역할에 가장 어려움을 느끼는 사람들은 회사 일로 정신없이 바쁜 직장여성들이라고 말한다. 그들의 자녀들은 자주 우선순위에서 뒤로 밀리고 삶의 모든 부분을 조정 당한다. 엄마들이 아이들을 자연스럽게 자랄 수 있게 내버려두지 않고 모든 것을 스케줄에 따라 움직이게 한다.

"통제된 울음"이라는 개념은 그런 관리집착증의 연장선상에 있는 것으로, 결과적으로는 아이들의 감성을 위협한다. 마고 선더랜드 박사는 『양육의 과학』이란 책에서 아이들이 안정감을 느끼지 못할 때 나타나는 부정적인 영향에 대한 조사결과를 밝혔다.

물론 키징거도 아직까지는 통제된 울음의 위험요소가 다 확인되지 않았다는 것에 동의한다. "아기를 조정하려는 모든 노력은 장기적인 영향을 미칩니다. 그리고 실제로는 '통제된 울음'이 아닙니다. 오히려 '통제되지 않는' 울음이지요. 실제로 아기에겐 어떤 조절능력도 없기 때문입니다. 아이가 우는데 아무도 안 오고, 아무런 반응이 없을 때 아기가 배우는 것은 다른 사람들이 '반응하지 않는다'는 사실입니다."

키징거가 『당신의 우는 아기 이해하기』에서 밝힌 '불안한 아기와 스트레스 받는 엄마들에 관한 연구'를 보면, 너무 많이 우는 아기의 엄마들 중 60퍼센트가 임신 중에 일생일대의 큰일을 당해서 힘들었던 경험이 있었다.

"임신 중에 몹시 불안감을 느꼈던 엄마들일수록 아기와의 상호작용에 더 불안감을 느끼고, 아기의 울음을 자신이 좋은 엄마가 되는 데 실패한 증거라고 생각하는 경향이 있습니다. 그런 생각이 엄마와 아기를 더 긴장하게 만들고 좌절감에 빠뜨리는 것이지요."

키징거는 '출산은 오로지 사랑에 관한 일!'이라고 강조한다. 사랑의 결과로 생긴 일이라는 것이다. "출산은 우리 몸 전체를 느끼는 일입니다. 단지 자궁과 질에서만 일어나는 일이 아니란 말이지요. 환희에 가득 차서 삶에 발을 들여놓는 일이자 삶에 우리 자신을 내어맡기는 일입니다. 사랑은 주는 것이고, 삶에 우리 자신을 여는 것입니다. 저는 여러 전통문화에서 존재해왔던 산파에 대해 조사하면서 매번 그들에게 출산에서 가장 중요한 것이 무엇인지를 물어보았다. 그때마다 그들은 하나같이 '산모를 자유로울 수 있도록 배려하는 것'이라고 대답했습니다."

처음 느낀 모성애

"나는 나 자신도 깜짝 놀랄 만큼 아주 큰 소리로 즉흥곡을 만들어 불렀다.
토마토, 기저귀, 감자, 아기들, 나비와 들소에 대한 노래였다."

베데스다가 8개월 때 자기 얼굴을 내 품에 저돌적으로 들이밀어 젖 냄새를 맡고는 온몸을 부르르 떤 적이 있었다. 나는 딸의 그런 행동이 너무나 꾸밈없고 정직하고 귀여워서 처음에는 그냥 웃어넘겼다. 그런데 달라진 내 몸에 차츰 익숙해지면서 모유수유가 강렬한 친밀감을 준다는 것을 깨닫고부터 문득 내 몸과 아이의 관계가 궁금해졌다.

어쩌다 한참 젖을 물리지 못했을 때 아이는 갈망하는 눈빛으로 내 가슴을 쳐다보거나, 작고 통통한 분홍빛 손을 내 가슴에 갖다 대고 큰 눈망울로 다정하게 나를 올려다보면서 조심스레 "나나"라고 말했다. 베데스다는 젖 먹는 걸 그렇게 표현했다. 나를 "마마"라고 부르면서 젖 먹는 건 꼭 "나나"라고 다르게 말했다. 아기인데도 발음이 거의 비슷한 두 단어의 뜻을 분명하게 구분해서 쓰는 것이 신기했다. 남편은 딸에게는 내가 마치 우주의 전부인 것 같다고 말했다. 우주라는 표현은 내가 너무 추상적인 존재가 되는 것 같아서 수긍하기 어려웠지만, "나나"는 달랐다. 아이와 나 둘 사이에서만 일어나는 일을 말하는 단어여서 아주 사적인 느낌이었고, 우리 사이에 일어나는 자연스러운 현상에 대해 소통하는 우리만의 언어였다.

나도 사실 처음엔 모유수유에 자신이 없었다.

안 그래도 사이즈가 커서 늘 부담스러웠던 가슴이 임신 중에는 도저히 감당이 안 될 정도로 커져서 밤마다 브래지어를 빼놓곤 했다. 커진 가슴의 무게를 받치고 있는 브래지어 끈 때문에 어깨에는 깊은 골이 패였고 등까지 휠 정도로 심각했기 때문이다. 그래서 나는 괴물 같은 가슴이 근육통만 일으킬 뿐 아무짝에도 쓸모가 없다는 생각까지 했다. 그런데 딸은 태어나자마자 30분도 안 돼서 젖을 찾아 물더니 곧바로 빨기 시작했다. 천사가 따로 없었다. 친정엄마가 나와 남동생을 워낙 차갑고 무심하게 길렀기 때문인지 나는 베데스다가 태어나기 전까지 모유수유를 음란하게 느낀 적도 있었다. 그런데 아이가 젖을 빨기 시작하자 곧바로 젖 물리는 일이 세상에서 가장 자연스럽고 쉬운 일인 것처럼, 완전히 다른 느낌을 받았다.

딸은 게걸스럽게 젖을 빨았다. 나는 몸을 푼 뒤 6주 동안 아이와 집안에만 박혀 지냈다. 기록적인 폭염이 이어지던 때여서 집에서만 지냈어도 별로 갑갑하지는 않았다. 나는 하루 종일 침대에 누워 책을 읽어주거나 젖을 물렸다. 침대 위에는 손으로 수놓은 밝고 아름다운 침대보가 깔려 있었고, 창가에는 고운 면직 커튼이 하늘거렸다. 집 옆에 있는 예쁜 컵케이크 가게가 문을 열 준비를 했고, 남편은 옆방에서 글을 쓰거나 집안일을 거들어주었다.

내 인생에서 가장 행복했던 순간은 바로 그때였다. 나는 나 자신도 깜짝 놀랄 만큼 아주 큰 소리로 즉흥곡을 만들어 불렀다. 토마토, 기저귀, 감자, 아기들, 나비와 들소에 대한 노래였다. 베데스다가 제일 좋아하는 자장가는 '바나나보트 노래'였고 데이비드 보위의 '인생의 황금기'나 워렌 제본의 '런던의 늑대들'이란 노래도 좋아했다. 남편이 거실에서 베데스다를 안고 춤을 추기도 했다. 처음부터 셋이 같이 자 버릇해서 그런지 베데스다는 잠투정이 전혀 없었다. 밤이 되면 모두 자야 한다는 것을 알고 있는 것 같았다.

수유 기간에는 하루 종일 갈증이 나서 젖을 먹이고 나면 곧바로 물을 2리터나 마시곤 해서 낮 동안 마신 물이 4리터가 넘었다. 내 가슴은 납작한 화강암과 잔뜩 물을 먹은 종이봉투 같은 상태를 오락가락했다. 나는 전날 입었던 잠옷을 그대로 입고 제대로 씻지도 않고 머리를 풀어헤치고 한쪽 가슴을 드러낸 채 온종일 정신병동에서 뛰쳐나온 환자 같은 몰골로 집안을 돌아다녔다. 그러면서 '아기가 젖을 떼고 나면 혹시 젖가슴에서 모유가 굳어 유방암이 되는 건 아닐까? 오른쪽가슴은 왜 왼쪽가슴보다 두 배나 클까, 왼쪽가슴에서는 왜 늘 젖이 줄줄 샐까? 수유가 끝나면 가슴이 스타킹처럼 늘어져버리지는 않을까?' 하면서 투덜거렸다.

첫 3개월 동안은 젖을 먹이느라 3시간 넘게 자본 적이 없었다. 그 뒤로도 두어 달 동안은 4시간 자면 잘 잔 것이었다. 초보엄마들이면 누구나 겪는 고통인 수면부족 때문에 꿈은 희뿌옇게 바랬고, 칼이 공중에 날아다니는 헛것이 보이거나 인형머리가 길 위에 굴러다니거나 아기를 떨어뜨리는 악몽을 꾸기도 했다. 그나마 걷고 있을 때는 환영에 시달리지 않았지만 하루 종일 찜찜한 기분은 떨쳐 버릴 수가 없었다. 그런데 심리학자 브루노 베텔하임이 지적한 대로 시간을 정해두고 젖을 먹이는 수유법의 결과는 처참했다. 수유가 단순히 기계화된 절차처럼 여겨지면서 아기들이 배고픔을 표현하는 데 지장을 받았기 때문이다. 아기가 배고픔을 느끼기도 전에 시간에 맞춰 젖을 먹이면, 아기에게 먹고 싶은 욕구가 생겼을 때 느끼는 신호와 욕구가 충족되었을 때 느끼는 만족감 사이의 관계를 배울 수 없다는 것이다.

베데스다는 거의 울지 않는 편이었는데 그래도 우는 경우는 내가 뭔가 안 좋은 것을 먹었을 때로, 미성숙한 소화기관이 그것에 반응했기 때문이었다. 가령 마늘이 들어간 소시지나 크림 우유, 고추, 그리고 특히 초콜릿을 먹었을 때 그랬다. 초콜릿에 들어 있는 카페인 때문에 몇 시간이나 잠을 못 이루는 베데스다를 보면서 의사들이 유아 배앓이라고 부르는 병은 아기들이 왜 우는지 모를 때 하는 말이라는 것을 나는 그때 알았다. 그래서 유제품이나 초콜릿, 향신료 대신 유기농 닭, 고기, 생선, 달걀 같은 단백질 음식과 현미,

파스타, 채소, 과일을 많이 먹었다. 다행히 딸은 쑥쑥 잘 컸고, 날 때부터 또래들보다 계속 큰 편이어서 잠도 못 자고 일일이 음식을 가려먹어야 했던 고생이 하나도 아깝지 않았다.

인류학자 애슐리 몬터규는 이렇게 말했다. "엄마 젖을 빼는 젖먹이가 얼마나 아름다운가요? 수유는 출산 직후에 특히 엄마와 아기의 욕구를 즉각적으로 충족시키며, 그것으로부터 둘 사이의 모든 욕구를 충족시켜주는 행위로 점차 성장하고 발전해갑니다. 모유수유로 만들어진 관계는 모든 인간관계의 기본이 되며, 엄마 품에서 느끼는 온기가 아기의 인생에서는 첫 번째 사교의 경험입니다."

나에게는 딸의 몸이 우선이었고 내 몸은 그 나비를 탄생시킨 번데기였다. 물론 요가로 가꿔온 예전 몸매로 돌아가고 싶다는 생각도 들었지만, 젖을 먹일 때 아기에게 따뜻하고 아늑한 느낌을 주려면 엄마가 통통해야 한다는 것을 이해했다. 내가 베데스다를 위해 바라는 것은 오직 하나, 바로 평화다. 베데스다에게 평화가 있기를, 세상에 평화가 있기를!

아인슈타인은 우리가 스스로에게 할 수 있는 가장 중요한 질문은 '우리가 세상을 친절한 곳이라고 느끼는가?'라고 했다. 나도 그 말에 동의한다. 그리고 그 대답 안에 우리의 인생철학이 담겨 있다고 믿는다. 그래서 나는 젖을 끊은 뒤에도 늘 베데스다를 곁에 두고 안정감을 느끼게 했다. 그래서인지 우리 딸은 여태까지 내가 보아온 어떤 아이보다 명랑하고 차분했다. 나는 내가 그래본 적이 없어서 내 아이만큼은 편안함을 제대로 느끼기를 바란다.

케이크를 먹게 해주세요

"우리가 제대로 평가받지 못하고 있다는 느낌이 든다면
실제로 그렇기 때문입니다."

영국 태생의 공동소비혁명, 마마베이크의 설립자인 미셸 시어러
는 2010년 2월, 수업을 마치고 나온 아이들을 데리고 집으로 가다
가 친구 베크에게 손수 만든 라자냐를 선물 받았다. "베크는 그런
사람이에요. 늘 먼저 베풀고 다른 사람들을 배려하지요." 베크는 고
등학교 동창인데, 오랫동안 연락이 끊겼다가 페이스북에서 다시 만
났는데 알고 보니 두 사람 모두 호주 뉴 사우스 웨일즈의 북쪽, 엎
어지면 코 닿을 곳에 살고 있었다. "저는 곧장 '어떻게 보답하지?'
하고 생각했습니다. 그런데 문득 그런 생각이 오히려 친구의 선물
을 진심으로 감사한 마음으로 받는 데 방해가 된다는 것을 깨달았

습니다." 그녀는 그 순간 엄마들이 대개 남에게서 도움받기를 거북해하는 이유가 자신이 무능력해 보이거나 완벽하지 못한 사람으로 보일까 봐 타인의 호의마저 거절하게 되는 것이라는 생각이 들었다. 그런 생각이 꼬리에 꼬리를 물고 자연스럽게 공동요리로 흘러갔다고 한다. 그녀는 엄마들이 각자 해온 음식을 서로 나누면 혼자여러 음식을 만드는 것보다 수고를 덜 수 있어서 약간의 시간만 투자해도 삶이 훨씬 수월해지겠다는 생각을 했다. "저는 서로에게 정말로 솔직해질 수 있는, 친밀한 공동체를 구상했습니다."

그녀의 말이다. "마마베이크에서는 회원의 자녀들도 공동체에 대해 배울 수 있습니다. 직접 소매를 걷어붙이고 함께 일하는 엄마들을 보면서 인류의 힘을 배우지요. 요즘은 부모가 다들 맞벌이를 하기 때문에 아이들이 그런 모습을 보기가 어려워졌어요. 그런데 마마베이크에서는 엄마가 일하는 자리에 아이들도 같이 와서 자르고 반죽하고 짓는 모든 과정에 참여합니다. 그 덕분에 음식만이 아니라 그 음식이 어디에서 왔고 어떤 준비를 거쳐서 하나의 요리로 완성되는지를 배울 수 있습니다. 새로운 요리는 물론 입맛, 스타일, 요리법을 배우고, 다른 엄마들이나 아이들과 어울리면서 아름다운 사회적 분위기를 즐기게 되지요. 나누고 주고받고 협력하는 것은 인간이 지닌 훌륭한 태도입니다. 그런데도 우리는 너무 오랫동안 그것을 무시하고 외면해왔습니다."

마마베이크의 첫 모임은 바로 그 달에 시작되었고, 네 사람이 하나씩 요리를 만들어와서 똑같이 나눠 가졌다. "아주 쉬웠고 너무나 당연하다는 느낌이 들었습니다. 그것으로 우리는 나흘 치 식사를 간단히 해결했지요. 그 뒤로 점점 그룹이 커져서 결국 몇 개의 소그룹으로 나눠야 했고, 4월에는 페이스북을 열어 모두가 접속할 수 있게 되었지요." 이제 마마베이크는 페이스북에서 2만 개의 '좋아요'를 받는 국제적인 커뮤니티로 성장했다. 마마베이크 사이트에는 영양가 높은 수백 가지 음식의 조리법과 개인적인 요리체험기, 토론마당 등이 있어서 가입비가 결코 아깝지 않다. 이 모든 것이 한 사람이 친구에게 베푼 다정한 행동에서 시작된 일이다.

작가 엄마들이 참여하는 좀 더 체계적인 타 단체들과는 달리 마마베이크에는 온기와 격려가 있는 것 같습니다. 저도 그곳에서 느낄 수 있는 유머와 진실성을 사랑합니다. 재료 3가지만 가지고 뚝딱 만들 수 있는 꿀땅콩캐러멜은 정말 감동적이었습니다. 만들자마자 남편하고 바로 그 자리에서 다 먹어치웠지요!

시어러 우리가 마마베이크를 만든 것은 아이가 있는 엄마들에게 가장 필요한 것이 온기와 격려라고 생각해서였어요. 우리 사회에선 이미 온기와 격려가 사라졌습니다! 지금은 공동체의 가치나 사랑, 돌봄, 친절, 다정한 이웃관계 등은 대형 텔레비전이나 집, 자동차 같은 물건들로 대체되었습니다. 1960년대 자유분방함의 대명사였던 히피족들은 이제 자기들밖에 모르는 자애집단이 되어버려서 뭐든 자기들 위주이고, 철저히 자기애에만 초점을 맞춥니다. 물론 그것도 중요하지요. 하지만 지금은 너무 지나칠 정도라는 게 문제입니다. 우리는 누구나 개별적인 존재들이고 그래서 자기 자신을 돌보는 것이 너무 당연합니다. 그러나 이 세상은 다른 사람들과 함께 살아가는 곳이며, 서로를 돌봐주어야 한다는 것도 잊지 말았으면 좋겠습니다. 우리가 누군가를 돕고 배려하는 것도 좋은 일이지만, 누군가로부터 도움과 배려를 받는 것만큼 기분 좋은 일도 없습니다. 그런데 지금은 그 균형이 완전히 깨져버렸습니다. 사회의 가치관이 모조리 뒤집혀서 그 덕을 보는 것은 기업들밖에 없어요. 우리는 너무 많은 부분에서 그 대가를 치르고 있습니다. 저는 이 모든 것에 대한 저항이 지금 공동소비 형태의 움직임으로 나타나고 있고, Y세대를 주축으로 다시 모이기 시작했다고 생각합니다.

작가 제 남편과 제가 도시를 떠난 이유도 진실성의 결핍 때문이에요. 우리 주변에 있는 사람들 모두가 심각한 스트레스를 받고 있어서 사회 구성원으로서 해야 할 일만 겨우겨우 해 나가는 것 같았거든요. 다들 극도의 불안감을 느끼고 있습니다. 터무니없이 과도한 노동시간 때문에 여가를 즐기는 것은 아예 불가능합니다. 그래서 일 바깥에서의 삶은 진정한 즐거움이나 나눔이 아니라 오로지 스트레스 해소에만 초점이 맞춰집니다.

시어러 진정한 공동체 없이는 어떤 일도 제대로 해낼 수 없습니다. 우리는 함께해야만 위축되지 않고 더 많은 것을 할 수도 있고, 될 수도 있습니다.

작가 아이가 생기고 나니 다른 엄마들과 마음을 나누고 싶다는 생각이 많이 들더군요.

시어러 우리는 대개 우리가 느끼는 슬픔이 고립 때문이라는 것을 알아채지 못하지요. 비록 판에 박힌 지루한 일상일지라도 여자들 끼리 함께 일하고 깊이 대화하면서 같이 경험하는, 즉 '함께 나누 고 존재하는 것'의 의미를 몰랐기 때문이에요. 함께하지 못하는 데 서 오는 가슴앓이는 정신질환이나 우울증, 불안감으로 표출됩니 다. 그런데 우리는 그것을 혼자만의 시간을 가지는 것으로 자가치 료하려고 합니다. 하지만 우리에게 필요한 것은 '함께하는 시간'입 니다.

작가 제 생각엔 여자들이 자격지심을 느껴서 그런 것 같아요. 그 래서 너무하다 싶을 정도로 끊임없이 몸에 대한 투자에 집착하고. 실제로 자기애의 정도가 너무 충격적인 수준이어서 과도한 돈과 시간은 물론이고, 에너지까지 고갈시키지요. 그러다가 아기가 생 기면 전적으로 도와주는 사람 없이는 아예 양육이 불가능합니다. 엄마들이 전적으로 양육에 집중하려면 다른 사회적 가치를 모두 포기하고 오로지 사랑 하나만 보고 살아야 하는 것입니다.

시어러 우리가 제대로 평가받지 못하고 있다는 느낌이 든다면 실 제로 그렇기 때문입니다. 그렇다면 우리는 어디에서 제대로 된 평 가를 받을 수 있을까요? 인구 통계학적으로도 엄마들은 투명한 존 재들입니다. 사회적으로도 무시당하고 있고, 하는 일도 저평가되 어 있어서 어디에서도 가치를 제대로 인정받지 못하고 있지요. 제 가 어떤 페미니스트와 토론한 적이 있는데, 그녀는 여자들이 결혼 을 하고 아기를 낳으려고만 하기 때문에 직위가 올라가지 않는다 는 말을 했습니다. 저는 그녀가 한 말이 무슨 뜻인지 잘 압니다. 실제로 여자들이 결혼과 출산으로 직장에서 더 불리한 입장이 되는 것도 사실이지요. 그러나 그녀가 완전히 놓치고 있는 것이 따로 있습니다. 바로 여자들이 아이들과 있으면서 얻게 되는 어마어마한 힘이 그것입니다. 그런데도 아무도 우리에 대해서 말하거나 찾거나 묻지 않습니다. 우리가 저평가되고 있다고 느끼는 것은 실제로 우리가 무시되고 있기 때문입니다.

작가 저는 어떤 유행을 따르고 싶어서가 아니라 그냥 본능적으로 애착부모가 되었습니다. 아기가 배고파하면 바로 젖을 물렸고 함께 자는 것이 너무나 당연하다고 생각했습니다. 그런데 그런 저를 본 사람들의 반응은 정말 기가 막혔어요! 제가 1950년대로 돌아가고 싶어 한다거나 돈이 넘쳐서, 아니면 너무 할 일이 없어서 딸의 머리나 땋고 있다고 하질 않나, 저를 우익이고 이단이며 무식하다면서 마치 신나치주의 집단에라도 가입한 사람처럼 취급했습니다. 사실 저는 불교를 믿고 있고 거의 파산 직전인데다 저보다 한참 어린 남자와 결혼해서 남편보다 돈을 더 많이 벌고 있어서 집안일은 남편이 거의 도맡다시피 하고 있는데도 말입니다. 그들에게 중요한 것은 오로지 자기들을 불편하게 만드는 저의 관점을 깎아내리는 일이었지요.

그들이 저를 그렇게 비판하는 이유는 바로 '죄책감'입니다. 마마베이크 토론장에서 죄책감은 실격 요인입니다. 만약 어떤 엄마가 다른 엄마의 선택에 대해 죄책감으로 반응한다면 제대로 된 토론이 불가능하거든요. 최근 진행되고 있는 신경생물학에 관한 연구들은 모두 애착관계를 중요하게 여기는 부모들 편입니다. 그런데도 특정 파벌에게는 애착부모들을 지지하는 것이 성 평등을 반대하는 적대감의 표시로 비치기도 하지요. 저는 수세기에 걸쳐 내려온 가부장적 차별을 비난했던 당사자들이 이제 와서 그것을 다시 받아들이고는, 남성적이라고 정의되는 성공이나 권력을 추구하면서 남성적인 것으로 여겨지는 성인물까지 용납하는 것을 이해할 수 없습니다. 사회적 성공을 추구하는 여자들은 결국 스스로를 남성화시킵니다. 여성성을 강화하고 여성인권을 신장시키는 것이 아니라 오히려 거꾸로 가고 있는 것이지요. 적극적인 육아나 엄마 되기에 뒤따르는 것을 모두 회피하는 것은 그 문제의 일부일 뿐입니다.

  시어러 저는 엄마들이 아이들을 어떻게 양육해야 할지 정말 모르고 있다고 생각합니다. 실제로 대부분의 경우 아이를 낳은 뒤에 갑자기 1950년대로 퇴행하게 되고 사회가 얼마나 불평등한지를 보게 되지요. 외벌이의 경우는 말할 것도 없고, 맞벌이인 경우에도 집안일은 여전히 엄마들이 도맡아합니다. 사소한 집안일에서부터 고된 집안 대소사까지 모두 여전히 엄마들의 몫입니다. 그런데도 사회에선 아직도 여자들을 어떻게 다뤄야 할지 모릅니다! 엄마들이 경제활동을 하다 말다 하게 내버려두면서 그 핑계로 월급은 적게 줍니다. 그런데도 엄마들이 얌전히 입을 다물고 있기를 바랍니다. 정말 어처구니가 없어요. 만약 엄마들에게 자유를 줘서 집안일에서 벗어나게 해주고 두뇌집단에 들어가게 해서 일주일 동안 사회적인 이슈들에 대해 생각하게 했을 때 어떤 일이 일어날지 한번 보세요! 엄마들로 이루어진 두뇌집단이 필요합니다. 마마베이크가 필요한 이유가 바로 그것이고, 그것이 제가 생각하고 있는 다음 프로젝트예요. 엄마들이 마마베이크에서 자유로워지는 때가 오면 바로 실행할 생각입니다. 엄마들로 구성된 두뇌집단에는 엄청난 잠재력이 있습니다. 어리석은 페미니스트들은 엄마들을 무시하지만, 엄마들이야말로 존경받아 마땅합니다! 사회에서는 여럿이 해야 할 일을 엄마들은 혼자서도 너끈히 해내죠. 지금은 문화적으로도 너무 뒤틀려 있어서 모든 것이 엉망이지만, 이 와중에도 엄마들은 어떻게든 해보려고 노력합니다. 아기를 낳고 키우면서 모두를 돌보고, 모든 걸 생각해야 하는 집안일까지 해낸다는 것이 얼마나 대단한가요? 그런데도 엄마들은 여전히 무시당하고 있으니 정말 개탄할 노릇이지요!

작가 그 중심에는 예속되거나 이용당하거나 권력을 빼앗길까 봐 두려워하는 마음이 있습니다. 아기는 엄마들을 아주 나약하게 만들지요. 신체적으로나 정서적으로나 나약해 보인다는 것은 두려운 일이 분명해요. 그래서 강한 척 연기해서 감정적 곤경에 빠지는 것을 피하는 것이 차라리 더 쉽지요. 그래야 잃는 것도 적어지니까.

시어러 아기를 낳은 뒤에는 우리가 어떤 자기발전의 과정에 있었는지와는 상관없이 별안간 우리의 가치관을 총 집중해서 모든 이들에게 아기를 어떻게 양육하는지 보여주게 됩니다. 하지만 초보 엄마들에겐 세상이 너무 가혹한 곳일 수도 있습니다. 엄마들은 너무 연약해요. 너무 많은 이론과 책, 양육전문가들이 너나 할 것 없이 자기 말이 옳다고 우겨대니 정신이 하나도 없습니다. 만약 우리를 바른 방향으로 인도하고 응원하고 도와줄 수 있는 나이 지긋한 여자 분들이 없다면, 우리는 끊임없이 스스로를 의심하게 될 것입니다. 그리고 남들은 다 잘하고 있는데 나 혼자만 제대로 못하고 있는 것 같아서 죄책감을 느낄 수도 있습니다. 그러면 결국 위축감을 느껴서 선천적으로 알고 있던 것들조차 잊어버리고 헤매느라 우리가 스스로를 지지해주어야 한다는 것을 잊고 말지요. 저는 이런 나약함이 핵가족의 출현과 직접적으로 관련되어 있고, 그것이 삶의 모든 단계에서 여자들을 분열시키고 고립시켰다고 믿습니다.

작가 슈퍼우먼 신화의 책임이 크네요.

시어러 우리는 왜 괜찮지 않을 때조차 괜찮다는 근거 없는 믿음을 계속 가지게 될까요? 곤경에 처해 있으면서도 정말 잘하고 있다고 생각하는 것이 스스로를 더욱 힘들게 만듭니다. 마마베이크 모임은 아주 친밀하고 누구나 평등한 수평적 관계로 대하기 때문에 서로에게 속마음을 털어놓기가 아주 쉽지요. 누구에게나 좋은 날도 있고 안 좋은 날도 있습니다. 그런데도 아무렇지도 않은 척 살면서 혼자서 슈퍼우먼 신화를 쓰는 것은 자기 자신을 망가뜨리는 일입니다.

작가 공동체에서 왜 초보엄마들을 아껴줘야 할까요?

시어러 왜냐하면 우리가 엄마들 전체에 집중하고 그들을 소중히 여겨야만 하기 때문입니다. 엄마들은 오랫동안 사회적으로 무시당했지만 사회에 가장 필수적인 일들을 담당하는 사람들입니다. 이제

막 엄마가 된 여자들이 적응하는 데는 만만치 않은 시간이 걸리지만 주변의 경험 많은 엄마들이 지지해주면 잘 해낼 수 있습니다.

작가 문화도 바뀌어야 합니다. 아무 생각 없이 돌아가는 산업화가 아닌 가치가 제대로 평가되고 노련하며 존중되는 예술적인 사고방식으로 재설계되어야 합니다. 그러려면 새로 이사 온 엄마들에게 어떻게 해줘야 할까요?

시어러 그들을 환영해줄 방법은 많습니다. 찾아가서 인사를 나누고 작은 일이라도 도와주겠다고 말하는 거예요. 차 마시는 자리에 초대하거나 친구들에게 소개해주세요. 낯선 동네 이곳저곳을 안내해주고 궁금해 하는 것들에 대해 대답해주세요. 여러분의 전화번호를 알려주는 것도 좋습니다.

작가 아프거나 격한 감정에 휩싸인 엄마들에게도 같은 원칙을 가지고 대해야겠지요?

시어러 그렇습니다. 엄마들이 우울하면 가족 전체에 타격이 됩니다. 엄마들이 하는 일이 얼마나 많아요. 그래서 다른 엄마들의 지지를 받아서 다시 회복되어야 잘 해나갈 수 있습니다. 우리 모두 아픈 엄마들 곁으로 모여야 합니다. 음식도 해주고 이런저런 일들을 도와주어야 합니다. 함께 일을 하면서 경험을 나누다 보면 믿음과 우정이 생깁니다. 혼자 집안에만 틀어박혀 지내서는 아무런 발전이 없습니다. 대부분의 엄마들이 힘겹게 살아가고 있고 아픔도 늘 있지만 계속 그 자리에 머물러서는 아무것도 나아질 게 없습니다.

작가 맞습니다. 저는 가족이나 친지들과 함께 살지도 않고, 적대적이거나 무관심하게 방치되거나 철저히 고립된 부모들을 많이 봤습니다. 간신히 재정적인 도움만 받고 있는 경우가 많아요. 그들은 '아기나 사랑 따위는 중요하지 않다.'고 생각하기 때문에 감정적인 지지도 불가능합니다. 뉴욕타임즈에 "할머니를 귀찮게 하면 안 되는 때"란 기사가 난 적이 있습니다. 저 역시 베데스다가 4살 때 친정식구들과 완전히 관계를 끊었습니다. 우리는 친정식구들 때문에 상상하기조차 힘들 만큼 어려움을 겪었지요. 지금 돌이켜봐도 말이 안 되는 완전히 아수라장 같은 상황이었습니다.

시어러 대처 수상 시절, 영국에는 사회란 것이 존재하지 않았습니다. 모든 것이 개인에게 집중되어 있었죠. 그래서 80년대에는 엄마가 집을 나간 가정이나 목에 열쇠를 걸고 밖에서 놀고 있는 맞벌이 부부의 자녀들이 많았습니다. 2차 세계대전이 끝나고 여러 나라들이 연합하면서 공동체의 가치는 완전히 사라졌습니다. 안타깝게도 아이들은 커서 부모 곁을 떠났고, 부모들은 더 나은 이익을 쫓아 아이들 곁을 떠났습니다. 엄마들이 사회생활을 하려고 자식들 곁을 떠나갔고 아이들은 엄마가 떠나가는 모습을 지켜봤지요. 그 사건은 전 세계에 가족의 중요성과 가치에 대한 메시지를 던져주었고, 오늘날의 가족 상황이 바로 그 결과입니다. 적어도 제 경우에는 그랬습니다. 우리 어머니는 학교 다닐 때 늘 우등생이었습니다. 시대가 바뀌면서 여자들도 학위를 따고 평생직장을 구할 수 있게 되자 어머니도 그렇게 했지요. 저 역시 그것이 자랑스러웠지만 그 과정에서 가족이나 개인 모두 잃은 것이 있다고 생각합니다. 물론 저도 같은 길을 갔지만요.

작가 저는 집을 떠나도 되는 나이가 되기만을 손꼽아 기다렸어요. 그 시대는 여러 면에서 독으로 가득 차 있어서 마치 사회적 실험실 같았어요. 이혼율이 급증하면서 너무 많은 아이들이 상처를 입었습니다. 사방에서 자살사건이 일어났지요.

시어러 저희 할머니는 사람들이 어떻게 가족을 버리고 떠날 수 있는지 이해할 수가 없다고 했습니다. 그런데 저는 어떤 결과가 될지 전혀 예측할 수 없는 상태에서 호주로 이주했습니다. 그때나 지금이나 저는 우리 가족 모두를 사랑합니다. 하지만 그때는 큰 모험을 하고 싶었고, 마침내 독립을 했던 것이지요! 하지만 제가 몇 명 안 되는 제 식구들과 호주에서 잘 지내는 동안, 조부모님은 영국의 한쪽 끝에 살았고, 제 언니와 동생은 다른 쪽에 살았습니다. 그런데 최근 한 TV방송에서 죽음을 앞둔 노인을 보러온 가족들이 '항상 함께하겠다', '어떤 일이 있어도 함께 이겨낼 수 있다'고 작게 속삭이는 장면이 나왔습니다. 저는 그 장면을 보면서 하마터면 울음을 터트릴 뻔 했습니다. 저에게는 가족이 그런 의미가 아니었거든요. 그저 골칫거리였고 힘든 사람들이었지요. 아이들에게 '세상에 어떤 일이 있어도 우리는 언제나 너희들을 위해 있을 것'이라고 말해주는 것보다 더 좋은 선물이 있을까요?

작가 제 어머니는 이탈리아 북부 출신의 권위적이고 제멋대로였던 아버지가 허락하지 않아서 일을 하지 못했다고 합니다. 그런데도 어머니는 항상 직장생활을 갈망했지요. 어머니는 너무 어린 나이에 엄마가 되었는데 엄마 노릇을 잘하려는 노력은 별로 하지 않으셨어요. 그러면서 겨우 열 살밖에 안 된 남동생을 기숙학교에 보냈습니다. 심지어 그 학교가 우리 집과 같은 도시에 있었는데도 말입니다. 어머니는 엄마가 딸에게 느껴야 할 감정을 느껴보지 못했다고 고백한 적도 있습니다. 그래서인지 저 역시 엄마가 된다는 것이 너무 두려웠습니다. 어머니처럼 도망치고 싶어질까 봐 그랬던 것 같습니다. 그런데 정말 놀라운 것은, 제가 아기와의 친밀감에 엄청난 흥분을 느꼈다는 것입니다. 아기에게 입을 맞추고 케이크만 구우면서 살고 싶을 정도였지요. 케이크는 전 세계 어디에서나 통하는 단어입니다. 그리고 수많은 질문에 대한 확실한 해답이지요.

시어러 케이크는 바이킹 시대부터 존경의 표시로 선물되기 시작했다고 합니다. 보통 정제된 설탕과 견과류로 만들었는데 당시로선 상당히 비싼 재료들이었지요. 재료가 비싸면 비쌀수록 존경의 의미가 더 큰 것으로 여겼고, 지금도 크게 다르지 않습니다. 케이크를 만들어준다는 것은 아주 특별한 의미입니다. 제 친구 베크는 놀러올 때마다 하트모양의 케이크를 만들어오는데, 받을 때마다 친구의 마음이 느껴집니다. 케이크는 저에게 누군가를 기념한다는 의미가 있습니다. 물론 저는 케이크를 잘 만들지 못합니다. 좋은 마음으로 정성스레 만들어도 늘 제 마음과는 다른 모양이 되곤 하지요. 그렇지만 제가 만든 모든 케이크가 저에겐 여전히 의미가 있습니다.

작가 재미있네요. 요리에 대한 가장 오래된 기억은 무엇인가요?

시어러 친정어머니의 오래된 요리책입니다. 요리할 때마다 그 책을 보시곤 했지요. 저도 그 책에 나오는 빅토리아 스펀지케이크를 구워봤어요. 아직도 그 책의 냄새가 기억납니다. 너무 낡아서 자꾸 갈라지니까 어머니가 요리하는 동안 제가 잘 들고 있어야 했지요. 어머니는 디너파티에 쓰는 13코스의 고급 프렌치요리를 좋아했고 채식메뉴에도 도전했습니다. 그런데 일상적인 메뉴에는 흥미가 없어서 평소에는 새아버지가 식사를 준비했어요. 그래서 늘 영국식 감자와 소시지, 콩, 파이 같은 요리가 올라오곤 했습니다.

작가 요리에는 근본적으로 어떤 의미가 있나요?

시어러 중요한 것이 바로 그것입니다. 근본적인 것이요! 요리는 가족의 심장과 같은 것이지요. 영양분을 공급해주고 살아갈 수 있게 해주는 것이니까요. 그리고 요리를 어떻게 하느냐에 따라 결과가 달라집니다. 요리는 인간에게 근본적으로 필요한 것이어서 당연히 가족들로부터 존중받아야 할 '일'입니다. 요리를 잘하는 것이 곧 가족을 존중하는 것이고, 아이들이 잘 자라고 잘되는 것도 우리가 요리를 어떻게 하느냐에 달려 있습니다.

마마베이크

♥ 마마베이크는 엄마들이 모여 많은 양의 요리를 만들면서 생각할 수 있는 시간을 찾고, 각자 되고 싶고 하고 싶은 것을 할 수 있는 자유를 얻을 수 있음을 믿는다.

♥ 마마베이크는 실생활 모임을 통해 믿음이 가는 진솔한 환경을 만드는 데 노력함으로써 엄마들이 편하게 자신의 양육경험을 나눌 수 있도록 한다.

♥ 마마베이커들은 깔끔하건 지저분하건 집안 상태로 서로를 평가하지 않는다.

♥ 마마베이커들은 다른 회원들에 대해 판단하지 말고, 호기심으로만 다가간다.

♥ 마마베이커들은 서로를 위해주고 도움이 필요한 곳에는 곧장 달려간다.

♥ 마마베이커들은 도움이 필요할 때 도움 받는 것을 편안하게 생각하며, 그것이 다른 사람들도 그렇게 할 수 있게 해주는 것임을 안다.

mamabake.com

성의 방향성 찾기

여성다움이라는 선물

"여성성이 없는 삶은 제대로 된 삶이 아니다."

친할머니의 서랍장 맨 위 칸에는 어린 나를 황홀경에 빠지게 하는 것들이 가득했다. 할머니가 젊었을 때 끼던 장갑들(단추가 달린 긴고 하얀 가죽장갑, 캐시미어로 안감을 댄 검정 가죽장갑, 회갈색 실크장갑)은 모두 딴 세상의 것들이었다. 스타킹, 병에 담긴 향수들, 놋쇠로 된 40년대 콤팩트에 담긴 걸쭉하고 끈적이는 빨강 립스틱은 30년이란 세월이 흘렀고 대륙을 건너왔지만 여전히 향이 남아 있었다. 물건들마다 신비함이 있었고, 어머니에게선 볼 수 없었던 여성다움의 상징이었다. 할머니와는 달리 어머니는 늘 청바지 차림이었고 아무것도 바르지 않은 맨 입술에 짧은 더벅머리를 하고 다녔다.

어머니는 여성성을 아주 다르게 이해했던 시대에 태어나서인지 그리 다정하지 않았다. 어머니가 내 머리카락을 야박하게 잘라버렸을 때 너무 속상해서 울었던 기억이 난다. 나는 그 뒤로 몇 년 동안 나를 남자아이로 착각한 사람들로부터 '참 잘 생겼다.'는 말을 들어야 했다. 그때 느꼈던 수치심은 지금도 잊을 수가 없다. 화가 머리끝까지 치밀어서 흰색 레이스에 리본장식이 달린 긴 타이즈를 사달라고 어머니에게 졸랐다. 그러곤 그 타이즈가 다 닳아서 못 신게 될 때까지 신고 다녔다. 그걸 신어야 내가 여자라는 느낌이 들었기 때문이다.

나는 그저 여자가 되고 싶었을 뿐이다.

하지만 그것도 잠깐이었고 나 역시 여성다움의 가치가 한물갔다는 사실을 차츰 알게 되었다. 인정 많고 감성적이며 부드러웠던 할머니는 과거에 속한 인물이 되었고, 여성스러움의 가치는 모든 곳에서 폄하되었다. 지혜로운 여자들은 매력이 없고, 아름다운 여자들은 생각이 없으며, 헌신적인 여자들은 야만적이고 열등한 암탉이라고 헐뜯고 비웃어댔다.

그녀는 세상에서 가장 나쁜 것이에요.

자, 저 바보 같은 여자를 보세요.

입 닥쳐 입 닥쳐 입 닥쳐

그 당시 가수인 믹 재거의 노래처럼 사랑은 더 이상 시대적인 추세가 아니었다. 수십 년의 결혼생활 끝에 결국 남편에게 버림받은 여자들도 있었고, 알코올중독에 빠졌거나 자기 자신을 찾는다며 아이들을 방치한 여자들도 있었다.

지금의 문화는 이기고 뽐내는 남성적인 문화라고 할 수 있다. 역사적으로 여성스러움을 뜻했던 공감, 다정함, 유창함, 따뜻함 같은 표현들은 이제 여자들의 성공에 걸림돌이라고 여겨진다. 서점에는 직장에서 여성스럽게 굴었다가는 위기에 처할 수 있다고 떠드는 책들이 넘쳐난다. "사과 좀 그만 하세요!" 이것은 『착한 여자는 전망 좋은 사무실을 차지할 수 없어』에서 로이스 프랭클이 한 말이다. 필리스 민델은 『여자들이 말하는 법』에서 '나는 생각한다', '나는 느낀다'로 시작하는 문장은 전통적으로 여성적인 말투이고 패배자들의 것이라면서 그럴 듯해 보이는 객관적이고 남성적인 비유로 바꿔 쓰라고 지적했다.

그에 따라 많은 여자들이 자신의 예민함이나 모성본능을 죽여가며 남자들이 지배하는 공간에서 경쟁하게 되면서 오히려 자기 삶에서 가장 중요한 관계들을 망가뜨렸다. 이제 재능 있는 여자들에게는 '직장에서의 성공과 그에 맞는 보수'라는 하나의 성공모델만 제시된다. 행복한 결혼생활과 건강하고 성공적인 직장생활을 하면서 능력 있는 딸들까지 둔 작가 조안나 바쉬는 『여자들은 어떻게 주도하는가』라는 책에서 다른 여자들이 더 많이 이룬 것을 보면 자신이 투명인간처럼 느껴질 때가 있다고 아주 솔직하게 고백했다. 지금의 무심한 세상에서는 돋보임을 자기만족감에서 느끼기보다 감정이 메마른 상사들에게 인정받는 것을 통해 확인하게 되었다.

나도 학교 다닐 때 영재라는 소리를 들었는데, 내가 특별히 감성이 뛰어나서라기보다는 단지 지능이 높았기 때문이다. 그러나 가치란 원래 감정에 근거한 것이다. 그런데도 우리 사회에서는 지능에 더 많은 가치를 둔다. 모든 기준이 남성적인 것에 맞춰져 있어서 여자들이 경쟁하려면 전통적으로 남성의 특징이라고 여겨온 무신경, 목표 지향적 사고, 물질을 우선시하는 자세를 가질 수밖에 없게 되었다.

인류학자인 실라 키징거에 따르면, 여자들은 전통적으로 우선 순위가 외부상황에 따라 항상 변하는 것이라고 믿어왔는데, 지금은 육체와 정신 모두를 철저히 통제하는 남성적 사고방식으로 바뀌었다는 것이다. 신석기시대로부터 고결하게 여겨져온 여자의 몸은 대개 지배하려는 시도에 반응하지 않는다. 여자들의 몸은 약으로 통제받는 경우가 아니라면 월경의 영향을 크게 받는다. 그리고 감정적 스트레스는 어떤 생물학적 요인만큼이나 수태에 큰 영향을 미친다. 그 때문에 서양의학의 도움을 받지 못하는 부분에서는 의외로 전체론의 입장을 옹호하는 의학자들의 도움을 받기도 한다. 생리학상 우리는 신비한 것의 영향을 받고 있으며, 바로 그 안에 우리의 생식능력이 있다.

외부의 영향에 민감한 우리의 감각은 특별한 선물이 아닐 수 없다. 그런데 나는 사춘기 때부터 스무 살 무렵까지 그런 반응이나 변화를 거부하려고 안간힘을 썼다. 복종과 연관되는 여성의 특징이라거나 예술에서 너무 미미하게 대변되는 여성성에는 연결되고 싶지 않았다. 작가 에리카 종은 "좋은 예술의 가장 침울한 적은 복도에 있는 유모차다."라고 한 비평가 시릴 코널리의 말에 동의했다. '문학의 여왕'이라고 할 오스틴, 브론테 자매들, 울프 같은 작가들도 모두 아이가 없었다.

여자가 된다는 것이 나에게는 그런 양면적인 모순을 고민해야 하는 부담이자 생물학적으로도 피할 수 없는 도전이었기 때문에 내가 양쪽으로 찢기는 느낌이었다. 생리주기가 조금만 달라져도 당황해서 어쩔 줄 몰라 했는데, 남자들과는 달리 여자들은 매달 운명이나 어떤 가능성을 떠올릴 수밖에 없기 때문이다. 피할 수 없는 선택은 결국 짐스럽게 느껴지거나 대답하고 싶지 않은 질문처럼 다가왔다. 11살에 초경이 시작됐을 때 나는 정말 거부하고 싶었다.

나의 식이장애가 딱히 여성성에 대한 혐오 때문은 아니었지만 아예 무관하다고 할 수도 없다. 사춘기는 내게 충격적인 변화의 시기였다. 스스로 통제되지 않는 것에 당황했고 가슴 때문에 수치심이 느껴져서 아빠의 흰 남방을 입어서 가려보려고 했다. 그 때문에 나는 청소년기를 즐겁게 보내지 못했다. 어릴 때는 여자로 보이지 않아서 수치스러웠는데 청소년기에는 여성성이 너무 드러나서 괴로웠다. 오히려 깡마르고 눈에 띄지 않았던 어린 시절의 내 몸이 그리울 정도였다.

나는 스스로를 통제할 방법을 찾느라 폭식증과 거식증을 오갔다. 의식적으로 먹지 않은 것은 아니었고 그냥 먹어야 한다는 것을 잊고 초콜릿과 담배로 연명하다가 가끔 중국음식이나 포도, 리치 같은 과일, 젤리 우유를 먹었다. 배가 아주 많이 고프지도 않았고 내가 심각하다고 생각해본 적도 없었다. 몸무게도 아예 재지 않았다. 친구들마다 걱정스러워했지만 나는 오히려 투명함, 가벼움, 음식에 얽매이지 않는 독립적인 느낌을 즐겼다. 그리고 먹어야겠다는 생각이 들면 폭식을 한 뒤 아무도 모르게 재빨리 토해버렸다. 마치 귀신이라도 된 느낌이었다. 심리학자들은 이것을 의식분열이라고 했다. 삶을 거리를 두고 경험했기 때문에 나에겐 느끼는 것 자체를 잊어버리는 게 쉬웠다.

섹스는 내게 남성적이었고 단지 오르가슴을 느끼기 위한 것이었으며 애착관계를 대신하는 스트레스 해소의 창구 또는 자극이었다. 어떤 때는 너무 행위에만 집중해서 상대가 누구인지는 의미가 없었다. 이런 점에서는 나만 그랬던 것은 아니다. 욕구불만이 있는 여자들은 이제 관계, 사랑, 관심 등이 사라진 자리를 대신해줄 성인물을 찾는다. 자기 자신을 대상화하는 데 익숙해진 많은 여자들이 밋밋해진 관계를 받아들이기 위해 성인물을 즐긴다. 화면에만 집중하면 상대방에게 친밀감을 느끼지 못한다는 사실과 마주하지 않아도 되기 때문이다. 그러면 시각적인 것만 부각될 뿐 감정은 별로 중요하게 느껴지지 않아서 섹스는 결국 반응에 불과한 것이 되는 것이다.

2011년에 호주의 언론인 레이첼 올딩은 부유층 여학생들에 관해 이렇게 말했다. "그들 세계에서는 화장실에서 남학생에게 구강 섹스를 해주는 것이 '헤픈 짓'이긴 하지만, 다음날이면 잊어버린다.

아침에 눈을 떴을 때 자기가 있는 곳이 어디인지 모르는 것도 그리 놀랄 일이 아니다." 이런 현상은 섹스를 하찮게 여기는 데서 비롯된 것으로, 남성적인 관점이다. 하지만 여성적인 관점으로 보는 섹스는 전통적으로 감정과 생식에 있어서 인생을 바꿀 만한 특별한 경험이자 위엄 있는 행위였다. 그런데 지금은 섹스의 감각적이고 심리적인 면들이 사라지고 있다.

하지만 육체와 영혼의 연결고리가 끊어지면 무엇보다도 친밀감에 엄청난 타격이 온다. 자기 자신이나 다른 사람들과의 친밀감이 끊어졌을 때 느끼는 외로움은 남용이나 학대로 이어진다. 미국에서는 지난 10년 동안 목숨이 위태로울 정도의 심각한 중독증세로 응급실을 찾은 여자들이 52퍼센트나 늘었다. 400퍼센트나 높아진 항우울제 처방도 대부분 여자들에게 한 것이었다. 그 증가세도 믿기 어려운 수준이다. 친밀감의 단절은 성에도 영구적인 영향을 미친다. HIV를 비롯한 각종 성병에 걸릴 확률은 여자가 남자보다 5배나 높다(매일 성병진단을 받는 50만 명 중 40만 명은 여자들이다). 일부 페미니스트들은 이같은 결과를 놓고 남녀가 동등해진 증거라고 여기지만, 생물학적으로는 남자보다 여자가 약물남용이나 성병에 훨씬 더 취약해서 잘못하면 생식능력을 영구적으로 잃을 만큼 위험하다.

나는 내 주변 여자들의 인생이 엉망진창이라는 약점을 외면하고 싶어서 독재적인 아버지의 삶을 모델로 삼았다. 그리고 아버지의 집중력과 자유를 동경했다. 아버지에게 가족은 수족관 같은 것이어서 억제와 통제의 대상일 뿐이었다. 그러나 내가 아는 여자들에게는 가족이 전부였다. 하지만 나는 엄마가 될 수 있다는 생각만으로도 소름이 끼쳤다. 아기들은 나에게 지루하고 요구사항이 많고 의사표현도 못하는 존재일 뿐이었다. 그래서 결혼이나 출산을 피하려던 나에게 '당신은 뭔가를 경험하지 못하고 있다.'고 말하는 사람들을 경멸했다. 나에게는 결혼도 아기도 다 시시해 보였고 오로지 전문가로서의 성공만이 영원해 보였다.

그랬던 내가 딸의 첫울음소리를 들었다.

그 가녀린 목소리를 처음 듣는 순간, 내 영혼은 천 년에 한 번 있을까 말까 한 지진의 강도만큼이나 큰 충격을 받았다. 나라고 불리던 낡은 껍데기가 깨져서 갑작스런 균열 속으로 빨려 들어가면서 순식간에 혼돈으로 빠져든 것이었다. 내가 느꼈던 것은 단순한 기쁨이나 달려드는 아이를 구하려고 차에 뛰어드는 행위 같은 것이라기보다는, 한마디로 말해서 죽어도 내 아이와 함께하겠다는 강렬한 욕구 같은 것이었다.

난생 처음으로 나의 여성성이 필요해졌다. 나는 걷잡을 수 없는 느낌에 취한 것 같았고 더 이상은 일부러 관심 없는 척 연기하지 않아도 됐다. 나는 아기에게 입을 맞추고 젖을 물리고 껴안아주고 보살피면서 수십 년 동안 억눌려 있던 감정을 솔직하게 표현할 수 있었다. 지금은 그런 표현들을 행복한 삶의 증거로 봐주지도 않을 뿐더러 사회적 성공을 더 중요시한다는 것도 알고 있다. 그런데도 나는 오로지 딸을 통해서 신비감, 감정, 부드러움, 사랑의 정확한 힘인 '여성성이 없는 삶은 제대로 된 삶이 아니라는 깨달음'을 얻었다. 지금이 아무리 직장상사의 인정이 더 중요해진 시대라고 해도 시대착오적이라고 조롱되거나 신경증으로 무시되는 다정함, 나약해 보일까 봐 아이들에게조차 허용하지 않는 부드러움 등이 결국 우리가 마지막까지 기억하게 될, 인류가 지닌 가장 좋은 표현들이다.

내 동기들의 관점으로 보면 우리 할머니의 삶은 헛된 것이었다. 에밀리 브론테의 말처럼 '돌을 포장하는 데 사용된 금'이었던 것이다. 할머니는 알코올중독자였던 아버지 때문에 열두 살에 학교를 그만두어야 했고, 재정적으로나 경력 면에서나 성공과는 거리가 먼 삶을 살았다. 할머니는 나 말고 다른 가족들은 모두 거부했고 많지도 않은 연세에 엄청난 고통을 겪다가 돌아가셨다. 하지만 나는 아낌없는 사랑을 보여주신 할머니 덕분에 다른 사람이었다면 버텨낼 수 없었을 갖가지 고난을 극복할 힘을 물려받았다. 할머니는 내 얼굴을 손으로 감싸고서 "넌 굉장한 축복을 받았어."라고 말해주었다. 할머니의 여성성은 지금 내가 내 딸의 앞날을 밝혀주는 횃불이며, 그 빛은 앞으로도 여러 세대를 밝혀줄 것이다.

게으름에 대한 숭배

"아무것도 안하는 것이 지구를 구할 수도 있다."

『게으른 즐거움』 댄 키어런

『게으름뱅이, The Idler』라는 잡지의 서른다섯 살짜리 동갑내기 출판인인 톰 호지킨슨과 개빈 프레터 피니는 2003년, 잡지 편찬 10주년을 맞아 몇 달 간을 쉬면서 아무 계획 없이 살아보기로 했다. 1758년 사무엘 존슨 박사가 쓴 일기 「게으름뱅이」의 이름을 본떠 만든 이 잡지는 전적으로 자체 조달금으로 운영되었고, 게으른 지식인들의 중심조직으로 자리 잡았다. 학구적이고 고급스러운 디자인으로 영국의 반소비주의에 앞장섰던 이 잡지는 내용도 무척 유쾌했다. 작가 데미안 허스트와 철학자 알랭 드 보통, 소설가 윌 셀프 등의 기고와 인터뷰가 실리기도 했지만 수익은 나지 않아서 두 사람은 잡지에서 받은 영감으로 작업한 그래픽디자인의 수수료로

생활했다.

당시 두 아이의 아빠였던 호지킨슨은 데본이라는 시골마을의 농장을 6개월간 임대했고, 총각이었던 프레터 피니는 런던의 아파트 대신 로마에 방을 얻었다. 호지킨슨은 세를 든 농장이 너무 마음에 들어서 거기서 셋째아이를 가졌고 결국 그곳에 눌러앉았다. 프레터 피니는 로마에서 카푸치노를 마시며 시간을 보내다가 문득 〈구름감상협회〉를 만들기로 했다. 이 모임은 비영리 국제조직으로 푸른 하늘을 따분하다고 여기는 생각에 맞서는 활동에 힘을 기울였다.

프레터 피니는 "재미있게도 구름이 별로 없는 로마에 살다 보니 구름이 그리워졌어요. 하늘이라는 도화지에 구름이 그려내는 변화무쌍한 아름다움이 그리웠던 거죠. 구름에 얽힌 어릴 적 경험이 있거나 구름에 관한 책을 읽었던 사람들이 많은데, 그런 인상은 아주 어릴 적에 만들어져서 아주 깊이 각인되지만 시간이 갈수록 서서히 잊힙니다. 제가 로마에 머물 때 교회와 바로크시대의 벽화를 자주 감상하러 다녔는데, 구름 위에 누워 아래편의 신도들을 바라보는 사도들의 머리 뒤에서는 영혼의 상징인 태양광선이 흐릿하게 퍼져 나오고 있었습니다. 저는 늘 사람들에게 구름은 불평의 대상이 아니라는 점을 상기시킵니다. 구름이 너무 흔하고 평범해서 못 보고 지나칠 때가 많지만, 그렇다고 그것이 구름의 아름다움을 잊을 이유는 아니니까요."

〈구름감상협회〉의 회원은 78개국에서 38,000명에 이른다. 이 모임은 사람들에게 분주한 삶 속에서 잠시 멈출 수 있도록 영감을 준다. 어떤 회원은 동네 숲에 버려져 있는 차에 페인트로 구름을 그렸고, 어떤 회원들은 구름에 관한 그림을 그리거나 글을 쓰고 사진을 찍기도 한다. 아름다움을 알게 되는 것만으로도 삶을 바꿀 수 있다.

프레터 피니는 "좀 더 사업가 기질이 있는 사람이 이 단체를 설립했다면 수익이 어마어마한 사업이 돼서 아마 지금쯤은 떼돈을 벌었을지도 모릅니다. 그러나 저는 그렇게 하지 않았습니다. 누구나 가입비 4파운드만 지불하면 평생회원이 될 수 있게 했지요. 저는 그냥 쉽게 함께할 수 있는 단체를 만들고 싶었지 해마다 돈을 받고 싶지는 않았거든요. 전혀 상업적이지 않은 것! 바로 이것이 이 단체의 매력입니다."라고 말했다.

이 단체의 성공으로 프레터 피니는 구름을 찬미하는 글로 전 세계의 어설픈 지질학 선생님들 때문에 빚어진 피해를 복구해보고 싶었다. 그의 에이전트는 좋은 생각이라고 했지만 편집자들을 설득하기가 쉽지는 않았다. 28개나 되는 출판사에서 기상학인지 아닌지 분류가 애매하다고 출판을 거절했다. 가까스로 출판을 결정해준 편집자도 처음엔 마케팅부서의 반대로 어려움이 많았다고 말했다.

한 평론가로부터 새로운 종교의 성서라는 찬사까지 받은 『구름 읽는 책』은 형식상으로는 물 입자에 대한 사랑노래다. 하지만 실제로는 즐거움 그 자체에 대한 서정시라고 할 수 있다. 결국 250,000

부 넘게 팔려나갔고, 17개국의 언어로 번역되었다. 프레터 피니는 곧바로 문학과 록 페스티벌 등에 고정적으로 초대됐다. 그런 무대에서 그가 하트 모양, 거대한 눈사람, 다리가 여섯인 돼지처럼 생긴 구름사진들을 보여주면서 질문을 던지면 과학자는 물론이고 어린이, 문학가나 노인, 회사원에 이르기까지 나이나 직업에 상관없이 모두들 그의 흥분에 덩달아 도취되었다.

지금은 두 아이의 아빠가 된 그가 이렇게 말했다. "그 뒤부턴 편집자들이 오히려 다음 책이 어떤 것인지 먼저 물어왔어요. 그래서 제가 반사적으로 '지금은 파도가 참 재미있다고 생각하는데, 아직 제안서 작업은 못했습니다.'라고 했죠. 그랬더니 이번에는 자기들이 대신 만들어주겠다고 나서더라고요!"

다행히도 그는 『파도를 감상하는 이들의 동반자』라는 책으로도 전작에 못지않은 찬사를 받았다. "당신의 심장이 왜 뛰는지, 뱀은 왜 미끄러져가고, 현수교는 왜 무너지는지, 나비의 날개는 왜 빛이 나고, 비행물체는 왜 날고, 교통은 왜 마비되는지 궁금했던 적 없나요? 그 모든 것이 파도와 관계가 있습니다." 그가 그 책의 한 문장을 읽어주었다.

그는 호주에 나타난 1,000킬로미터까지 뻗은 장대한 구름기둥인 모닝글로리를 글라이더를 타고 넘나드는 '구름타기'를 하다가 파도에 관심을 갖게 되었는데, 그 구름이 바다의 파도와 너무나 비슷해서 깜짝 놀랐다. 그래서 자신의 병적인 집중력을 파도로 옮겨서 모든 파도의 적외선, 마이크로, 쇼크, 빛 등의 서로 다른 특징들과 연관성을 조사하기 시작했다. 그 결과 『파도를 감상하는 이들의 동반자』도 이전 책과 마찬가지로 불가능을 달성해냈다. 전 세계의 많은 이들에게 잃어버린 환상의 의미를 되살려준 것이다. 그는 단지 끊임없이 미적인 황홀감의 상태에 존재하기를 원했을 뿐이어서 지금 자신이 '느리게 살기 혁명'의 선두주자로 인식된다는 것이 스스로도 놀랍다. 그는 사람들의 짐작과는 달리 사교적이지 않다. 그는 우리 문화를 구원할 새로운 철학을 재정비하는 사람이 아니라 그저 서머셋이라는 시골마을 거닐기를 더 좋아하는 사람일 뿐이다.

철학적 의미에서 말하는 '느리게 살기 운동'이란, 웬디 파킨스와 제프리 크레이그가 함께 쓴 책 『느리게 살기』에 나오는 것처럼 과거로의 회귀나 이탈리아의 아름다운 마을 투스카니로 이사하라는 뜻이 아니다. 오히려 '현재를 의미 있게, 지속적이며, 사려 깊고 행복하게 살기 위한 노력'을 말한다.

의식적이고 지적인 감속의 추구는 새롭게 대두된 과제이다. 전 세계의 원로 언론인들은 공격, 의혹, 자기주장 등 스캔들로 도배된 현재의 파괴적인 뉴스들을 윤리적이고, 충분히 헤아려지고, 사실에 근거한 '느린 글'로 대체할 것을 촉구했다.

느린 독서도 마찬가지로 효율지상주의에 대한 저항이다. 유니버시티 프레스의 편집장인 린제이 워터스는 "소설을 읽으면서 요점에만 초점을 맞추는 것은 마치 자동차 생산업체에서 더 많은 이익을 내기 위해 조립공정을 가속화하는 것과 유사한 것"이라고 지적한다.

같은 맥락에서 느린 여행이란, 조용한 마을에서 그곳의 편안한 리듬을 따르고, 중세의 농가에서 잠을 자고 느긋하게 시골길을 거니는 것을 말한다. 느린 건축학은 서서히 세워가는 점진적 건축과 그 지방의 전통적인 건축방식을 포함하는 말이다. 이 두 방법은 모두 치고 빠지는 방식의 속도전식 건축보다 오히려 효율적이다. 느린 돈은 유기농 현지 재배시스템에 대한 금융인들의 투자를 유도한다.

이러한 움직임이 나타난 문화적 뿌리는 고대 그리스로 거슬러 올라가지만, 느림의 철학이 처음 공식적으로 등장한 것은 이태리에서였다. 1989년 로마의 전설적인 명소인 스페인광장에 맥도날드 매장이 생기자 프리랜서 레스토랑 평론가이자 정치적으로도 유능했던 카를로 페트리니는 그 앞에서 시위를 했다. 그러자 시민들까지 나서서 다국적 패스트푸드 매장 앞에서 집에서 만들어온 파스타를 무지하게 천천히 먹으면서 자기들의 뜻을 관철시키려고 했다.

전 세계로 타전된 이 즐거운 반항은 몇 년 동안 쌓여 있던 것들의 폭발이었다. 그 일이 있기 3년 전에는 로컬 푸드 생산자 교육에 뜻을 둔 아르치골라라는 그룹이 처음으로 "와인과 음식의 올바른 섭취에 사람들의 이목을 돌리는 것"을 목적으로 한 시음과정을 개설했었다. 1989년 12월, 드디어 카를로 페트리니와 14개국의 대표단은 파리에 모여 슬로푸드 선언을 발표하고 달팽이로고를 승인했다. 슬로푸드 성명의 제목은 "즐거워할 권리를 보호하기 위한 국제적인 움직임"이었다.

비영리단체인 슬로푸드는 이제 100명이 넘는 직원과 150개국에 수만 명의 회원을 거느린 대규모 단체로 성장했고, 사람들의 식습관에 미친 영향도 지대하다. 1990년대 중반부터는 정부의 승인을 거쳐 교사들을 대상으로 한 음식 및 식습관에 관한 교육을 시작했으며, 2004년에는 미식과학대학까지 설립했다. 또한 맛의 방주를 설립하여 씨앗은 물론 가공하지 않은 음식재료와 전통적인 요리 비법들이 사라지지 않도록 보호하며, 지속가능한 농업을 지지하는 활동을 해나가고 있다. 핵심이념은 간단하다. "모든 사람은 음식의 즐거움을 느낄 권리가 있고, 생물의 다양성이라는 유산과 문화 그리고 그런 즐거움을 가능하게 해주는 지식을 지키고 보호할 책임이 있다."는 것이다.

이 단체의 설립자이자 사장인 페트리니는 버락 오바마, 앨 고어, 데이비드 카메론, 찰스 황태자와 친구 사이로, 항상 음식을 즐거움에 비유하는 사람이다. 그는 이렇게 회상한다. "저에게는 할머니가 만들어주셨던 음식에 대한 추억이 있습니다. 제가 나고 자란 이태리 북부 피에몽 지방의 전통요리였는데, 그 요리의 전통은 단순한 재료가 기본이며 맛도 좋고 종류도 다양합니다. 알프스산맥 기슭에 있는 이 지역은 한때 너무 가난해서 동물의 다양한 부위로 만드는 피난지에라와 남은 고기나 쌀, 양배추를 채워 만드는 라비올리 등의 다양한 전통요리가 발달했습니다."

기품이 있고 몸이 아주 날씬한 그는 행복한 삶에는 즐거운 식사가 필수적이며 그 즐거움은 음식문화, 그 중에서도 '생태적 미식'으로만 회복될 수 있다고 믿는다. "문화는 필수적입니다. 지식 없이는 즐거움도 없고, 즐거움 없이는 지식도 없지요. 사람들이 음식을 더 많이 알게 되면 더 많이 즐기고 더 많은 관심을 갖게 될 것입니다."

그는 무엇을 먹을지, 어떻게 요리할지를 생각하는 것이 인생에서 가장 깊은 즐거움이라고 말한다. 그러면서 유명 요리사들이 하는 방송 프로그램을 '포르노'라고 한탄한다. 거기서 만드는 음식은 진심으로 사랑하는 사람을 위해 만드는 음식하고는 비교할 수 없다는 것이다.

"식사는 가족이나 친구들이 즐겁게 함께하는 소중한 순간입니다. 식탁에 둘러앉아 함께 좋은 음식을 즐기며 이야기를 나누는 자리지요. 진실하게 만들어진 음식은 우리 몸을 화학첨가물로 오염시키지 않고 마음까지 즐겁게 해줍니다. 음식은 단순한 연료가 아닌 우리 몸의 일부가 되는 것이기 때문에 어느 것보다 중요하지요. 말 그대로 우리가 먹는 음식이 바로 우리 자신입니다."

페트리니의 말과 행동 덕분에 많은 사람들이 잠깐 멈춰서 자신의 삶에 즐거움이 얼마나 결여되어 있는지를 처음으로 자각할 수 있었다.

한편, 전 세계적인 베스트셀러 『느림의 미학』으로 "느리게 살기 운동"의 대변인이 된 작가 칼 오너리는 우리 삶의 질을 떨어뜨린 것은 정보공학 혁명 때문이라고 지적한다.

"지금 우리는 빠른 속도와 신속배달에 프리미엄을 붙였고, 모든 것이 140자의 트윗으로 압축되었습니다. 속도가 더 많은 문화공간을 점령해갈수록 느린 삶을 사색하는 데 할애되어야 할 문화공간은 줄어듭니다. 느린 삶을 위한 활동이 하찮게 여겨질수록 범죄 또는 공격적인 것으로 잘못 받아들여집니다. 이제는 그것이 아예 하나의 경향이 되어가고 있지요. 특히 남자들에게서 더 심각한데, 속도에는 남성적 과시의 이미지가 존재하기 때문입니다. 가장 빠른 사람에게 상을 주기 때문에 결국 경쟁으로 이어질 수밖에 없는 것이지요."

노르웨이의 물리학 및 심리학 박사인 게이르 베르텔센도 뜻을 같이해서 1999년 느리게 살기 혁명의 두뇌집단인 세계느림연구소를 설립했다. 그가 가장 관심을 가지고 있는 도전과제는 변화관리, 스트레스, 창의성, 문제해결, 그리고 불길 진압만큼이나 중요하다고 생각하는 '문화의 발달과정' 등이다.

그는 '빠른 사람이 큰 사람을 이기겠지만, 느린 사람이 빠른 사람을 이길 것'이라고 주장한다.

그는 우리 문화를 장악하고 있는 기업적 사고방식에 대해서 이렇게 말했다. "양적으로는 우세지만 질적으로는 열세입니다. 과정이 아니라 결과에 중점을 두는 사고방식이기 때문이지요. 서양에서는 장난감을 갖고 놀 시간이 가장 많은 남자가 아니라 장난감을 가장 많이 가진 남자가 승자입니다. 하지만 역설적이게도 사업적으로 가장 훌륭한 생각은 종종 느리게 생각하는 데서 나옵니다. 시간에는 한 가지 이상의 단면이 있다는 것을 우리가 잊고 있었던 것이지요. 우리는 시간에 크로노스와 카이로스라는 두 가지 단면이 있다고 생각했던 고대 그리스인들에게서 배워야 합니다. 크로노스는 1차원적인 시간이고, 카이로스는 특별한 이벤트가 일어난 시간을 말하는데 그리스 인들은 이것을 '위대한 순간'이라고 불렀습니다."

오너리는 시간이 새로운 화폐가 되었다는 데 동의한다. "서양에서는 시간이 1차원적이며 A에서 B로 날아가는 무자비한 화살입니다. 그리고 시간을 영원한 자원이라고 생각합니다."

얄궂게도 그는 아주 매력적이고 학구적이며 저돌적인 면도 있어서 1940년대 느와르 영화의 주인공 같은 사람인데, 그도 역시 속도를 사랑한다. 마감시간이나 빠른 인터넷, 아이스하키나 스쿼시를 즐기고 화산처럼 에너지가 넘치는 도시, 런던에 살고 있다. "저는 늘 본능적으로 빠른 삶의 리듬을 지켜왔기 때문에 어떤 면에서는 속도라는 광신적 교단의 만만한 먹잇감이라고 할 수 있어요." 그가 한 말이다. "서두름이라는 바이러스가 제 핏속으로 들어오는 것을 쉽게 허용했지요!"

『중압감 아래: 극성스런 양육이 어떻게 아이들을 위험으로 밀어넣는가?』라는 그의 두 번째 베스트셀러도 제목처럼 중압감 아래쓴 책이다. 30개 언어로 번역되어 5억 권이나 팔린 책의 후속작이었으니 그럴 수밖에 없었을 것이다. 그는 당시의 심경을 이렇게 털어놓았다. "『느림의 미학』이 베스트셀러가 됐을 때 저는 깜짝 놀랐습니다. 출간 당시 저는 사실 기자생활로 다시 돌아갈 준비를 하고 있었거든요. 그런데 그 책이 많은 이들을 자극하더니 점점 가속이 붙기 시작했습니다. 마치 집에 들여놓은 가구처럼 지금 문화의 기준이 되어버린 것 같았지요. 가장 뿌듯했던 것은 그 책이 더 좋은 방향으로의 변화를 추구하는 데 이용되었다는 것입니다."

그는 어렸을 때 여름이 너무나 천천히 지나간다고 느낀 적이 있

있는데, 마치 여러 날이 계속해서 이어지는 것처럼 시간이 확장되는 느낌이었다. 그의 집에는 나무가 빼곡한 커다란 정원이 있어서 몇 시간이고 그 안으로 사라지곤 했다. "체리나무 꽃이 활짝 피었을 때 그네를 탔던 기억이 아직도 또렷합니다. 영원히 거기서 그네를 탈 수 있을 것 같았어요. 그냥 가볍게."

그는 그런 순간들이 단순한 기쁨을 넘어 그 무엇과도 바꿀 수 없는 가치 있는 순간이며, 우리의 유년기를 정의하는 데도 도움이 되고, 우리가 어떤 사람이었나에 대한 기억이자 자아 존재감의 기반이라고 믿는다. "어린이들은 아무런 간섭이 없는 자유로운 놀이를 통해 두뇌가 형성됩니다. 하루 종일 나무에 매달려 놀고, 게임을 만들어내고, 나뭇잎에서 발견한 무당벌레의 이야기를 지어보는 것이 두뇌 발달과정의 기초가 되지요. 그런데 아이들만이 누릴 수 있는 멋지고 로맨틱한 마법도 존재합니다. 윌리엄 블레이크가 글로 묘사했던 세계인 '모래 한 톨에서 세상을, 들꽃에서 천국을 보는 것, 손바닥에 무한대를, 한 시간에 영원을 담는 것' 같은, 그런 가능성과 모험, 자유의 느낌입니다."

오너리는 언론인으로 일하면서 무한한 흥분과 가능성, 모험의 감각인 '느림'이 사라졌다고 회고했다. 그때부터 실제로 사는 것이 아니라 경주를 하고 있는 느낌이었다는 것이다. "속도감은 세상의 피상적인 경험만을 전해줍니다. 저는 일정표에 무엇을 했는지만 표시하고 있었던 거죠. 실제로 존재하는 것 같지 않았고 누구와도, 무엇과도 연결되어 있다는 느낌이 들지 않았습니다. 제가 현재에 집중할 수 없었던 이유는, 한 번에 여러 순간에 존재하고 있거나 다음 순간을 걱정하고 있거나 아니면 한 번에 두 가지 순간을 오락가락하고 있었기 때문입니다. 그리고 전반적인 문화도 그렇게 움직여갔습니다. 모든 사람들이 늘 온라인에 존재했고 줄곧 핸드폰을 켜놓고 있지요. 이 모든 것이 가속도가 붙은 제 존재와 평행선을 달렸습니다."

오너리는 "속도는 마약 같아서 인류가 그것에 중독되었다"고 말한다. 속도에는 아드레날린에서 느끼는 흥분 같은 추상적인 단면이 있어서 개인적으로나 전체적으로 큰 문제를 회피하는 '거부 메커니즘'으로 작동한다는 것이다. "급히 돌아다니다 보면 내가 정말 어떤 사람인지, 목적은 무엇인지, 이 세상에 도움이 되는 삶을 살고 있는지를 질문할 시간이 없습니다. '내가 열쇠를 어디다 뒀지? 11시 약속에 늦었어!'와 같은 사소한 질문을 하느라 다른 생각을 할 겨를이 없으니까요. 사람들은 무언가 잘못되었다는 걸 느껴도 속도를 늦춰 탐색해볼 생각은 하지 않고 더 빨리 달려가서 벽에 부딪히고 맙니다. 그러고는 '알람이 울렸는데 못 일어났어', '내 등에 문제가 생겼어'라는 핑계를 대지요. 대부분의 경우 몸에서 먼저 반기를 드는데, 더 이상 버티지를 못하는 거예요."

『게으름뱅이』라는 잡지의 공동 출판인이자 20개국에서 출간된 『언제나 일요일처럼』의 저자, 호지킨슨은 기존 시스템에 대해 그리 우호적이지 않다. "저는 느리게 살기 운동 전체를 아주 좋게 생각하고, 슬로푸드 잡지도 구독하고 있습니다! 그런데 정치적으로는 조금 더 급진적입니다. 느린 삶은 우리에게 속도를 늦추라고 하고, 기업들도 스트레스를 줄이라고 조언합니다. 인사과에서는 상담사를 고용해서 사업주들에게 모든 것을 좀 더 천천히 해야 생산력이 높아지고 직원들도 행복해지며 수익이 늘어나고 파업도 없어질 것이라고 말해줄 정도입니다. 하지만 저는 기존 시스템 안에서 행복을 찾기보다는 행복해질 수 있는 새로운 방법을 찾아야 한다고 생각합니다."

호지킨슨은 미국식 게으름뱅이가 아니라 오히려 우아한 프랑스식 게으름뱅이다. 한때 무정부주의자였고 미식가이기도 한 그는 매일 9시부터 1시까지는 '정말 열심히' 일한다. 이따금 전화와 인터넷조차 꺼놓을 정도다. 1시에 업무를 마치면 잠깐 낮잠을 잔 뒤 아이들이 학교에서 돌아오기 전에 집 정리를 하고, 저녁이면 주방에서 아내를 도와 야채를 다듬고 마실 것을 준비한다. 우쿨렐레를 연주할 때 빼고는 집안일을 제법 많이 하는 편이다. 그의 베스트셀러 『어떻게 자유로울 수 있는가』의 표지에는 그가 쇼핑카트에 앉아 우쿨렐레를 연주하는 장면이 나오지만, 실제로는 우쿨렐레를 켜다가도 아내가 오면 악기를 내려놓고 열심히 설거지를 한다.

"저는 잠깐도 가만히 있지 않아요!" 그가 말했다. "저는 늘 청소와 설거지를 하지요! 정원일과 채소재배, 닭장관리도 그렇고 장작패기나 창고정리, 장작불 피우기도 다 제 몫이에요! 모두 대충 할 수 있는 일이 아닙니다. 지금은 여유가 안 되서 그만뒀지만 사람을 쓴 적도 있어요. 그런데 별 도움이 안 됐어요. 몇 시간 동안 아무리 열심히 해놓고 가도 그들이 돌아가기가 무섭게 다시 엉망이 되어 버렸거든요."

최근작 『게으른 부모』에서 그는 오너리의 말처럼 아이들의 유년 기가 GNP(국민 총생산)에 희생되고 있다고 주장했다. 일정이 빡빡 하게 잡혀 있는 부모들이 경제적 이득을 포기하지 못해서 아이들 과 보내는 시간을 줄일 수밖에 없기 때문이라는 것이다. "집안에 틀어박혀서 일도 하지 않고 돈도 쓰지 않으면 경제성장에 보탬이 안 된다는 논리입니다. 그래서 게으름을 바라보는 시선은 결코 곱 지 않습니다. 서양에서는 여자들에게 출산 후 최대한 빨리 업무에 복귀하라고 권장합니다. 그래서 아기와 떨어지는 것이 중요해졌고 '분리를 적극적으로 장려해야 한다!'는 주장이 팽배하지요. 개신교 신학에서는 사람들이 서로에게서, 또 하나님에게서 분리되었다고 합니다. 그래서 분리되거나 고립된 개인으로 외롭게 '삶이라는 암 울한 순례의 길'을 가는 것이 문화적으로 당연시됩니다."

호지킨슨은 유명 언론인 집안 출신이다. 어머니 리즈와 아버지 네빌은 런던의 신문거리인 플리트 가에서 활동했고, 그의 동생 윌 은 유명한 뮤직 저널리스트이다. 그의 가족들이 쓴 책만도 60권 이 넘는다. "그 책들은 우리가 얼마나 상상력이 부족한지를 보여줍 니다. 우리가 어렸을 때 어머니는 늘 우리 얘기를 써서 돈을 벌었 습니다. 반대로 지금은 우리가 그렇게 하고 있지요. 복수인 셈이에 요! 어머니의 글은 긍정적인 내용이 아니었어요. 우리와 놀아주느 니 차라리 부엌바닥을 닦겠다고 한 적도 있으니까요. 우리의 삶이 착취를 당한 것이지요."

그의 부모가 '이상해진 것'은 그의 청소년기 때부터였다. 명상에 심취한 아버지 때문에 집에는 늘 도티를 입은 여자들로 가득했다. "어머니는 아버지가 금욕하는 것을 오히려 고맙게 여겼다. 그래서 어머니도 한동안 명상을 따라 했지만 결국은 질려서 헤어지셨지요. 제 아내가 동의할지는 모르겠지만 우리가 자란 배경을 생각하면, 저나 제 동생은 그런 대로 잘 자랐다고 생각합니다. 지금 우리가 정신이 이상해지지 않은 것만도 다행이니까요."

영원한 게으름뱅이로 낙인찍힌 그는 역사적으로 이름난 게으름뱅이들을 우상화했다. 어쩌면 그렇게 해서 자신을 합리화하고 싶었을지도 모르겠다. "첫 번째 영어사전을 쓴 새뮤얼 존슨은 위대한 게으름뱅이였어요. 존 레논도 대단한 게으름뱅이로 게으른 삶에 관한 노래를 많이 작곡했지요. 오스카 와일드 역시 게으름에 관한 토론을 즐겼습니다. 하지만 그런 고상한 여가 생활은 노예제도가 있었던 그리스와 로마에서 유래된 것으로, 레저를 개발하고 예술과 웅변과 철학을 추구할 자유는 자유인들에게만 있었을 뿐 노예들에게는 그림의 떡이었지요."

그가 그들과 다른 점은 자녀양육을 남에게 맡기지 말고 스스로 책임져야 한다고 믿고 있다는 것이다. 그는 그것이 '오늘날의 현실'이라고 생각한다. "우리에겐 노예가 없으니 우리 자신이 노예인 거죠! 물론 노예가 있다면 편하기야 하겠지만 지금은 현실적으로 그럴 수가 없으니까. 에드워드 7세 시대의 작가들은 모두 요리사와 하녀, 집사를 두고 살았습니다. 설거지나 청소, 요리를 직접 하지 않아도 되었으니 글을 쓸 시간이 아주 많았을 거예요! 하지만 진심으로 제가 생각하는 나태함은 그렇게 다른 이들의 수고가 따르는 것이 아닙니다."

그는 우리 삶에 전반적으로 퍼져 있는 상품화를 전적으로 텔레비전 탓이라고 생각한다. "제가 몇 년 전에 엄청 큰 텔레비전을 샀는데, 아침 5시 반이면 내려와서 큰아이와 세 시간 동안이나 텔레비전을 봤습니다. 결과는 불 보듯 뻔했죠. 큰애가 혼자 노는 법을 잊어버린 것입니다. 요즘 아이들은 텔레비전 때문에 세상을 너무 일찍 알게 됩니다. 지금은 모든 병원에, 심지어 산부인과 병동에까지 텔레비전이 있어서 태어나자마자 상품화에 노출되지요. 텔레비전이 하는 말은 결국 '당신은 돈을 써야 한다!'는 것입니다. 그런데도 텔레비전을 없애버리기가 쉽지 않아요. 심지어 정신 나갔냐는 말까지 듣기도 하지요. 하지만 정신이 나가지 않기 위해서라도 텔레비전은 반드시 없애야 합니다. 요즘 사람들은 요리도 하지 않으면서 요리 프로그램을 보고, 사랑을 나누는 것도 성인물로 대신합니다. 한마디로 미친 짓이죠!"

허물어진 채로 관리도 잘 되어 있지 않은 정원에서 아이들이 뛰어다니는 사진으로 언론에 자주 등장하는 이들 부부는 요즘 서양에서는 좀처럼 보기 드문, 느린 사랑을 즐기는 사람들이다. 부부가 온종일 함께 지낸 지가 십 년이 가까워오는 지금도 그는 입만 열면 아내 자랑을 늘어놓는다.

"결혼한 부부에겐 아이들이 어릴 때가 제일 힘듭니다. 사실 악몽 같은 시간이라고도 할 수 있지요. 제 주위에는 이혼한 친구들이 꽤 많은데 저는 그들이 너무 나태했던 것은 아닐까 생각합니다. 우리 부부도 어려울 때가 많았어요. 너무 지치고 짜증스러워서 사소한 일로도 다투곤 했거든요. 둘 다 도저히 더는 못 견디겠다 싶을 만큼 힘들었고 서로가 제대로 도와주지 않는다고 느꼈습니다. 그러나 저는 그때마다, 금융위기가 닥쳤을 때 은행원의 아내들이 집안일을 돕는 일꾼들에게 줄 돈을 더 이상 벌어오지 못하는 남편들의 머리에다 병을 집어던졌다는 말을 기억하곤 했습니다. 영혼을 보살피는 것이 정말 중요해요. 그렇지 않으면 미미하게라도 뭔가 잘못된 것 같은 불안감을 계속 안고 살아가게 되거든요. 런던에 있을 때 저도 그랬습니다." 그때 갑자기 그가 자리에서 벌떡 일어나면서 소리를 질렀다. "아이쿠, 오븐에서 감자를 꺼내놓지 않으면 빅토리아가 난리칠 텐데!"

느린 사랑은 친밀감을 높여주며 성관계에서도 더 깊은 즐거움을 느끼게 한다. 느린 섹스의 신봉자들은 자위 같은 비인간적인 행위가 아닌 소통과 부드러움을 더 강조한다. 사람들은 누구나 사랑을 갈망하고 사랑받고 싶어 하지만, 사랑은 억지로 시켜서 되는 일이 아니다. 우리 자신에 대한 기대가 기계적이 될수록 사람들과의 관계도 계산적이 되고 로맨스도 사라져서 얄팍한 관계만 남으니 만족감이 없는 것이다.

오너리는 이렇게 한탄했다. "이제는 사람이 대차대조표의 자산

정도로밖에 여겨지지 않습니다. 모든 일에 속도를 높이다 보니 인간관계에서도 속도를 따지게 된 것이지요. 그렇지만 내가 6월에 결혼하고 싶다고 어느 누구를 나와 5월에 사랑에 빠지게 만들 수 있겠습니까? 유럽으로 배낭여행을 같이 갈 사람이 필요하다고 친구를 더 빨리 사귈 수도 없는 노릇이지요! 인간관계는 자연스럽고 포괄적이고 시간의 제약도 없고 어떤 리듬이 있는 것입니다. 페이스북 친구가 천 명이 넘어도 그 중 한 명이라도 직접 만나서 수다를 떨어본 일이 있나요? 있다면, 마지막으로 그래본 것이 언제인가요? 결국 우리는 인간관계의 질보다는 양을 채우고 있을 뿐입니다."

정중함은 원래 상대방의 요구까지 고려해야 하기 때문에 느림에 속하는 의미다. 그런데 하루하루의 삶을 즐겁게 해주는 작고 정중한 호의는 다음 일을 처리하느라 서두르다 보면 묻혀버릴 때가 많다.

오너리는 사람들이 점점 타인을 도구쯤으로 여기게 되었다고 말한다. "그래서 성인물의 쓰나미가 우리 문화를 덮쳤습니다. 성인물은 사적인 성행위가 '은밀한 상품'이 된 것으로, 성적 효율성의 정점이라고 할 수 있습니다. 하지만 로맨스는 느린 것입니다. 만들고 즐기고 기억해야 하니까. 그런 의미에서 보면 효율은 로맨스와는 상극이지요. 그래서 속도가 붙었을 때 가장 먼저 희생되는 것이 바로 로맨스입니다. 사랑에서만이 아니라 모든 것에서 로맨스를 잃게 되지요. 예술, 만족, 생각 등을 나눌 시간이 없어지는 거예요. 빨리 경험해 버리고 어서 다음 이력을 만들어야 하니까."

그는 로맨스가 없는 삶은 너무 단조롭고 지루하다고 생각한다.

"열정적인 로맨스건 삶 그 자체건, 로맨스는 우리를 고결하고 생기 있게 해주고 우리가 살아있음의 핵심입니다. 저는 지금의 문화가 너무 많은 관리 원칙들에 따라 조정되면서 '과정이라는 여행'의 예술성을 잃어버렸고 결과물에만 집착하게 되었다고 생각합니다. 하지만 로맨스는 그 '과정'에 있는 것입니다. 무언가를 하는 것 자체에 의미를 두는 것이죠."

그는 우리 문화가 더 빠른 것과 더 많이 가진 것이 좋다는 생각에 기반을 두고 있다고 말한다. "그래서 더 매력적이고 효율적이며 근대적이 되는 것에 모든 것을 걸고, 더 많은 일을 하느라 시간이 부족한 것입니다. 21세기 DNA에 아예 그렇게 입력이 되어버렸어요. 그리고 소비재 산업 전체가 우리에게 소비하고 또 소비하라고 강요하고 있어요. 기차, 비행기, 버스에 타고 있는 사람들을 한번 보세요. 가만히 생각에 잠겨 있는 사람들이 없습니다. 너나 할 것 없이 스마트폰이나 아이패드를 만지작거리지요. 요즘은 15분만 접속이 끊겨도 무슨 큰일이 난 줄 안다니까요."

잠시 뒤 그는 "그나마 지각이 조금씩 바뀌고 있습니다. 점차 많은 사람들이 빠른 것이 늘 제일 좋은 것만은 아니라는 데 눈을 떠가고 있어요. 시간과 삶, 세상 살아가는 법을 다시 생각해봐야 한다는 것을 분명하게 깨닫기 시작한 것이지요."

프레터 피니는 〈구름감상협회〉의 열광적인 회원들에게서 같이 구름을 보러 가자는 말을 자주 듣는다. 그러나 그는 이렇게 말한다. "구름감상은 그렇게 하는 것이 아닙니다. 아무런 계획을 세우지 않는 것, 그것이 구름감상의 핵심입니다. 구름은 우리가 바라는 대로 움직이는 것이 아니어서 문득 무언가를 발견했을 때 하던 일을 멈추고 그것을 수용적인 자세로 감상하는 것이지요."

서머셋에 있는 프레터 피니의 집은 숲으로 이어진 좁은 길 끝에 있는데, 예전에 부모님이 살던 집 옆 외양간을 창고로 개조한 곳이었다. 하늘을 가리는 것이 거의 없어서 구름을 볼 수 있는 자리가 아주 많았다. "이 마을 사람들의 반 이상이 아마 이 창고에서 만들어졌을 거예요." 그가 웃으면서 말했다. 그가 가장 좋아하는 공간인 사무실에는 책이 가득했고 작은 벽난로가 놓여 있었다.

그는 남자들이 삶의 자유와 기쁨을 되찾으려면 느리게 사는 법을 배워야 한다고 주장했다. "속도를 줄이면 일상의 아름다움을 찾을 수 있고, 도착지보다는 여행의 과정에 집중할 수 있습니다. 물론 어려울 수도 있어요. 저 역시 세상을 바라보는 두 가지 방식을 두고 갈등할 때가 많습니다. 그러나 〈구름감상협회〉와 『구름 읽는 책』, 『파도를 감상하는 이들의 동반자』는 모두 아무런 목표가 없는 것의 좋은 본보기입니다. 셋 다 우연히 떠오른 아이디어로 시작되었고 유기적으로 진화했습니다. 저는 은퇴가 속세의 사후세계나 마찬가지라고 생각하기 때문에 죽을 때까지 은퇴하고 싶지 않습니다. 많은 사람들이 평생 별 볼일 없는 일을 열심히 하다가 골프를 치기 위해 은퇴합니다. 하지만 저는 일과 삶 둘 다 즐기는 방법을 배우고 싶습니다. 그래서 일을 하고 있는지 놀고 있는지조차 구분이 안 되는 경지에 이르고 싶습니다."

게이르 베르텔센의 느리게 사는 10가지 방법

☆ 알람시계를 일어나야 할 시간보다 10분 빠르게 맞춰 놓으면 지각할 일이 없어집니다.

☆ 아침식사는 매일 같은 시간에 하세요.

☆ 가족 모두가 함께 아침을 먹으면서 그날 가장 기대되는 일에 대해 대화하세요. 서로가 하는 말을 잘 들어주세요.

☆ 집을 나서기 전에 한 명 한 명을 꼭 안아주세요.

☆ 미소 지으세요. 지금 바로!

☆ 점심을 거르지 마세요.

☆ 매일 오후 2시에는 지금 내 기분이 어떤지 스스로에게 물어보세요.

☆ 저녁식사는 온 가족이 함께 준비해서 함께 드세요. 텔레비전을 끄고, 그날 있었던 중요한 일들에 대해 이야기를 나누세요. 서로가 하는 말을 잘 들어주세요.

☆ 매일 20분 정도는 산책을 하세요. 비가 오는 날도 거르지 마세요.

☆ 자기 전 5분씩은 그 날 하루를 정리하고 내일 할 일을 계획하는 데 쓰는 습관을 들이세요.

인생을 자기 장례식에 늦을까 봐 걱정하듯 살지는 마세요!

worldinstituteofslowness.com

친밀감과 가족의 가치

"우리는 인생이란 것에 백기를 들고 스스로 무기력하게 존재해도 되게,
그대로 머무를 수 있어야 합니다. 해방은 그렇게 오는 것입니다."

심리학자 스티브 비덜프는 내담자들에게 예의바른 신사로만 보이지만, 인간의 기계화에 대해서만큼은 누구와도 타협하지 않는 강한 저항의식을 지닌 사람이다. 그의 목표는 정확히 우리가 우리 마음으로 돌아가게 하는 것이다. 그의 저서 『남자아이 기르기: 남자아이들은 왜 다른가, 어떻게 행복하고 균형 잡힌 남자로 기를 수 있나』, 『행복한 아이들의 비밀: 아이들은 왜 안 좋은 행동을 할까, 그들을 변화시키는 방법』, 『남자다움』 그리고 『아기 양육하기』 등은 27개 언어로 번역되어 수십억 권이나 팔렸다. 그런데도 그는 다른 육아 전문가들처럼 자신을 브랜드화하는 것에 대해서는 단호히 거부 의사를 표했다. 억지웃음을 짓지도 않고 보톡스나 콘택트

렌즈도 마다하는 그는 얼핏 보기에는 꽤나 까칠해 보인다. "아마도 저는 미미한 자폐증을 앓고 있는 것 같습니다." 말은 그렇게 하지만 실제로 그는 성격이 편안하고 상대의 장점을 이끌어내고 돋보이게 해주는 사람이다. 2000년에는 아빠들이 자녀들과 더 많은 시간을 보낼 수 있게 노력한 공로를 인정받아 호주에서 '올해의 아버지'로 선정되었다. 그는 유아를 보육기관에 보내는 것이나 아이들에게 너무 일찍부터 성적 매력을 의식하게 만드는 것을 강력히 반대한다. "낭만은 더 이상 남아 있지 않습니다." 그의 말이다. "온라인 성인물에 익숙해진 남자들이나 자유분방한 여자들은 이제 섹스를 피자나 아이스크림 정도로밖에 여기지 않습니다. 많은 여자들에게 섹스는 그저 공연일 뿐이죠. 내가 어떻게 보일까, 그가 어떤 체위를 바랄까, 다른 여자들과 나를 비교하지는 않을까 하면서 불안해할 뿐입니다. 이것이 요즘 사춘기 청소년들의 우울증이나 불안감, 외로움의 가장 큰 원인입니다." 두 아이의 아빠인 그는 호주의 태즈메이니아에서 40년 동안 함께 살아온 아내 샤론과 지역공동체의 발전을 위해 아낌없는 투자를 하고 있다. 그 중 가장 큰 프로젝트는 보호구역 난민기금과 SIEV X(2001년 인도양에서 침몰한 호주 선박, 353명 사망) 기념관사업에 관한 것이다.

작가 베데스다가 세 살 때 친구들과 함께하는 점심식사 자리에 데려간 적이 있었습니다. 베데스다는 그날 지나가던 두 남자의 가방에 얼굴을 맞을 뻔했습니다. 그런데 그 남자들은 앞만 보고 정신없이 지나가 버려서 정작 아이를 도와준 것은 다른 사람들이었습니다. 정말 깜짝 놀랐지요.

비덜프 사랑할 수 있는 문화적 역량을 잃어버릴 수도 있습니다. 미국의 상류층의 여자들은 자기 아이를 보살펴줄 보모는 꼭 남미계여야 한다고 명시합니다.

작가 실제로 뉴욕의 한 엘리트 병원에서는 남미계 보모들과의 의사소통을 위해 통역사까지 고용했습니다.

비덜프 사랑을 제3세계에 외주를 준 셈이지요. 그러면서도 남편들이 왜 보모들과 바람이 나는지는 이해하지 못합니다.

작가 빅토리아 베컴이 고용한 보모들이 스칼렛 요한슨처럼 생기지 않은 데는 그만한 이유가 있었던 거예요. 주드 로, 아놀드 슈왈제네거, 얼마 전 작고한 로빈 윌리엄스와 에단 호크도 다 그랬습니다. 귀족 집안의 여인들이 수세기에 걸쳐 자녀들을 돌볼 보모를 써왔기 때문에 지금도 그러라고 부추겨지는 것이지요. 출세지향적인 행동의 일환입니다.

비덜프 맞습니다. 보모를 가장 많이 고용하는 집단이 부자들이에요.

작가 그런가요?

비덜프 부모들은 '보모를 따로 두지 않는 부모', '두세 살이 되면 자연스럽게 보육원에 맡기는 부모' 그리고 '아이들을 감금하다시피 해서 키우는 부모' 등 세 가지 부류로 나뉩니다. 아이를 감금해서 키우는 가정은 스물에 하나 꼴입니다. 거부인 그들이 자녀양육을 남에게 맡기는 것은 경제적인 이유 때문이 아니라 사회적 명성 때문입니다. 하지만 그런 그들의 선택이 부수적인 여파를 빚어내기도 합니다. 비싼 집값을 감당할 수 있는 부자들만 집을 살 수 있으니 상대적으로 맞벌이가정이 더 유리해졌고, 그렇다 보니 집값은 점점 더 치솟아 결국 너도나도 맞벌이를 해야만 하는 상황이 된 것이지요. 결국 보육시설에 아이를 맡기는 가정만 더 늘어났습니다. 그런데 특이하게도 이민노동자들에게서만은 유독 아이들을 남의 손에 맡기지 않으려는 경향이 뚜렷합니다.

작가 정말 핫이슈로군요. 작가 멤 폭스가 "언젠가는 90년대 후반부터 아이들을 너무 일찍부터, 너무 오랜 시간 시설에 맡겨온 것을 뒤돌아보면서 어떻게 그토록 아이들을 학대할 수 있었는지 크게 놀라게 될 겁니다."라고 한 어느 보육교사의 말을 책에 인용했다가 독자들의 항의전화가 빗발친 적도 있었습니다.

비덜프 이곳 부모들의 70퍼센트는 세 살 미만의 아기를 기관에 맡기는 것은 잘못이라고 생각합니다. 유아기에 엄마의 친밀한 돌봄을 받아보지 못한 사람은 보살핌 자체를 전혀 이해하지 못합니다. 아버지가 없었거나, 있어도 없는 것이나 마찬가지였던 여자들이 아버지나 남편의 필요성을 조금도 이해하지 못하는 것과 같은 이치입니다. 대대로 이어내려오는 깊고 무의식적인 사고입니다. 귀족 가문에서는 수천 년 동안 아기를 사랑하는 법을 제대로 몰랐던 것입니다.

작가 학구적이고 유능하고 감수성이 뛰어났던 제 친구는 고작 4살일 때 기숙학교에 맡겨졌습니다. 겨우 4살에요! 그는 쉰이 다 되어서야 용기를 내서 어머니에게 왜 그랬는지 물었는데, 어머니의 대답은 "정말 힘든 결정이었어."라는 한마디가 다였습니다.

비덜프 그 전형적인 예가 바로 영국의 찰스 황태자입니다. 그도 역시 겨우 네 살 때 여왕인 어머니가 6개월간의 해외 순방을 떠나는 바람에 혼자 영국에 남게 되었지요. 여왕의 귀국 영상에는 비행기계단을 내려오는 여왕이 코트 차림의 꼬마신사였던 아들 찰스와 '포옹이 아니라' 악수를 나누는 장면이 나옵니다!

작가 황태자가 아주 많이 따랐던 보모 밈시가 똑같이 생겼다죠?!

비덜프 황태자가 재혼한 카밀라 파커 볼스하고요?

작가 네! 쌍둥이라고 해도 믿을 정도던데요!

비덜프 갓난아기는 자기가 태어난 곳이 나무 밑이든 판잣집이든 궁전이든 전혀 상관하지 않습니다. 아기에게는 그런 정보가 아예 등록조차 되지 않으니까요. 정작 모든 갓난아기들이 강렬하게 의식하는 것은 '엄마의 행복감'입니다. 그래서 아기들에겐 출생 당시의 '정서적 환경'이 무엇보다 중요하지요. 갓난아기들은 엄마의 동공이 커지는 것을 1분에 한 번씩 살피면서 자신에 대한 엄마의 관심과 엄마의 심리상태를 본능적으로 감지합니다. 엄마의 동공이 수축되면 아기도 따라 불안해하고 스트레스 수준도 엄마를 따라 오르내립니다. 심지어 미숙아들도 인큐베이터 안을 들여다보는 부모를 보는 것만으로도 엄마 아빠의 관계가 어떤지를 파악할 수 있다는 연구도 있습니다. 그것이 어떤 메커니즘 때문인지는 아직까지 완벽하게 알려져 있지 않습니다. 하지만 분명한 것은, 엄마가 안전하다는 것과 아빠가 엄마를 사랑한다는 것만은 아기가 알아야 하는 것 같습니다. 그것을 확인한 아기는 안정감을 느끼고, 성장호르몬의 분비도 활발해집니다. 따라서 성장호르몬은 주의 집중을 관장하는 뇌의 영역과 연결되어 있으며, 평온함이나 집중력과 연관된 감정이 더 신속하게 형성된다는 것을 알 수 있습니다. 그래서 ADHD(주의력결핍 및 과잉행동장애)는 생후 6개월에서 12개월 사이에 발생하는 것으로 추정됩니다.

작가 유대관계가 제대로 만들어지지 않으면 ADHD가 나타날 수 있다는 건가요? 정말 그래요??

비덜프 네, 그렇습니다! 아기가 6개월일 때 엄마가 큰 스트레스를 받았다면 대뇌피질이 제대로 발달하지 못해서 집중력이 부족할 수 있습니다. 물론 ADHD가 일부 대물림되기 때문에 유전적인 성향도 있습니다. 하지만 그런 성향이 있더라도 침착한 엄마에게서 태어난 아기에겐 발현되지 않는 경우도 있습니다. 반대로 유전적 성향이 있는데다 엄마까지 스트레스에 시달렸을 경우에는 반대로 발병 확률이 높아지지요. 결과적으로 ADHD 환자들은 후두부의 전두피질이 더 얇아요. 따라서 특히 6개월경부터는 아기와 양육자 간의 교감이 아주 중요합니다. 아기들이 양육자에게 까다롭게 굴기 시작하는 것도 바로 그때부터입니다. 6개월 때가 그만큼 중요한 시기입니다. 다행히 그때쯤이면 엄마들도 아기들의 신호를 더 잘 알아듣습니다. 총알을 촬영하는 데 쓰는 카메라로 엄마와 아기들 사이의 교감을 촬영해서 연구해보니 둘 사이에 누가 먼저랄 것도 없이 수많은 교감이 오가는 것이 발견되었습니다.

작가 완벽한 동시성이군요.

비덜프 아기들은 엄마와 주고받은 섬세한 상호작용을 통해 오감을 배우고 어른이 되었을 때의 시간감각도 그에 따라 좌우됩니다. 친밀감은 기본적으로 적절한 시기를 포착하는 감각과 관계가 있습니다.

작가 그럼 우리가 자녀들에게 물려줄 수 있는 가장 위대한 선물은 타인에 대한 세심한 배려라고 할 수 있겠군요.

비덜프 맞습니다. 정신의료 분야의 가장 큰 관심사가 '친밀감을 배우지 못할 수도 있다'는 것입니다. 깊이가 없는데도 겉으로는 좋아 보이는 재주를 가진 사람들이 많습니다. 그런 재주는 보육기관에서 배운 것으로, 그들은 아주 능숙하고 매력적이며 원하는 것을 얻기 위해서라면 무슨 짓이든 할 수 있는 사람들입니다. 그러나 거기서 더 나아가지는 못하지요. 그래서 결혼생활조차 경제협동체에 불과한 경우가 정말 많습니다. 친밀감을 못 느끼는 전염병이 나타난 것이지요.

작가 엄마의 사랑에 굶주린 아이들은 친밀감에 어떤 문제가 있나요?

비덜프 아기들은 엄마에게서 친밀감을 배웁니다. 그 기간은 여섯 살 때까지로 대개 그 중심에는 엄마가 있고, 아빠와 이모나 삼촌, 할머니, 할아버지 등 친척들이 있으면 더 좋습니다. 지적능력의 토대는 사람들을 대하는 감정조절 능력입니다. 그런데 우리는 지능이 먼저이고 감정조절 능력은 부수적이라고 잘못 알고 있습니다.

하지만 뇌가 이루어지는 과정을 보면, 정서가 맨 먼저 자리를 잡고 그 토대 위에 다른 것들이 지어집니다. 베이비 아인슈타인 비디오 같은 쓸데없는 것들은 그 과정을 방해할 뿐입니다. 3살까지는 아기들의 시력이 완전히 발달된 것이 아니라서 화면 가까이 가면 안 됩니다.

작가 그런데 지금은 친밀감의 부재가 정상이 되었습니다. 친밀감을 추구하는 사람들이 오히려 바보 취급을 당하고 경제구조의 적으로 간주되곤 하지요.

비덜프 대중적인 탁아시설의 시작은 디킨즈 때부터입니다. 당시에는 보육환경이 너무 미개했어요. 그래서 가우리 여사 시대의 개혁사상가들은 조금이라도 나은 방법이라면 무엇이든 도움이 된다고 생각했습니다. 위생적이고 책임감 있는 탁아소는 1950년대로선 그야말로 혁명이었지요. 그러던 것이 1980년대 들어서 이용인원이 4배나 늘고 영아들조차 보육시설에 맡겨지게 되었습니다.

작가 그것이 사랑의 능력과 관계가 있나요?

비덜프 1970~1980년대에 이루어진 부정적인 양육이 가장 큰 문제였지요. 사랑하는 능력을 잃게 된 것은 바로 그때부터입니다. 혹시 인도신화에 나오는 저거노트를 아시나요? 무시무시한 속도로 돌진하는 큰 수레를 말하는데 너무 위압적이고 거대해서 바퀴에 걸리는 모든 것을 깔아뭉개고 지나다녔습니다. 도저히 통제할 수 없는 광기로 맹진하는 그 수레의 방향을 바꾸기 위해서는 자신을 내던지는 희생을 감수할 수밖에 없었지요. 저는 서양문화가 그것과 똑같다고 봅니다.

작가 그럼 그 수레를 모는 데 선생님이 도움이 된다고 믿으시나요?

비덜프 그렇습니다.

작가 그럼 지금의 문화에서는 가족의 개념을 어떻게 이해해야 할까요?

비덜프 문제가 바로 거기에 있습니다. 가족이란 원래 삼사십 명이 피로 연결된 공동체입니다. 우리는 30만 년 넘게 그렇게 살아왔고 우리의 모든 신경과 세포가 그렇게 연결되어 있어요. 우리의 뇌 속엔 이미 삼촌과 고모, 이모를 위한 공간도 있다는 것입니다. 그들은 부모의 부족한 점을 채워주는 역할을 하지요. 우리는 그것을 기반으로 살아가도록 만들어졌어요. 하지만 오늘날의 부모 둘에 아이들로 구성된 핵가족 구조는 가족의 한 파편일 뿐, 그대로는 제 기능을 할 수 없습니다. 이것은 아마 21세기 심리학의 주요 문제일 거예요. 핵가족은 아이가 12살이 될 때까지만 가능한 가족형태입니다. 아이가 12살이 지나서까지도 엄마 아빠 말고 다른 가족이 없다면, 그 아이는 제대로 성장하기 어렵습니다. 그래서 미리부터 가족관계를 잘 정립해놓아야 합니다. 아이가 아주 어렸을 때부터 지켜보며 사랑해주고 돌봐주던 사람들이 계속 주변에 있어야 사춘기 때 그들로부터 도움을 받을 수 있습니다. 가능하면 이사를 하지 말아야 하고, 친구 관계를 끊는다거나 사람들을 무신경하게 대하지 않아야 합니다. 친분을 쌓는 데 좀 더 공을 들일 필요가 있는 것이지요. 사춘기가 된 내 아이에게는 그들이 꼭 필요합니다! 왜냐하면 사춘기가 된 내 자녀를 내가 이해하지 못하는 날이 올 테니까요. 자녀들도 제 부모를 이해하지 못합니다. 그래서 혹시라도 자녀들이 부모와 한바탕 일전을 치르고 집을 뛰쳐나갔을 경우 갈 만한 곳이 어디에든 있어야 합니다. 당신과 가까이 지내는 친구의 집은 그들이 갈 만한 곳이 되고, 거기서 자기 부모가 얼마나 나쁜 부모인지를 성토하다가 하룻밤 신세를 질 수도 있습니다. 그 집 아이들도 똑같은 이유로 당신 집에 오기도 하고, 어쩌면 집을 뛰쳐나가던 아이들이 서로 길에서 마주치기도 하겠지요.

작가 집 주변에 40명의 친척이라니…… 저희는 겨우 4명밖에 없는걸요.

비덜프 제가 이런 이야기를 하면 다들 '그런 변화는 현실적으로 너무 어렵다'고 합니다. 그런데 세상에 쉬운 일이 하나라도 있던가요? 없습니다! 그러니 대문짝만하게 써서 걸어놓아야 합니다. '인생은 정말 정말 정말 힘들다.'라고요. 물론 기쁘고 스릴 넘치는 일도 있겠지요. 하지만 인생은 당신을 몇 번이고 쓰러뜨릴 겁니다. 그리고 그 중에 가장 어려운 일이 육아와 결혼생활입니다. 즉흥적인 해결책이나 지도서, 워크숍을 통해서 또는 점쟁이들까지도 "이렇게 하면 수월하게 지낼 수 있다."고 조언하지만 그것은 정말 말도 안 되는 말입니다.

작가 저는 여자들에게 거는 사회적 기대와 육아 사이에 있는 커다란 틈을 발견했습니다. 사회적 위상에 기반을 둔 욕구와 인간의 기본적인 욕구가 충돌하고 있는 것이지요.

비덜프 많은 이데올로기들이 충돌하고 있습니다. 페미니즘은 여자들에게 이제 남들의 요구에 맞춰 살지 말고 자신의 욕구를 채우며 살라고 목소리를 높입니다. 맞는 말이고, 실제로 무척 중요합니다. 예전의 가족구조에서는 어머니들의 존재감이 거의 없었습니다. 하지만 너무 지나칠 정도였다는 것이 문제였지요. 그런데 아기를 키우게 되면서 가장 많이 달라지는 점은, 나 자신이 먼저였던 삶에서 갑자기 나타난 작은 생명체를 가장 우선시하는 삶으로 완전히 바뀐다는 것입니다. 헌신적인 부모들은 실제로 뇌구조가 바뀌기도 합니다! 엄마들이 시간을 전적으로 아기를 위해 쏟는다면 모든 것이 달라집니다. 젖의 분비를 돕는 프로락틴이 엄마의 핏줄을 타고 스며드는 것은 물론이고, 심지어 아빠의 뇌까지도 바뀝니다.

작가 선생님의 책 『아기 양육하기』는 탁아기관을 아기의 관점에서 아주 감동적으로 묘사하고 있어서 저는 그 책을 읽는 내내 눈물을 흘렸습니다. 우리는 왜 관심을 원하는 것이 약점이 된다고 인식하게 되었을까요?

비덜프 우리가 마음에서 분리되었기 때문입니다. 힘든 유아기를 견뎌내기 위해 자기 마음을 닫아버린 것이지요. 살아남으려는 기술이라고 할 수 있습니다. 도움이 절실한 누군가가 마음을 담은 메시지를 보내오면 마음이 움직이는 것이 당연합니다. 그런데 마음의 문이 닫힌 사람은 자기 자신에게나 타인에게 냉정합니다. 남들이 처음 나에게 보여주었던 차가움을 자기 자신에게 쓰는 것도 모자라 도움을 바라는 타인에게까지 쓰는 것입니다. 이것은 정말 쉽지 않은 투쟁입니다. 부모들이 자녀들에게 함부로 하면 그들도 남들에게 똑같이 함부로 하게 됩니다. 그것이 아이들이 학대나 강간을 당하는 원인입니다. 그런 짓을 저지른 사람들 대부분은 어려서부터 어른들에게서 도움을 받지 못했거나 무시당했거나 이용당했던 경험이 있습니다.

작가 그럼 그 중독적인 사이클을 어떻게 멈출 수 있을까요?

비델프 회로 차단기를 찾아야겠지요. 끊어진 마음의 연결고리를 찾는 것이 그 해답입니다. 저는 상담사로서 어려운 문제가 있는 가족들에게, 가령 아빠와 딸, 또는 엄마와 딸 사이에 문제가 있을 경우 짧은 여행을 권장합니다. 어디로든 떠나야 합니다. 늘 가족이 다 같이 가야 하는 것은 아닙니다. 만약 아빠와 딸이 어디론가 며칠간의 여행을 떠났다면 아마 거기서 계속 벼르고 있던 싸움의 마지막 결전을 치르겠지요. 그렇지만 아빠가 미리 그럴 경우를 대비해서 단단히 마음을 먹고, 딸이 하는 말을 들어줄 수 있습니다. 같이 음식을 만들어서 먹고 같이 잠을 자면서 온종일 함께 지내다보면 문득 서로의 마음을 이을 수 있는 기회가 생깁니다.

작가 저도 아버지와 그런 시도를 해본 적이 있습니다. 이태리 북부에서 파리로 차를 몰고 가는 여행이었는데, 결국 5일 만에 끝나 버렸죠.

비델프 계획이 너무 거창했군요. 가족상담에서는 '5퍼센트 법칙'이라는 중요한 비밀이 있습니다. 변화는 5퍼센트가 넘지 않아야만 유지될 수 있다는 뜻이에요. 그 이상의 변화는 너무 충격이 크다는 것입니다. 그래서 한 번에 한 걸음 정도의 작은 변화가 좋습니다. 그리고 일 년 뒤에 다시 5퍼센트의 변화를 시도해보는 것입니다.

작가 그럼 감정쇼크 치료는 권장하지 않으시나요?

비덜프 아주 드물게 그런 처방을 할 때도 있습니다. 하지만 누군가의 변화를 돕고 싶다면 무리하지 말고 조금씩 해가야 합니다.

작가 제 생각엔 사람들 사이에 감정적인 소통이 심각하게 줄어든 것 같습니다. 요즘 사람들과 제 증조할아버지는 정말 하늘과 땅만큼 다르거든요. 제가 책을 읽듯 사람들의 감정을 잘 읽어내는 분이셨어요. 저를 너무 잘 알고 계신 것 같아서 할아버지와 함께 있으면 정말 즐거웠습니다.

비덜프 셰익스피어 연극의 관중은 길거리 견습생들이었습니다. 귀족들도 있었지만 대부분은 거리에서 그를 따라다니는 사람들이었어요. 그 당시 사람들은 지금 사람들보다 훨씬 감정표현이 분명했고, 서로간의 교감과 언어수준이 뛰어났습니다. 디킨슨도 마찬가지였어요.

작가 그런데 텔레비전이 등장하면서 감정표현이나 언어수준 모두 확연히 비속화되었습니다.

비덜프 텔레비전이 사람들을 바보로 만든 것이지요.

작가 텔레비전을 없앤다면 어떻게 될까요? 5퍼센트의 변화가 있을까요?

비덜프 (웃음을 터뜨리며) 그것은 100퍼센트의 변화입니다. 텔레비전의 영향은 엄청나거든요. 사람들의 시간을 설계하고 온갖 영향을 다 미치는 물건이잖아요. 사냥과 채집을 하면서 살았던 인류의 후손들은 아주 영리하고 감각도 뛰어납니다. 그런데 200년 동안 우리는 쓰레기 같은 문화에서 살아온 것입니다.

작가 그럼 어린 아이들이 있는 집에서는 텔레비전을 없애야 하나요?

비덜프 그렇습니다. 그렇지만 실현 가능한 목표를 세우는 게 좋습니다. 우선, 아이 방에는 절대로 텔레비전을 놓지 마세요. 텔레비전이 아이들의 정신건강에 얼마나 심각한 영향을 주는지는 다들 잘 알고 있을 테니까요. 그리고 다른 곳에 놓아둔 텔레비전으로도 무엇을 볼 것인가를 먼저 관리하세요. 하루 종일 텔레비전을 켜두지는 말아야 합니다.

작가 왜 그런가요?

비덜프 어린아이들이 놀 때 보면 계속해서 혼잣말을 하는데, 그것이 언어발달에 엄청난 도움이 됩니다. 그런데 아이들이 노는 곳에 텔레비전이나 라디오를 켜놓았을 때 그들의 언어구사력의 80퍼센트가 사라진다고 합니다. 아이들에겐 아직 텔레비전의 소음을 구분해내고 무시할 만한 능력이 없기 때문에 자기 자신과 소통하는 주파수가 막혀버리는 것이지요. 텔레비전을 켜놓으면 아이들은 실제로 무작정 돌아다니기만 하지 놀지는 않습니다. 그래서 우리가 아이들에게 어떤 청각환경을 만들어주고 있는지를 잘 살펴야 합니다. 아이 스스로 채워갈 수 있도록 복잡하게 오염시키지 말고 그냥 자연 그대로 놔두세요. 스타이너라는 회사에서는 얼굴 없는 인형을 만드는데 빈 얼굴에 아이 스스로 자신을 투사하게 만드는, 정말 고차원적인 생각입니다.

작가 베데스다도 숟가락으로 "이 숟가락은 엄마, 저 숟가락은 아빠예요. 숟가락 하나만 더 주세요. 아기를 만들어야 하니까!" 하면서 놀곤 했죠. 그럼 아이들에게 가족 공용공간에서만 컴퓨터를 쓰게 하는 것은 어떤가요?

비덜프 그렇게 하는 것이 좋습니다. 혼자만의 공간에서 컴퓨터를 하다 보면 언젠가는 성인물을 접하게 될 것이고, 자주 보게 되면서 마음을 빼앗길 수도 있거든요.

작가 '성인물에 대한 부모의 책임'에 관해 너무나 무지한 언급들이 많습니다. 예를 들면 "아이들을 보호하고 감독하는 것은 그 부모의 책임이니까 나머지 어른들은 마음대로 할 수 있어야 한다."는 말 같은 것이지요. 그런데 24시간 내내 하루도 빠지지 않고 아이들을 관리 감독하는 것은 절대 불가능합니다. 부모와 친척, 형제, 아이의 친구들 모두를 심문하고 휴대전화와 컴퓨터도 시시각각 감시할 수는 없으니까요. 6살짜리가 친구 집에 갔다가 나이 많은 형제가 보던 성인물을 접하게 되는 경우까지 있습니다. 상황이 이 지경인데 우리 아이들을 성인물로부터 어떻게 보호할 수 있을까요?

비덜프 실제로 한 아버지는 친구 집에 놀러간 6살짜리 아들을 데리러 갔다가 거실탁자에 놓여 있는 성인물을 발견하고는 아들이 그 집에 못 가게 할 핑계를 생각하느라 애를 먹었다고 합니다. 안타깝게도 다시는 가지 못하게 하는 것밖에는 다른 방법이 없습니다.

작가 이미 성인물에 노출된 아이는 어쩌죠?

비덜프 그 아이들의 궁금증이나 걱정을 잘 듣고 대답해주어야 합니다. 언젠가 제 아들이 "그 사람들은 왜 아기를 죽였나요?" 하고 물었던 순간을 잊을 수가 없습니다. 차를 몰고 가다가 저는 너무 깜짝 놀라서 차를 세웠죠. 아내에게 "우리가 제대로 들은 거 맞아?" 하고 물었지요. 알고 보니 아들이 전날 뉴스에 나왔던 사건에 대해 얘기했던 거였어요. 혼자서 꼬박 하루를 생각하다가 갑자기 꺼낸 말이었죠. 그때까지 우리는 아이들이 그런 뉴스에는 별로 신경 쓰지 않는다고 생각해왔습니다. 하지만 그 뒤로는 절대 집에서 뉴스를 켜지 않습니다. 요즘 아이들이 살인이나 강간, 성인물에 관한 뉴스를 너무 쉽게 접하게 되는 걸 생각하면 정말 끔찍합니다.

작가 정말 안타까운 일이에요. 그것이 유아들에게 어떤 영향을 미칠까요?

비덜프 아까 얘기한 대로 분리작용이 나타나지요. 그러니까 "나는 그걸 느끼지 않을래." 하고 생각하게 되는 거예요. 너무 두려운 나머지 그 느낌을 회피하려고 약간의 심적 에너지를 투자하는 것이지요. 하지만 그렇게 하는 동안 자기 자신에게서 점점 더 멀어집니다. 내담자들이 어떤 문제를 회복해가는 과정을 보면, 당시에는 별 영향을 받지 않았다고 생각했던 것들이 사실은 겹겹이 쌓여 있었다는 것을 뒤늦게 알게 됩니다. 한 꺼풀 벗겨내면 다음 꺼풀이 올라오는 식으로요. 그런 점에서 진 리드로프의 『연속체 개념』이란 책은 놀라워요. 아마존 부족을 찾아 여행했던 경험을 담은 책인데,

거기에는 거구의 남자가 마취도 없이 손가락을 잘라야 했을 때 아내의 무릎에 얼굴을 묻고 울었는데, 막상 절단하고 나서는 아무렇지도 않은 듯 곧바로 눈물을 그쳤다는 얘기가 나옵니다. 손가락이 잘리는 순간, 자신의 감정을 자연스럽게 해소해버렸기 때문입니다. 이처럼 자연스럽게 느끼고 행동하고 풀어버렸을 때는 응어리나 착잡함이 남지 않습니다.

작가 리드로프는 아이와 적대관계가 되는 것은 애초부터 우리 자신의 감정보다 사회 분위기 때문이라고 했습니다. 그래서 우리는 의지와의 한판전쟁을 치르게 되었다는 것이지요. 아기가 배가 고파서 우는데도 우리는 '안 돼, 아직 젖 먹을 시간이 안 됐어!' 한다는 것입니다.

비덜프 아이들은 자기감정을 자연스럽게 드러낸다는 점에서 참 대단합니다. 여건만 된다면 어디서든 쌓여 있던 긴장을 풀어놓는 것이 아이들이지요. 혹시 상호상담이라는 말 들어보셨나요?

작가 아니요, 못 들어봤습니다.

비덜프 그것은 상호상담사로 지정한 사람과 일주일에 한 번, 30분씩 만나는 것입니다. 나에게 쌓인 스트레스를 상대에게 털어놓고 상대의 말도 완벽하게 집중해서 들어주는 상담인데, 정말 큰 해방감을 느낄 수 있습니다. 도시생활을 하는 사람들 대부분이 정서적으로 불안하기 때문이죠.

작가 소음 공해가 엄청나죠. 교통, 비행기, 텔레비전, 라디오가 모두 극심한 불안을 조장합니다.

비덜프 문화적으로도 사고할 여유가 점차 사라지고 있습니다. 그래서 유아기의 리듬으로 돌아갈 필요가 있습니다. 다행히 사람들도 그것을 깨달아가고 있습니다. 아이들은 부분적으로 경험한 스무 가지보다 제대로 체득한 한 가지에서 더 많은 것을 얻습니다.

작가 베데스다가 뒤집기도 못하는 갓난이였을 때 제가 아이의 손가락을 잡아서 제 코와 눈썹을 부드럽게 훑어가며 만져보게 했는데, 그때 아이의 표정이 어찌나 아름답던지. 선생님께서는 엄마가 아기의 욕구를 얼마나 세심하게 살펴주었는가가 아기의 정신건강에 가장 중요하다고 하셨는데, 그렇다면 세심함이 부족한 엄마들은 어떻게 해야 나아질까요?

비덜프 아마도 그것은 '활기'와 관련이 있을 것 같습니다. 삶에 열정을 가지고 진심으로 느긋해지는 것 말입니다. 개인적인 편견일지 모르지만 명상이나 기도, 요가를 하거나 교회나 절에 다니면서 영적인 삶을 추구하는 것이 중요하다고 생각합니다. 영성은 언어의 한계를 벗어나는 영역이에요. 자신의 한계를 벗어나서 삶에 더 연결되려는 노력이지요. 엄마들 주변에 있는 수많은 스트레스를 없애주어야 해요. 그래야 더 많이 변화할 수 있어요. 엄마들은 차분히 마음을 가라앉히고 스스로 속도를 줄이기 위해 무엇이든 해야 합니다.

그리고 세심함이 부족한 엄마들에게 해주고 싶은 말이 있습니다. 우리는 본질적으로 반응하는 엄마로 설계되어 있고, 우리 내면에 그런 힘이 있어요. 우리 스스로 가로막지만 않는다면 우리 몸속 호르몬도 흘러나올 준비가 되어 있습니다. 사람들은 영적인 것에 대해 말은 해도 실제로는 포기하곤 하지요. 하지만 우리 내면에는 생명의 강이 흐릅니다. 인류의 역사를 봐도 대부분은 모계사회였어요. 그 많은 어머니들의 보살핌이 있었기에 지금 우리가 여기에 존재하는 것입니다. 그 사실을 믿으셔도 돼요. 무엇이 나에게 힘이 되고 진정으로 내 편인지를 제대로 의식하면 그 자연스러운 법칙을 그 무엇도 방해할 수 없습니다. 우리는 모두 세심한 보살핌을 주려고 태어난 사람들이니까요.

작가 가족의 가치는 어떻게 바로세울 수 있을까요?

비덜프 우리에게 가장 부족한 것은 시간입니다. 음식이나 안전 문제가 더 심각한 나라도 있겠지만, 우리에게는 시간이 부족합니다. 두 사람이 함께 지내는 시간이 많아지면 사랑이 싹틉니다. 같은 공간에서 지내는 사람들 사이에 일어나는 당연한 귀결이지요. 어떤 사람과의 관계가 염려스럽다면 시간을 가지세요. 단숨에 사이가 좋아지지는 않지만, 마찰이나 짜증, 응어리들이 수면 위로 떠올랐을 때 그것을 잘 소화해서 좋은 관계로 바꿀 기회로 삼으면 됩니다. 친밀감은 관계만큼이나 마찰에 관한 것이기도 합니다. 우선적인 문제들을 먼저 해결해야 하는데도 대부분의 사람들은 그러려고 멈추지는 않아요. 하지만 실제로 사람들은 다른 사람들을 도울 때 즐거움을 얻습니다. 우리는 서로를 위해 존재하는 것입니다. 인생은 큰 그림을 볼 수 있어야 이해가 되고, 베풀기 전까지는 누구도 행복하지 않습니다.

작가 그렇지만 고장 난 차에는 다른 사람을 태울 수 없는 것처럼 남을 돕기 전에 자기 자신부터 정리해야 하지 않을까요?

비델프 스스로가 정리되지 못했다고 생각하는 것이 잘못입니다.

작가 그 말씀에는 동의할 수 없습니다. 어쨌거나 어떤 기준이 있지 않을까요?

비델프 일단 시작은 남들에 대한 배려입니다. 그런 다음 서로 노력하면 됩니다.

작가 연쇄살인마 테드 번디는 자살전화 상담원이었는데, 그것이 그에게 좋은 영향을 준 것 같지는 않습니다. 선생님께서는 엄마들의 독립에 대한 갈망을 '두려움을 가리려는 가면'이라고 하셨는데, 엄마들이 느끼는 부담감의 저변에는 아이들의 욕구를 충족시켜주지 못했다거나 자기가 부족하다고 느끼는 두려움이 있다는 말씀인가요?

비델프 집에서 6개월 동안 아기와 지냈다는 어느 패션모델은 인터뷰에서 자기에겐 그때 '독립이 필요했다'고 말했습니다. 그녀가 정말 말하려던 것은 자기가 자유를 원했다는 것입니다. 그러니까 자기를 의지하는 누군가가 없었으면 좋겠다는 거죠. 독립이라는 단어가 꽤나 그럴싸하게 들리지요. 하지만 독립은 보통 친밀감에 대한 두려움 뒤에 존재합니다. 예를 들면 엄마와 아기들 사이에서 피할 수 없는 일, 즉 한동안 절대로 긴 잠을 잘 수 없다는 것을 알게 되면 그 충격이 엄청납니다. 늘 침착하고 잘 나가던 전문직 여성이 아기의 울음조차 그치게 할 수 없다는 사실을 깨달으면 충격을 받을 수밖에 없습니다.

작가 자아상이 완전히 뒤집히겠지요.

비덜프 그럴 때 우리는 인생이란 것에 백기를 들고 스스로 무기력하게 존재해도 되게, 그대로 머무를 수 있어야 합니다. 해방은 그렇게 오는 것입니다. 겁난다고 도망치면 아무 일도 일어나지 않습니다. 장애가 있는 아기가 태어났을 때의 반응과도 비슷하다고 할 수 있습니다. 특히 아빠들의 처음 반응은 "나는 알고 싶지 않아! 시설에 맡기자, 이 상황에서 벗어나서 다시 시작해보면 안 될까? 생각도 하지 마!" 등입니다. 그 다음은 "알겠어요. 그럼 제가 뭘 해야 하죠? 어떻게 도울 수 있나요?" 하고 말하지요. 그러다가 결국 "저는 이 아이를 사랑합니다. 이 아이가 제 인생의 일부라는 것이 너무나 기뻐요!" 하게 되지요. 여러분은 이 모든 단계를 거쳐야 하고, 그것을 부정하거나 절망에 빠진다면 결코 해방감을 맛볼 수 없습니다. 해방감은 바닥까지 내려갔다 와야 느낄 수 있는 것입니다. 구원을 얻기 위해 겪어야 하는 고통은 우리를 평정의 상태로 이끕니다. 우리는 모두 6개월에 한 번씩은 실패해봐야 합니다. 견디기 힘들다고 더 진한 화장을 하고 더 용감한 표정을 지어봤자 결국 더 깊은 나락으로 떨어질 뿐입니다. 우리에게 필요한 것은 인생이 생각대로 되지 않아 좌절감과 상실감에 빠진 부모들을 격려하는 사람들입니다.

작가 사실 정말 많은 인간관계가 그렇습니다. 진득이 참아낼 줄을 몰라요. 딱히 위험하거나 치명적인 경우에만 그런 것도 아닙니다. 그냥 불편한 상황을 못 견디지요. 그리고 문화적으로도 그것이 당연하게 여겨집니다. 대화로 문제를 해결하기보다는 다른 사람을 찾는 게 낫다고 여깁니다. 아이가 채 5살도 안 됐을 때 이혼을 해버리고는 뒤늦게 가슴을 치면서 후회하는 여자들이 많습니다. 처음 5년이 제일 힘든 기간이지요. 저는 그런 내용이 나오는 선생님의 책 『사랑 만들기』를 제일 좋아합니다.

비덜프 감사합니다. 제 아내에게 말해줘야겠네요. 그 책의 대부분을 아내가 썼거든요. 그 당시 우리 주변에는 이혼한 친구들이 정말 많았습니다. 『사랑 만들기』는 그런 상황에 대한 실제반응입니다. 결혼생활의 고통스러운 부분은 개인적으로나 두 사람의 관계에서나 성장의 아주 중요한 부분입니다. 그런데 사람들은 서로 맞지 않아서 그런 것이라고 해석합니다. 실제로는 더 좋은 관계로 성숙해가는 변화의 단계인데도 "우리는 글렀어, 서로 맞지 않아!"라고 생각하지요. 변화된 삶을 위해서는 항상 지원이 필요한데 우리 문화는 고난의 시간을 이겨낼 수 있도록 지원하지 않습니다.

여러 문화에서 서로 다른 결혼예식의 길이는 결혼생활이 지속되는 기간을 가늠하는 척도가 됩니다. 인도의 결혼식은 3주나 되지만 서양에서는 30분 만에 끝이 납니다. 그래서 '결혼식에 투자하는 시간'이라는 주제는 무척 흥미롭지요. 결혼에는 다른 사람들과의 관계도 포함됩니다. 그래서 친구나 친척들이 "이봐, 우리도 이 결혼의 일부야. 그러니 잘 살지 않으면 우리가 가만두지 않겠어."라고 하는 거죠. 사랑은 팀의 수고가 필요한 일이며 공동체를 위한 일이기도 합니다.

깨무는 아기

"정신이 멀쩡할 때는 아이가 얼마나 작고 연약한가를 생각했다.
하지만······."

베데스다가 태어난 뒤 우리 부부는 우리의 일과를 아기의 성장에 맞춰 바꿔나갔다. 딸이 세 살일 때 나는 늘 그랬던 것처럼 아이를 안아 재우고 있었다. 그런데 갑자기 베데스다가 멍이 들 정도로 세게 내 가슴을 깨물었다.

아이는 "자고 싶지 않아!" 라고 고집스럽게 말하고는 다시 물겠다고 달려들었다.

나는 그때까지 한 번도 아이에게 화를 낸 적이 없었는데, 그날만큼은 정말 머리끝까지 화가 치밀었다. 깨물린 자리가 얼마나 아프던지 볼기짝을 후려갈겨주고 싶은 충동이 치밀어 나 스스로도 깜짝 놀랐다. 나는 꾹 참으면서 아이를 두 손으로 세게 붙잡고 이를 꽉 깨물고는 "깨물지 마!" 하고 말했다. 그러자 베데스다는 고개를 갸우뚱하며 "그럼 아빠 물어?" 하고 물었다. "아니, 아빠도 물지 마." 내가 대답했다. 그러자 아이는 다시 "그럼 제이콥 물어?" 하고 물었다. 제이콥은 베데스다의 가장 친한 친구였다. 아이는 누구라도 깨물고 싶어서 안달이 난 것 같았다.

"아니, 깨무는 건 나빠." 내가 말해주었다.

난데없이 일어난 그 사건은 간신히 그렇게 끝이 났지만, 그날 저녁의 불화로 며칠 동안은 나를 쳐다보는 아이의 눈빛에 전에 없던 경계심이 느껴졌다. 심지어 웃을 때도 짧고 의무적인 웃음만 지어 보였다. 그리고 엄마만 찾던 아이가 처음으로 아빠를 더 찾았고, 나와 잘 놀다가도 갑자기 짜증을 내거나 반항을 했다. 베데스다는 원래 침착하고 배려심이 많고 사랑스럽고 재미있는 아이였다. 그래서 아이의 그런 변화가 나로서는 무척 당황스러웠다. 퍼즐놀이를 하겠다고 해서 퍼즐을 주면 책을 보겠다거나 젤리를 달라고 짜증을 부렸다. 과하게 반응하면 더할까 봐 나는 일부러 아이가 하는 행동을 모른 척 했다. 하지만 아이는 우유를 바닥에 쏟아버리거나 혼자 자지 않겠다고 버텼고, 밥까지 떠먹여달라면서 계속해서 떼를 썼다. 나는 스트레스로 몸이 나무토막처럼 뻣뻣해지는 느낌이었다. 나중에는 아빠까지 깨물었다. 이전에도 가끔 귀청이 떨어질 만큼 고래고래 소리를 지른 적이 있었지만 안아주면 금세 그치곤 해서 이렇게까지 심각한 경우는 거의 없었다. 그 때문에 우리는 너무나 혼란스러웠다.

베데스다는 신경쇠약에 걸린 것처럼 어떤 감정에 휩싸인 것 같았다. 하지만 그 이유는 알 수가 없었다. 그냥 미운 세 살이라고 넘기기에도 석연치 않았다. 열도 없었고 이가 나느라 그런 것도 아니었다. 그렇다고 특별히 스트레스를 받을 만한 일이 있었던 것도 아니다. 좋아하는 책이나 장난감도 있었고 집안도 깨끗하고 따뜻했다. 밥도 잘 먹었고 텔레비전을 본 것도 아니었다. 남편과 나는 집안에서는 절대 언성을 높이지 않았다. 그리고 늘 아이를 칭찬하면서 애정표현도 넘칠 만큼 많이 했다. 당연히 학대를 한 적은 단 한 번도 없었다.

그래서인지 어이없게도 아이가 뿜어내는 분노가 나에게는 상처가 되었다.

우리는 항상 아이에게 선택의 기회를 주었다. '파스타 먹을래 아니면 쿠스쿠스 먹을래?', '『나는 침대』 읽을래 아니면 『어두운 밀림』을 읽을래?' 하면서. 하지만 아이는 여전히 안절부절못하면서 집안을 돌아다녔다. 그림이나 종이접기에도 집중을 못하고 딴청을 피우거나 아빠한테 가버리곤 했다. 그렇게 아이에게 거부를 당하면 나 자신이 한심하게 느껴졌다. 정신이 멀쩡할 때는 아이가 얼마나 작고 연약한가를 생각했다. 아이의 입장에서는 자기애에 빠진 어른들에게 통제받고 관리되는 것이 얼마나 기분 나쁠까 하는 생각도 들었고. 하지만 차분하지 못한 아이의 태도에 기분이 나빠지면 어디론가 달아나고 싶어졌다.

그런 지 2주쯤 지났을 때, 친한 친구가 베데스다의 일상에 어떤 변화가 생긴 게 아니냐고 물었다. 그래서 내가 "아니, 아무 일도 없었어! 제이콥이나 빨리 돌아왔으면 좋겠다, 그럼 애하고 붙어 있는 시간이 조금이라도 줄어들 텐데."라고 대답하자 친구는 "그 애가 떠난 게 언제야?" 하고 다시 물었다. "2주 전에……" 그렇게 대답하면서 나는 내 입술을 꽉 깨물고 말았다. 베데스다의 반항이 시작된 것이 바로 제이콥이 휴가를 떠난 그 날부터였다는 걸 바로 그때 깨달았던 것이다. 열정적인 우리 딸은 친구 제이콥이 보고 싶어서 슬픔에 잠긴 것이었다. 단짝친구가 대체 어디로 가버린 건지, 왜 자기를 떠났는지 몰라서 혼란에 빠졌던 것이다.

그리고 함께 휴가를 갔던 홀리와 멀리 이사 간 내 친구의 세 딸들까지, 베데스다가 이미 많은 친구들을 잃었다는 사실도 그순간 깨달았다. 아이는 친구를 또 잃었다는 생각에 상상도 못할 만큼 고통을 느꼈을 것이고, 이해할 수 없어서 더 힘들었을 것이다. 나는 비통해하는 아이를 꼭 껴안고 입을 맞추면서 "제이콥은 꼭 다시 돌아올 거야." 하고 안심시켜 주었다.

사랑 연습

"우리의 뇌는 인간관계라는 환경을 통해서 발전합니다."

리사 파커는 20년 지기인 동료 특수교육교사 바바라 니콜슨과 함께 비영리단체, 국제애착육아협회를 설립한 교육자이다. 두 사람은 오랜 우정으로 많은 결실을 맺었다. 『마음으로 이어진, 친밀 감과 배려심이 많은 아이로 양육하는 8가지 방법』이란 책은 두 사람이 아동학대를 막기 위해 치러온 전쟁에 대해 쓴 최근 작품으로 멋지고 실용적이면서 감동적이고 희망이 가득한 책이다. 지금은 예순 살이 훌쩍 넘은 파커와 니콜슨은 이 책에서 유아에 대한 학대와 방치를 막을 수 있는 보호요소로서 육아, 어린이 성장에 대한 교육, 부모의 끈기, 사회적 연결고리들, 부모를 위한 강력한 지원 등 5가지를 꼽았다. 파커는 홈페이지 parentslifeline.blogspot.kr을 통한 전화상담이나 개별 면담으로 수천 명의 부모들이 사랑을 베푸는 따뜻한 부모가 되도록 돕는 데 일생을 바쳤다. 그녀 역시 알코올 중독인 어머니와의 불완전한 관계로 고통스럽게 살아왔지만 그 시련을 통해 오히려 책임감과 조직력을 배웠다. 그녀는 "비밀은 의식에 있다."고 말한다. 대학에서 특수교육학을 전공했고, 다시 인간발달과 가족학 분야를 공부해서 석사학위를 받은 그녀는 가족생활교육사 자격증을 딴 뒤 양육 및 육아프로그램의 조력자가 되었다. 두 아들과 수양딸, 쌍둥이 손자를 키운 경험과 여러 가지 장애가 있는 학생들을 몇 년 동안 가르쳤던 경험이 더 큰 사랑의 철학으로 진화한 것이다. 파커는 양육이 사회적 폭력을 방지하는 모델이라고 강조한다. '우리에겐 저마다 가족들에게서 유전적으로 물려받은 것들을 바꿀 수 있는 가능성이 있다'는 것이다.

작가 임신하기 전에는 저도 제왕절개수술을 하고 싶었습니다. 자연분만은 생각만 해도 혐오스러웠거든요. 저는 어머니와는 상극인데다 여자형제도 없었고 친구들도 거의 다 남자들이었어요. 그리고 아기가 찾을 때마다 젖을 물려야 한다는 게 너무 당황스러웠어요.

파커 저하고 비슷했군요. 제 부모님은 체벌을 했는데 그 당시에는 그것이 당연하게 여겨졌습니다. 어머니와도 사이가 별로 안 좋았습니다. 어머니는 마흔일곱에 돌아가셨는데 저는 그 이듬해에 첫아들을 낳았어요. 그래서 가족이라곤 멀리 떨어져 사는 남동생 둘밖에 없어서 도움 받을 곳이 아무데도 없었지요. 저는 특수교육교사라서 인지발달 단계나 행동수정에 관한 이론을 알고 있었고, 그런 교육을 많이 받아봤으니 엄마가 될 준비가 남들보다는 잘 되어 있다고 생각했습니다. 그런데 막상 아들을 낳아보니 그게 아니었습니다. 제가 아무것도 모르고 있더라고요! 지금 생각해보면 제가 너무 무지했어요. 아들의 요구를 제대로 들어주지도 않았고, 아이를 망치는 건 아닐까 하는 걱정으로 너무 마음을 좋였거든요. 그러다가 우연히 모유수유 모임에 참여하게 되었습니다.

작가 그 뒤에 어떤 탈바꿈이 일어난 건가요?

파커 예, 그렇습니다! 거기서 애착육아를 배웠지요. 그게 벌써 34년 전이네요. 저는 아들을 낳은 뒤에야 갔는데, 그 전에 갔어야 했어요. 그랬다면 아들이나 저나 훨씬 덜 힘들었을 거예요. 저는 정말 아무것도 몰랐습니다. 그런데 그 모임에 나가면서부터 아이들을 다른 방식으로 보게 되었고, 다른 엄마들과 아기들을 관찰할 수 있었습니다. 아이들을 존중해줘야 한다는 것과 아이들의 말에 귀를 기울이고 그들의 욕구를 충족시켜줘야 한다는 것도 배웠지요.

작가 어머니와의 관계는 어땠나요?

파커 그 얘기에는 술 얘기를 빼놓을 수 없습니다. 어머니는 알코올중독자였습니다. 항상 저한테 경쟁심을 느끼셨지요. 하지만 지금은 어머니가 가족들과 얼마나 전쟁 치르듯 살아왔는지를 이해합니다. 어머니와 이모는 성적 학대를 당했다고 합니다. 야비하고 폭력적이었던 외할아버지는 아이들을 자주 집 밖으로 내쫓곤 하셨대요. 결국 어머니는 암에 걸렸습니다. 제가 술에 취하지 않은 어머니를 본 것은 그때가 처음이었습니다. 그렇지만 이미 때를 놓쳐 버렸던 거예요. 그래서 저는 어머니와 이야기를 나눌 시간이 좀 더 있었더라면 좋았을 텐데 하는 생각이 자주 듭니다. 어머니는 죄책감이 많았던 것 같습니다.

작가 어렸을 때는 어머니 때문에 어떤 기분을 느꼈나요?

파커 외로움을 느꼈죠. 그래서 저만의 세계로 들어가곤 했어요. 책도 많이 읽고 무용도 했지만, 대부분은 혼자 지냈습니다. 우울한 아이였어요. 그때 사진에는 웃는 게 거의 없고 웃고 있어도 억지웃음 같습니다. 저는 집 밖에 나가는 것도 좋아하지 않았어요. 마치 계약된 하인처럼 어머니가 하고 싶은 일을 마음껏 할 수 있게 제가 동생들을 돌봤습니다. 어머니는 체벌을 자주 했어요. 주로 엉덩이를 때렸는데 그것밖에는 야단치는 다른 방법을 모르셨어요. 그래도 저는 어머니와 화해할 시간이 좀 더 있었더라면 하는 아쉬움을 느낍니다. 객관적으로 보면 어머니의 부모님들보다는 어머니가 더 잘했던 것이었어요. 제가 원했던 유년기도 아니었고 완벽하지도 않았지만, 제 상황이 어머니가 견뎌야 했던 것만큼 나빴던 것은 아니었습니다. 어머니가 돌아가셨을 때 저는 정말 슬펐지만 눈물이 나오지는 않았습니다.

작가 그런 경우는 흔해요. 자기 어머니의 장례식에도 가지 않는 사람들이 있는걸요.

파커 정말 슬픈 일이에요.

작가 그렇지요. 하지만 부모로서 넘어서는 안 될 선은 있습니다. 우리 모두는 과거의 잘못에 책임을 지고 그 잘못을 바로잡아야 합니다. 거짓말은 살인도 부릅니다. 자살률을 봐도 그렇고요.

파커 미국에는 폭력적인 아이들이 많습니다. 그런데 그들은 사실 몇 년씩이나 부모의 폭력에 시달려온 아이들입니다. 그런데도 미국 정부는 어른들에게 적용해야 할 잣대를 들이대면서 그 아이들을 처벌하고 감옥에 가두는 것이 그들을 다루는 제일 좋은 방법이라고 생각하지요. 그러면서도 부모들에게는 아무런 책임도 묻지 않습니다. 검찰에서는 학대가 뇌에 손상을 준다고 주장하는 상담사나 과학 연구원들을 오히려 학대를 핑계로 벌을 피하게 만들어주려는 속셈이라고 몰아세우면서 무시합니다. 신경과 전문의이자 작가인 조나단 핀커스가 폭력과 연쇄살인을 저지른 수백 명의 범죄자들을 인터뷰했는데, 그들 대부분이 학대당한 사실을 부정했고 인정한 경우에도 '자기는 마땅히 그런 취급을 받을 만한 사람'이라고 말했다고 밝혔습니다.

작가 그들 스스로가 학대자의 사고방식을 내면화한 거군요.

파커 그렇습니다! 심지어 학대한 부모를 영웅시하는 경우도 있습니다. 히틀러도 그랬죠. 하지만 핀커스는 거기서 멈추지 않고 당사자들 말고도 가족과 동네주민, 친척, 가족들과 알고 지낸 지인들까지 찾아다니며 인터뷰했습니다. 그래서 그들이 어린 시절 폭력이나 학대를 당했던 것뿐 아니라 여러 아이들 중에 가장 심한 학대를 당한 아이였다는 사실도 밝혀냈습니다. 그들이 당했던 학대는 사람한테 어떻게 그런 짓을 할 수가 있을까 싶을 만큼 끔찍한 것이었습니다.

작가 폭력적이고 반사회적이며 다루기 힘들 만큼 병적으로 소심한 아이들의 행동은 그 집안에 어떤 문제가 있다는 표시로 받아들여야 합니다. 야단쳐서 될 일이 아닌 거죠. 그 문제에 좀 더 신속하게 개입해야 하고 부모들을 불러서 얘기를 들어봐야 합니다.

파커 저는 잔혹한 살인사건이 일어났을 때 사람들이 "어떻게 그럴 수가 있지?" 하고 놀라는 것이 아직도 이해가 안 갑니다.

작가 모든 증거에도 불구하고 아이들의 폭력성은 그저 버릇이 없거나 고집이 세서 그런 것으로 여기거나 아니면 죄라고 생각합니다. 하지만 그렇지 않습니다. 오히려 깊은 정신적 외상, 트라우마 때문에 생긴 것입니다. 왜 그런 생각을 못할까요?

파커 애착관계 연구의 개척자인 존 바울비의 아들 리처드 바울비에 따르면, 사람들은 자신의 애착을 거울에 비춰보기가 너무 힘들어서 외면해버린다고 합니다. 유아기에 서툴고 부적절한 양육을 경험한 사람들은 자신의 고통을 다시 떠올리는 것이 너무 끔찍하고 두려워서 사랑으로 잘 보살펴지는 아기를 보면 엄청난 내면의 고통을 느낀다는 것입니다.

작가 그래서 아기나 자녀양육은 물론이고, 특히 모유수유도 회피하려는 사람들이 점점 많아지고 있습니다. 그들은 그런 일들을 정말로 거북해해요.

파커 맞습니다!

작가 그래서 아동학대도 당연히 외면하게 되는 것이지요. 제가 친구와 바닷가를 산책하다가 한 엄마가 네 살쯤 되어 보이는 아들에게 욕을 퍼부어대는 것을 본 적이 있습니다. 저는 어린아이에게도 그런 욕을 쓸 수 있다는 걸 그 날 처음 알았습니다. 너무너무 끔찍했죠. 그날은 날씨도 정말 좋았고 수백 명이 그 옆을 지나갔는데 누구 하나 그 엄마에게 뭐라는 사람이 없었습니다. 제가 친구를 쳐다보자 그 친구 역시 "그냥 무시해." 하고 말했습니다. 결국 아무도 그 아이를 위해 나서주지 않았습니다. 만약 어떤 남자가 여자에게 그렇게 했다면 다른 남자들이 가만두었을까요? 그런데 단지 그 애가 어리다는 이유로 아무도 그 엄마의 행동을 말리지 않았습니다. 제가 그 엄마를 계속 노려보긴 했지만 저 역시 아무 말도 하지 못했습니다. 그 주변에 있던 모든 어른들이 그 아이 하나를 제대로 지켜주지 못했던 겁니다. 지금도 저는 그 아이가 어떻게 되었을지 궁금합니다. 저마저도 그 아이를 지켜주지 못해서 양심에 가책을 느끼고, 가만히 있었던 저 자신이 아직도 용서가 안 됩니다. 아이가 학대당할 때 아무것도 하지 않은 사람들에게도 직접 학대한 사람만큼이나 책임이 있습니다. 아무 말도 하지 않음으로써 그 아이의 학대에 가담한 것이나 마찬가지니까요.

파커 사람들은 스트레스를 받으면 도망치거나 얼어붙어 버리죠. 당신은 아마 얼어붙어 버렸던 것 같습니다.

작가 아이가 있건 없건 우리 모두는 순수함, 연약함, 부드러움을 대변하는 아이들을 보호해야 합니다.

파커 우리 모두의 책임이지요. 그 아이들 모두가 우리의 아이들이니까요.

작가 그럼 그런 상황에 처했을 때 우리가 무엇을 어떻게 해야 할까요? 어떤 행동규칙 같은 게 따로 있을까요?

파커 우리는 사실 '내가 무슨 말이든 한마디 해 줄걸 그랬어, 내가 뭐라고 했어야 하는데 못 그랬네.' 하면서 우리 모두에게 너무나 만연해 있는 '뭐라고 해야 할지 모르는' 상황을 꽤 흔하게 마주칩니다. 그럴 때 적용 가능한 규칙이 있습니다. 우선 그 부모에게는 대립적인 태도로 접근하지 말고 먼저 공감을 표현하세요. 그 상황을 멈출 수 있도록 말을 거는 거예요. 화제를 다른 데로 돌리세요. 아이에게는 친절하게 말을 건네고, 부모에게는 힘든 상황에 대한 공감을 표현하는 것이지요. 예를 들면 "기분이 많이 상하셨나 봐요." 또는 가볍게 다가가서 "지금 곤란하신 것 같은데, 혹시 제가 도와드릴 일이 있을까요? 저도 애가 둘인데 정말 아이 키우는 게 보통 일이 아니에요." 하면서 부모가 되는 일이 얼마나 힘든지 얘기해보세요. 판단은 나중으로 미뤄두고, 도움을 줘도 좋을지를 먼저 물어보세요. 그렇게 해도 그들이 당신에게까지 안 좋은 말을 퍼부으면 "기분이 상하신 것은 이해합니다만 도와드리고 싶어서 그러는 거예요. 제가 어떻게 할까요? 제가 도와드릴 수 있게 해주세요." 하고 말해보세요. 미리 전략을 세워보면 좋습니다. 가장 중요한 것은 먼저 공감으로 다가가는 것입니다.

작가 1990년대 초반, 아이들의 폭력성이 더욱 심각해졌다고 말씀하셨죠?

파커 네, 그랬습니다. 제가 다시 교직으로 돌아갔을 때 저는 다른 선생님들이 가르치기 싫어하는 아이들을 맡게 됐어요. 주로 학습 장애가 있거나 유치원 때부터 정서적으로 문제가 많았던 아이들이 었지요. 그래서 신경이 곤두서 있었습니다. 문제가 그렇게 심각해지기 전에 누구라도 그 아이들을 도와주었다면 그들의 삶은 많이 달라졌겠지요. 제가 관찰하기론 그들의 모든 문제는 잘못된 양육 때문에 생긴 것입니다.

작가 미국의 아동구금시설에서 일하는 어느 심리학자가 남동생의 자살에 대해 쓴 저의 책『이클립스』를 읽고 연락해온 적이 있습니다. 그녀는 "저는 아직도 이 아이들이 왜 여기 있어야 하는지 이해할 수 없습니다. 정작 여기 가둬야 할 사람들은 부모들입니다. 이 애들은 오히려 피해자예요. 정부제도는 아이들에게 아무 도움도 되지 않습니다."라고 말했지요.

파커 저는 중학교 1, 2학년을 맡았는데 열세 살에 벌써 아빠가 된 아이와 범죄조직에 가입하려던 아이도 있었고, 심지어 아버지가 성인물을 보여주었다는 여학생도 있었습니다. 수업시간에 자위를 하는 아이가 있을 정도로 부적절한 행동, 태도, 말이 만연해 있었지요. 제가 아무리 진심을 가지고 안전한 곳을 만들어보려고 노력해도 아이들은 계속 싸움질을 해댔습니다. 분노에 차 있었지요. 그래서 저를 너무 힘들게 하는 녀석을 교장선생님에게 보냈습니다. 그런데 그 아이가 거기서 몽둥이찜질을 당하게 될 줄은 몰랐습니다. 그런 체벌은 당연히 아무 효과가 없습니다. 집에서 늘 얻어터지고 사는데 한 번 더 맞는다고 눈 깜짝이나 하겠습니까? 그때 저는 다시는 그러지 않기로 다짐했습니다. 얼마나 마음이 아프던 지. 그 일이 바로 제가 국제애착육아협회를 설립하게 된 계기입니다. 애착육아는 우리를 엄마로 여성으로 변화시켰고 우리는 그것을 사회에 되돌려주고 싶었습니다. 그것이 해결책이라고, 생각했기 때문입니다.

작가 아이들은 거울입니다. 저도 딸을 낳기 전까지는 몰랐습니다. 아이들은 항상 부모의 부족한 부분 때문에 희생양이 되곤 합니다. 부모들이 자신의 죄책감을 견디지 못하고 아이들에게 표출해서 그런 것이지요. 어른들이 자신의 수치심을 대면하고 싶어 하지 않아서입니다. 자기홍보가 대세인 오늘날의 문화에서는 '내가 실패했다.'고 고백하기가 쉽지 않습니다. 하지만 아이들의 정신건강을 위해서는 부모들이 아이들 앞에서 자기 잘못을 반드시 인정해야 합니다.

파커 정확합니다! 부모들은 수치심을 느꼈을 때 아이들 탓으로 돌려서 모면하려고 하지요. 『마음으로 하는 육아』라는 책에서는 우리가 스스로 내면을 들여다보는 것이 아주 중요하다고 말합니다. 임신했을 때만이 아니라 임신 전부터도 자신이 어떻게 양육되었고 그것을 어떻게 생각하는지, 앞으로 아기가 생기면 어떻게 양육하고 싶고 내 아이에게 적용하고 싶지 않은 육아방식은 무엇인지를 배우자와 상의해야 합니다. 누구에게나 어린 시절의 상처가 있습니다. 그런데 그것이 치유되지 않고 남아 있으면 그 상처가 아이들을 통해 고스란히 드러나지요. 저 역시 아직도 제 상처를 붙들고 씨름하는 중입니다! 명상은 중요한 가르침이에요. 지금 이 순간에 머무는 것이고, 나의 언어와 관점을 재설정하는 법을 배울 수 있습니다. 기본적으로 우리는 안 좋은 기억이나 트라우마가 있는 뇌 부분을 피해 가는 법을 배워야 합니다. 그것은 평생 해나가야 할 과제인데, 그 첫 단계가 의식입니다.

작가 육아에 대한 엄마들의 태도는 아주 다양합니다. 첫째로, 육아를 전적으로 남에게 맡기는, 제가 '외면엄마'라고 부르는 부류입니다. 둘째로, 아이들을 열정적으로 사랑하지만 정보도 부족하고 정서적으로도 나약하고 지쳐 있어서 아이들에게 정서적 이중성을 물려주는 엄마들입니다. 셋째는, 자기 자신도 인식하지 못하는 내면의 문제로 아이들에게 피해를 주는 엄마들입니다. 제가 아는 어느 엄마는 아들을 무척 사랑하지만 아들이 계속 말을 듣지 않았을 때 열쇠로 아이의 손등을 쑤셨다고 고백했습니다. 더 끔찍한 것은 그 엄마가 그 순간을 즐겼다고 말했다는 겁니다. 너무나 많은 엄마들이 결혼생활이나 가족관계, 지역사회의 관심부족 때문에 소리 없이 무너지고 있습니다. 그런 일에 어떻게 대처해야 할지 모르기 때문입니다. 육아는 아주 큰일이기도 하고 너무나 성스러운 일입니다. 인간생활에서 결코 육아보다 더 중요한 일은 없습니다. 그럼에도 불구하고 학교에서는 인간 진화에 관한 신경생물학을 가르치지 않습니다.

파커 거부하는 교사들이 많을 거예요. 점수내기에만 골몰하느라 새로운 교육과정에 대한 제안을 받아들이기 어렵겠지요.

작가 양육이 문명의 핵심인데도 그렇다는 것이 너무 놀라워요.

파커 맞습니다!

작가 우리 문화가 아이들에게 독이 된다고 하셨지요?

파커 네. 지난 2001년에 실시한 미국 이민 가정들에 대한 연구조사를 보면, 도착 당시에는 아이들이 정서적으로도 건강했고 가족들과도 잘 지냈습니다. 그런데 한 세대가 지난 시점에서 다시 봤더니 미국의 일반 가정에서 나타나는 문제들을 그들도 똑같이 겪고 있었습니다. 문화화의 전형적인 결과입니다. 결과적으로 그들의 정신병, 자살, 폭력성이 미국의 평균수준으로 높아졌습니다. 서양 문화는 독에 물들었습니다. 지금의 문화에서는 아이들이 자기 자신을 가치 있게 여기지 않습니다. 중학생 대상의 한 설문조사에서는 '어른들은 우리에게 관심이 있다.'는 응답이 20퍼센트에 불과했습니다. 그들은 가족이나 지역사회와 연결되어 있다는 느낌을 받지 못하고 있는 것입니다. 누구나 가족을 이루고 싶다는 인간적인 욕구가 있습니다. 그래서 화목하게 어울릴 가족이 없으면, 그 자리를 대신할 다른 가족을 찾게 되지요. 그런데 그 다른 가족이 갱단이나 범죄집단, 또는 마약 같은 중독으로 빠져들게 만드는 안 좋은 집단이 될 수도 있다는 게 문제입니다.

작가 모든 중독은 사실 초월에 대한 갈망입니다. 저는 그 초월을 베데스다를 양육하면서 경험했는데, 사랑이 바로 초월이기 때문이지요.

파커 정답입니다!

작가 우리 문화에선 살아남기 위해서는 먼저 이기주의자가 되어야 한다고 부추깁니다. 나 자신이나 남들이 치러야 할 희생에 상관없이 성취하고 만들어내야 한다고 세뇌하지요. 하지만 그것은 새빨간 거짓말입니다. 문명의 기본은 제대로 작동하는 협동과 배려입니다. 물질적인 성공에 초점을 맞추는 것은 고루하고 가부장적입니다.

파커 맞습니다. 여성성의 포용과는 반대되는 거예요! 가부장적인 관점은 출산휴가나 육아휴직의 부족, 아이와 가족을 위한 제도의 미비, 출산방식 등에서도 드러납니다. 하지만 본래 여성으로서의 여행은 출산에서 시작되는 것입니다. 제대로만 경험하면 애착관계도 좋아지고 많은 힘을 얻을 수 있습니다.

작가 우리 문화에서 관계의 단절이 유행처럼 확산된다는 말씀을 하셨지요?

파커 사회는 아이들을 독립적으로 가르친다면서 자꾸 부모에게서 떼어내려고 합니다. 하지만 우리는 아이들을 꼭 붙잡고 있어야 합니다. 계속해서 아이들과의 관계를 이어갈 방법을 찾아야 하고, 그들이 원한다면 돌아올 수 있는 자유도 주어야 합니다. 많은 노력이 필요하겠지만 우리는 아이들이 엄마 뱃속에 있을 때부터 그들의 지지자가 되어야 합니다. 그리고 학교에 다니면서 부딪히게 되는 외부의 모든 힘으로부터 우리 아이들을 지켜내야 합니다. 학교는 부모와 자녀의 관계에는 별 관심이 없습니다. 그래서 소비지상주의나 광고, 텔레비전이나 인터넷으로부터 아이들을 보호하는 일은 바로 우리들의 몫입니다.

작가 요즘은 엄마와 잘 소통하는 아이를 찾아보기가 어렵습니다. 부모들도 아이들에게 세상을 가르치고 손잡아줄 여유도 없이 너무나 분주하게 살아가고 있습니다. 그래서 저는 몇 년 전부터 자연스럽지 않은 것은 의식적으로 거부하겠다고 마음먹고 지금은 전화도 거의 받지 않습니다.

파커 밤새 텔레비전을 켜놓아야만 잠들 수 있는 사람들도 있습니다. 그런데 그것은 또 다른 형태의 중독입니다. 따라서 우리는 스스로에게 도움이 안 되는 것들을 바꿔서 다시 삶의 평화를 찾으려고 노력해야 합니다. 마음이 맞는 여자들끼리 공동체를 만드는 것이 중요합니다. 아이들은 우리를 그대로 비추는 거울입니다. 그리고 우리의 뇌는 관계를 통해 성장합니다. 만약 어떤 아이가 체계적이지 못하고 감정조절에 서툴고 화가 나 보이거나 슬퍼 보인다면, 그 아이가 맺고 있는 인간관계에 무슨 문제가 있지는 않은지 살펴봐야 합니다. 꽃에 비유해보죠. 가령 흙에 꽃을 심었는데 잘 자라다가 갑자기 시들시들해지더니 잎사귀가 갈색으로 변했습니다. 그럼 꽃을 탓해야 할까요? 아니지요. 그 꽃에 무엇이 더 필요한지, 물을 너무 많이 준 것은 아닌지, 햇볕을 알맞게 쬐고 있는지를 살펴봐야겠지요.

작가 그런데 많은 부모들이 자기 아이들을 제대로 모른다는 게 문제입니다. 어딘지 모르게 보통 때와는 다르다는 것도 알아채지 못합니다. 대부분의 부모들이 너무 오랜 시간 직장에 메여 있고, 아이들은 하루 종일 학교나 보육원에 맡겨집니다. 집에 와서도 텔레비전이나 페이스북만 들여다봅니다. 애나 어른이나 다 그렇습니다. 결국 우리를 가장 잘 알아야 할 사람들과 오히려 이방인처럼 지내는 것입니다. 저 역시 제 아버지보다 세탁소 아저씨에 대해 더 잘 압니다. 명예나 오락을 위해 사랑이나 친밀함이 희생되고 있는 것이지요.

파커 아이들은 생물학적으로 주 양육자에게 애착을 갖게 되어 있습니다. 그런 데는 여러 가지 이유가 있지요. 아기가 엄마의 목소리나 냄새, 엄마가 내뿜는 생리적 유인물질(페로몬)들을 각인했을 때 아기의 뇌에서는 신경울림이라는 작용이 일어납니다. 한 사람과 맺어진 관계가 신생아의 뇌를 더 건강한 패턴으로 발전시키는 것입니다. 그런데 여러 명의 양육자를 거치는 '육아 룰렛'의 경우, 아기는 그들 중 어느 누구와도 신경울림을 경험할 수 없습니다. 아무와도 친숙함을 느끼지 못한다는 뜻입니다. 갓난아기나 유아는 친밀함, 사랑, 지속성이 있는 인간관계를 통해 가장 잘 자라는데, 돌봐주는 사람이 자주 바뀌면 그것이 불가능합니다.

작가 저는 출산 중에 등을 다쳤고 엉망진창인 아파트에서 파산 직전이었으며 살도 20킬로나 쪘지만, 세상에서 제가 가장 행운아라고 느꼈습니다. 돌이켜보면 제가 어떻게 그럴 수 있었을까 싶습니다.

파커 사회는 엄마와 아기들이 사랑에 빠지지 못하게 가로막는 재주가 있습니다. 그래서 곧바로 직장에 복귀해야 하는 엄마들은 아기들에게 거리를 두기 시작하지요. 심지어는 아기가 뱃속에 있을 때부터 "아기에게 너무 마음을 쏟으면 안 돼, 냉정해져야 해, 다시 일하러 가야 하니까." 하고 생각할 정도지요. 아이들이 느끼는 거대한 불안감의 원인이 엄마들의 스트레스나 우울증이라는 것은 잘 알려진 사실입니다. 그래서 저는 엄마들에게 아이들과의 관계가 얼마나 행복할 수 있는지를 알려주고 싶습니다. 어떤 엄마들은 프로이드 학설에서 비롯된 어이없는 걱정까지 합니다. 아이와 너무 가까워지면 성적인 감정이 생기지는 않을까 하는 겁니다. "왜 같이 잠을 자? 수유를 왜 그렇게 오래 해? 당신 좀 이상한 것 같아, 혹시 욕구불만이 있는 거 아니야?" 하고 말입니다.

작가 가슴이 오로지 섹스만을 위한 것이라고 믿어서 아기에게 모유를 먹이지 않는 엄마도 있습니다. 그래서 그녀의 아이들은 질병에 대한 항체가 들어 있는 초유를 한 번도 먹어보지 못했습니다. 한 유명인사는 방송에 나와서 젖 먹이는 생각만 해도 기분이 이상해진다는 말까지 했습니다. 그런데 저는 그녀들이 구토를 한 적이 있는 그 입으로 어떻게 아직까지 남편과 키스를 할 수 있는지 정말 이해가 안 갑니다.

파커 (웃음) 지금의 문화가 여성을 성적 대상으로 보고 있기 때문에 젖가슴을 그렇게 느끼게 된 것이지요. 여자들 스스로 그것을 그대로 받아들이는 걸 보면 지금 상황이 얼마나 안 좋은지가 여실히 드러납니다. 30년 전까지만 해도 젖을 일 년 동안이나 물린다는 건 생각도 할 수 없는 일이었습니다. 하지만 지금은 젖을 2년 동안 먹여도 괜찮다고 할 만큼 문화가 많이 달라졌어요. 그래서 이런 이야기는 나누면 나눌수록 더 많은 문이 열립니다. 사람들에게 생각을 해보게 만드니까요.

작가 그럼 아빠들이 할 수 있는 일은 무엇일까요?

파커 아빠들은 자신이 아내를 위한 문지기라는 것을 깨달아야 합니다. 아빠는 엄마가 아기를 잘 알아갈 수 있도록 도와주고, 항상 돌봐줄 수 있는 친구나 가족이 곁에 있게 해주어야 합니다. 또 엄마들은 아기를 안고 먹이고 교감하는 법을 배워야 합니다. 출산 후에는 축하인사를 하러 들이닥치는 손님들이 많은데, 처음 30일 동안은 신성하게 보내야 하는 기간이니 직계가족을 빼고는 출입을 제한하는 것이 좋습니다. 그리고 공동체의 일원으로서 초보엄마들에게 먹을 것을 챙겨주거나 도움을 주어야 합니다. 제 며느리도 6주 전에 출산을 해서 제가 음식도 챙겨주고 집안일도 거들어주고 샤워하는 동안 아기를 돌봐주었습니다. 초보엄마들이 아기 사랑하는 법을 배우는 동안에는 누군가의 보살핌이 꼭 필요합니다.

작가 그러니까 문화적으로 엄마와 아기가 애착관계를 만들 수 있는 공간을 마련해주어야 한다는 말씀이군요. 엄마와 아기의 분리를 조장하는 것에서 문제가 시작되고 심지어 교묘하게 위장되기도 하니까요. 가장 대표적인 사례가 요즘 유행하는 몸짱 열풍입니다. 갓 출산한 엄마들에게 그럴 여유가 어디 있어요? 그런데도 충분히 보기 좋은 몸매의 엄마들까지도 몸매를 관리한다고 브로콜리만 먹고살아요. 그러고는 1년도 안 됐는데 젖을 뗍니다. 그 정도는 약과

예요. 산모가 운동할 시간을 낸다는 것은 의식의 중심이 아기에게서 몸매로 180도 옮겨간 것이어서 육아에 집중할 시간과 에너지를 빼앗길 수밖에 없습니다. 그것만으로도 아이를 떼어놓는 훈련이 되는 것이지요. 많은 아기엄마들이 산책을 나가는 진짜 이유가 아기와 함께 햇볕을 쬐고 이야기를 나누려는 것이 아니라 자신의 운동을 위해서라고 합니다. 그러니 이어폰을 귀에 꽂고 아기는 인형처럼 유모차에 뉘어놓고 다니는 것이지요.

파커 (웃음) 맞습니다. 한 일 년 정도는 통통하게 지내도 괜찮은데 말이죠.

작가 부부가 직접 아이를 키우겠다는데 그 부모들이 되레 반대하는 경우도 많습니다. 아이를 직접 키울지 말지가 선택가능한 삶의 스타일로 여겨집니다.

파커 정말 무식한 관점이에요.

작가 게다가 독성도 아주 강해요. 사람들은 애착의 중요성을 진심으로 이해하지 못합니다. 애착육아는 여유 있는 사람들이나 하는 럭셔리한 것이라서 기본적으로는 불필요한 것이라거나 어떤 엘리트집단에서나 할 수 있는 것으로 여기지요.

파커 하지만 애착육아는 '누구나' 할 수 있는 것입니다! 미디어에서는 모유수유가 필수이고 모든 것을 아기와 함께하고 잠도 꼭 같이 자야 한다면서 애착육아를 무슨 쿠키 틀인 것처럼 묘사합니다. 하지만 애착육아는 반응에 관한 것으로, 그 핵심은 '세심하게 반응하는 것'입니다. 특히 직장인엄마라면 더더욱 애착육아를 연습해야 합니다. 비록 완벽하게 하기는 어렵더라도 여건이 될 때마다 많이 안아주고 보듬어주고 보살펴주면 엄마와 아기가 모두 잘 적응할 수 있습니다. 사람들에게는 주기적으로 채워져야 하는 감정 탱크가 있습니다. 그런데 아기의 감정 탱크는 엄마와 떨어져 지내는 낮 동안 텅 비어버립니다. 그 빈 탱크를 다시 채우는 가장 좋은 방법은 시간을 들여 친밀감과 애착을 되살리는 것 밖에는 없습니다. 그래서 형편이 좋고 나쁘고를 떠나서 누구나 애착육아를 실천할 수 있는 것입니다. 다만 반드시 '의식'을 해야 합니다. 아이와의 교감은 반드시 의식적이어야 해요.

작가 그럼 아이들을 어떻게 존중해야 할까요?

파커 아이들의 눈으로 세상을 바라보는 것부터 시작하면 됩니다. '당신이 대접받고 싶은 대로 아이들을 대접해야 한다.'는 말은 육아에서도 통합니다. 많은 종교에서 부모 공경을 강조하는데, 거기에 아이들을 포함시키면 안 될 이유가 전혀 없습니다. 우리는 아이들을 영적이고 고귀한 존재로 여기고 존중해야 합니다. 그들을 대하는 방식, 하는 말, 소통하는 법을 통해 그들을 존중해줄 수 있습니다. 아이들이 집에 돌아왔을 때 부모의 눈에서 빛이 나는 것을 볼 수 있어야 합니다.

리사 파커의 '애착관계를 위한 8단계'

1. 미리부터 임신, 출산, 육아를 준비하세요.

교육을 미리 받은 부모들이 두려움도 덜하고, 적극적으로 출산과정에 참여했을 때 더 만족스러운 출산을 경험할 수 있습니다.

2. 사랑과 존중의 마음으로 젖을 먹이세요.

수유는 영양소만 먹여주는 것이 아니라 애착을 형성하는 일입니다. 애착형성에는 모유수유가 가장 좋지만 피치 못해서 분유를 먹여야 한다면, 우유병의 방향을 좌우로 바꿔가면서 아기에게 눈을 맞춰주고 말도 해가면서 먹이는 것이 좋습니다.

3. 세심하게 반응하세요.

이것이 애착관계에 관한 연구에서 얻어낸 가장 중요한 발견입니다. 부모가 세심하게 반응해준 아이들일수록 더 안정적인 애착관계가 만들어집니다.

4. 따뜻한 손길로 보살펴주세요.

스킨십은 모든 아이들에게 필요합니다. 아기가 잘 자라길 바란다면 너무 당연한 일이지요. 안아주고 옷을 갈아입히고 아기 몸을 만지고 마사지해주는 것들이 다 아기들의 욕구를 충족시킵니다.

5. 안전한 잠자리를 마련해주세요.

육아는 하루 24시간, 주 7일을 꼬박 하게 되는 경험입니다. 함께 자든 따로 자든 아기들에게는 부모가 곁에 있고 안전하다는 느낌이 드는 잠자리가 필요합니다. 아기들과 따로 자는 부모들도 마찬가지로 함께 잘 것처럼 잠자리를 챙겨야 합니다. 모유를 먹는 아기가 그런 것처럼 부모와 함께 자는 아기가 더 오래 깊은 잠을 잔다는 연구결과도 있습니다. 더군다나 부모가 의자나 소파에 있다가 그대로 잠드는 것은 위험합니다. 국제애착육아협회의 인터넷 사이트에는 안전한 잠자리에 대한 안내가 있습니다.

6. 꾸준하고 다정하게 보살펴주세요.

아기들에게는 애정 어린 마음으로 반응해주는 양육자의 꾸준한 보살핌이 필요합니다. 돌보는 사람이 자주 바뀌면 안정적인 애착형성에 아주 해롭습니다. 일차 양육자가 직장에 나가는 경우에는 믿을 만한 보모를 집으로 오게 해서 아이를 맡기거나 선생님 한 사람당 돌봐야 할 아이의 수가 적고 자주 바뀌지 않는 외부 보육시설에 맡기는 것이 좋습니다.

7. 긍정적인 훈육을 연습하세요.

긍정적인 훈육의 목적은 유대감과 믿음, 공감은 보여주되, 적당한 한계를 가르치는 것입니다. 폭력이나 강압, 체벌이나 어떤 다른 형태의 벌을 주기보다는 오히려 내적 규율을 가르치는 것입니다.

8. 개인의 삶과 가족의 삶 사이에 균형을 지키세요.

삶을 단순화하면 스트레스가 적어집니다. 너무 많은 일정을 잡지 마세요. 우리 몸과 마음, 영혼을 돌보고 충전할 시간을 찾으세요. 부모가 탈진하면 아이들이나 배우자에게 줄 수 있는 것이 아무것도 없습니다. 균형의 유지는 목적이 아닌 과정임을 이해하세요.

attachmentparenting.org

딸을 통해 느꼈던 대리만족

"우리가 조금이라도 더 여성스러워지기를 바랐던 욕망을 서로에게

실토하기까지는 몇 년이란 시간이 걸렸다."

어느 따뜻하고 편안한 오후, 햇빛이 얼비치는 낡은 교회 복도를
걸어 들어가면서 베데스다가 물었다.

"엄마! 여기서 나 하는 거 지켜볼 거야?"

나는 세 살짜리 딸을 두 팔로 안아 올리면서 대답했다.

"여기서는 안 돼. 대신 저 옆방에서 기다릴게. 약속해."

발레학교 원장선생님은 아이들이 수업하는 데 방해가 된다고 엄
마들에게 탈의실에서 기다리라고 했다. 엄마들은 탈의실에서 쇼가
끝나고 돌아오는 주인공들에게 잘 보이려던 19세기말의 퇴폐적인
귀족들처럼 아이들을 기다렸다.

엄마들은 입에 헤어핀을 물고 밴드와 리본으로 딸들의 머리에

서 빛이 날 때까지 꾸며주었고, 엄마들의 모성애 덕분에 자존감이 한껏 올라간 딸들은 순순히 머리치장이 끝날 때까지 기다리곤 했다. 나는 엄마가 축구화 끈을 묶어 주는 아들들이나 엄마가 밀어주는 그네를 타고 있는 아이들의 얼굴에서도 그 아이들과 똑같은 표정을 본 적이 있다. 딸을 위해 주는 것이 내 자존감을 떨어뜨리는 것은 전혀 아니었다. 나는 오히려 직장에서 얻는 성취감만큼이나 충족감을 느낄 수 있어서 아주 신이 났었다. 표현하지 않는 사랑이 무슨 가치가 있겠는가?

나는 전문가는 아니었지만, 솜씨를 내어 딸의 머리모양을 꾸며주고 강아지처럼 꼬무락거리는 몸에 분홍색 발레복을 입혀주었다. 아기돼지처럼 앙증맞은 발에 발레화를 신은 베데스다가 무릎 위에 가지런히 손을 얹고 등을 곧추세우고 앉아서 시작 시간을 기다리는 친구들 곁에 가서 앉는 걸 보면서 내가 더 긴장하곤 했다. 발레선생님은 초로의 할머니였다. 베데스다는 학생들에게 두부를 프랑스어인 데리에르라고 부르라고 가르쳐준 그 선생님을 정말 좋아했다.

나는 에바의 엄마인 섀넌과 번갈아 가며 우유박스 위에 올라가서 작은 창문으로 수업장면을 훔쳐보다가 선생님에게 한소리를 들었다. 우리는 하는 수 없이 탈의실로 돌아와 문틈으로 새어나오는 쇼팽의 음악을 들으며 소녀시절의 추억을 이야기했다. 직장에 다니는 섀넌은 여섯 살 때 몸에 맞지도 않는 발레복을 입고 발레를 배웠고, 나는 양육의 의무에서 벗어나고 싶어 하던 엄마 때문에 발레교실이 있는 건물의 차가운 강당에 홀로 버려지다시피 했었다. 우리가 긴 목, 부드러운 팔 동작, 실크로 된 튤 같은, 발레리나의 꿈 속에서 길을 잃고 싶었던…… 그렇게 조금이라도 더 여성스러워지고 싶었던 욕망을 서로에게 실토하기까지 몇 년이란 시간이 걸렸다. 적어도 무용에 대해서만큼은 그랬다.

어찌 보면 그것이 엄마들만이 경험할 수 있는 아주 후한 선물인 것 같다. 부모님에게 물려받은 육아 견본을 바꿔서 우리 자신의 어린 시절 상처를 치유 받을 기회를 얻을 수 있었으니까. 섀넌이나 나나 딸들을 발레로 성공시킬 생각은 없었다. 다만 채워지지 못한 우리 안의 욕구가 딸들을 통해 해소되기를 진심으로 바랐다. 모든 소녀들이 다 그렇지는 않았겠지만, 우리는 그랬고 기쁨에 겨워하는 딸들에게서 만족감을 느꼈다.

베데스다는 매번 발레수업을 무도회인양 기다렸다. 집에서 열심히 돌기 연습을 하다가 탁자나 벽에 부딪치기도 했다. 그런 딸을 보면서 나는 영화 〈아메리칸 뷰티〉에서 "가끔은 세상이 너무나 아름다워서 견딜 수가 없어, 내 심장이 무너질 것 같아."라고 했던 알란 볼의 대사가 생각났다.

베데스다는 그 낡은 교회 강당에서 처음으로 정식교육을 받았고, 처음으로 여성성을 경험했다. 또 거기서 배운 유아발레, 여자아이들과의 우정을 통해 사회화의 기초를 배웠다. 아이들은 서로 친구의 드레스나 인형을 칭찬해주었고, 신데렐라 놀이를 하면서 차례를 기다리는 법을 배웠으며, 주변 어른들을 보면서 함께 나누는 사회의 유대감을 알게 되었다. 선생님이 '베데스다는 이기심이 전혀 없고 늘 뒤처지는 아이들을 도와주려고 멈춰 서는 아이'라고 칭찬했을 때 나는 가슴이 벅차올랐다.

1년쯤 지나 우리가 도시에서의 삶에 지쳐서 시골로 이사했을 때 놀랍게도 나는 베데스다를 새로운 발레교실에 등록시켜야 한다는 사실이 너무 슬펐다. 부모들이 생활전선에 내몰려 가족이 해체되다시피 한 지금은 정서적 유대감을 만들 기회가 거의 없다. 그래서 그 발레학교에서 길러진 공동체의식은 값을 매길 수 없을 만큼 소중한 것이었다. 아마 남자아이들도 마찬가지일 것이다. 그때 만난 엄마들과 어린 딸들은 내가 가장 사랑하는 여성적인 특징인 '우아하고도 친밀한 관계에 대한 욕구'의 상징이었다. 베데스다와 나는 아직도 그들이 그립다.

내 생명의 은인

"나는 사랑을 계속 피해 다니면서도 친밀함을

거의 받아들이지 못하는 나 같은 남자들만 골라서 만났다."

나는 한때 극심한 절망감에 빠져서 날마다 서서히 저물어가는 해를 바라보면서 두려움에 떨었다. 일하는 낮 동안에는 조절 가능했던 감정들이 밤만 되면 빠른 속도로 풀려버려서, 내가 간신히 의지 하나로 버티고 있는 것 같았다. 그 불안감은 너무나 끔찍했다. 새벽이 밝을 때까지 잠 들지 못할 때도 많았고, 마치 뜨거운 철판 위에 누워 있는 것처럼 안절부절못했다. 우울증은 무기력할 때만 나타나는 것이 아니다. 집중을 방해하는 강박감 때문에 인생을 송두리째 망쳐버릴 수도 있다. 내가 그것을 피해 도망친 곳이 바로 일이었다. 무기력함의 반대인 일이 삶에 대한 게걸스러운 욕망을 불러일으켜서 하루 24시간도 모자라게 느껴질 정도였다.

나는 몇 년 동안 일주일에 7일을, 그것도 생일이나 공휴일은 물론이고 심지어 크리스마스나 설날에도 일을 했다. 아침부터 오후 내내 일을 하다가 저녁을 먹고 나서 다시 일을 하는 식이었다. 나에게는 삶이 마치 우물에 빠진 나를 스스로 밧줄을 내려서 끌어올려야 하는, 끝없는 훈련처럼 느껴졌다. 나에게는 그 밧줄이 바로 일이었다. 내 친구들도 다 나처럼 중독이나 정신병, 충격적인 사별, 폭력의 경험 등 자신의 어두운 내적 세계를 감추기 위해 일에 빠져 살았다. 삶은 온통 위장이고 가식이었다. 자살 문제가 특히 극복하기 어려웠다. 첫 키스를 했던 남자아이, 동성애자로 한없이 친절했던 친구, 그리고 대외적으로는 성공가도를 달리고 있던 남동생까지…… 그들의 이야기는 자살에서 끝이 났지만, 그들과 사별한 유가족들의 이야기는 그때부터 시작이었다. 그들의 수도 급속히 늘었다. 영향력이 가장 컸던 사람이 정서적으로 가장 큰 타격을 입었다. '평범함'을 하찮게 보는 믿음이 문제였다.

내 지인들에게는 스트레스가 중요한 입지의 표시같은 것이었다. "나는 스트레스를 받는다, 고로 존재한다."인 것처럼 우리에게는 스트레스가 책임감이나 매력, 영향력이 있다는 뜻으로 통했다. 그리고 내가 아는 모든 이들이 언제나 스트레스에 시달렸다. 명예나 입지와 무관한 일에는 다들 시간이 없었다. 자녀들을 무시했고 다른 이들과의 관계도 압박감 때문에 틀어졌다. 이혼이 결혼보다 많아졌고, 거의 모든 관계들이 불륜이나 무심함, 강박으로 얼룩졌다. 그런데 그런 면에서 내가 달랐던 점은, 인간관계에 별 관심이 없었다는 것이다. 나는 사랑을 계속 피해 다니면서도 친밀함을 거의 받아들이지 못하는 나 같은 남자들만 골라서 만났다. 그때는 내가 뭘 하고 있는지 모르겠다고 고백하는 것보다 상대방에게 참을 수 없는 단점이 있다는 핑계를 대고 몇 주 만에 헤어지는 것이 훨씬 쉬웠다.

나는 나 자신을 보호해줄 가짜 자아를 만들었고, 덕분에 많은 관심을 받았다. 그래서 숨이 막혀 죽을 지경이 되기 전까지는 전적으로 가짜 자아로만 살았다.

내 의식의 전환점은 내가 약혼자에게서 돌아섰을 때였다. 처음 겪는 일도 아니었는데 집에 돌아왔을 때 나는 새삼스럽게 내가 정말 도움이 필요한 상태라는 것을 깨달았다. 사실 그동안 내가 만났던 남자들은 거의 다 엄청나게 문제가 많았다. 그런데도 나는 그런 남자들이 오히려 '고뇌하는' 매력이 있다는 착각에 빠져 있었다. 하지만 그들 모두와 연결된 사람은 바로 나였고, 내 선택을 내가 책임져야 할 때가 왔던 것이다. 내가 몇 년 동안 일중독에 빠져 냉소적으로 사는 것을 문제가 많은 그들 탓이라고 정당화했다. 슬픔, 불면증, 거식증에도 더 이상 관심이 없었다. 내가 좋아하지도 않는 사람들이 날 어떻게 생각할지에 신경 쓰는 것에도 지쳐 있었다. 내가 방치했던 나, 무너지기 전의 소녀, 모욕에도 반응하지 않는 자유를 되찾고 싶었을 뿐이다.

나는 결국 상담사를 찾았다. 어떤 상담사는 단 한 번의 만남으로 날 "도로시 파커와 똑같다."고 단정했고, 나를 뚫어져라 쳐다봤던 남자는 내 인생보다 처방해줄 약의 생화학적인 반응에만 관심이 있었다. 그 다음에 만난 여자 상담사는 너무나 배려심이 깊고 객관적이어서 마치 달라이라마와 대화하는 느낌이었다. 하지만 정작 내 목숨을 구해준 사람은 심리학자인 피터였다. 그는 내 말을 정말 귀담아 들어주었다. 나를 흥분하게 했던 그와의 첫 상담은 아직도 기억에 생생하다.

그는 조용히 "무척 화가 나셨군요. 제가 도와드릴 수 있습니다." 하고 말했다.

중간에 18개월쯤 쉬기도 하고, 어떤 때는 일주일에 두 번씩 만나기도 하면서 상담은 7년 정도 이어졌다. 친구들은 내가 상담을 받는다는 사실에 놀랐지만 나는 그것이 이상하다거나 내게 불리하다고는 생각하지 않았다. 오히려 그 상황의 독특한 친밀함에 매료되었다. 그리고 상담이 끝나면 내가 어떻게 달라져 있을지, 상담하는 동안 어떤 것을 발견하게 될지가 정말 궁금했다.

온몸이 떨리도록 운 적도 있었다. 퉁퉁 부은 눈으로 딸꾹질까지 하면서 오한으로 덜덜 떠는 날 위로하려고 그가 내 어깨에 손을 얹었을 때 나는 "만지지 마세요!" 하면서 화를 냈었다. 어떤 때는 둘 다 의자에 딱 달라붙어버린 것처럼 앉아서 서로 정전기처럼 은밀한 느낌을 주고받으면서 말보다 더 유창하다는 생각을 했다. 나는 피터가 나를 도와줄 수 있다는 걸 눈곱만큼도 의심하지 않았다.

그가 도심에서 뚝 떨어진 교외로 상담실을 옮겼을 때도 나는 기꺼이 거기까지 찾아다녔다. 버스를 두 번이나 갈아탔다가 다시 기차로 바꿔 타고, 내려서 20분이나 걸어야 했는데도 나는 눈보라와 비를 맞으면서까지 그를 만나러 다녔다. 기차 시간 때문에 일찍 도착하면 그를 기다리면서 담 뒤에서 들려오는 테니스 경기에 빠져들기도 했다. 그곳에서 나는 천 개피의 담배를 피웠고, 아이처럼 꿈을 꾸었다.

피터는 혼돈에 이골이 나서 절망이나 두려움에도 별 자극을 못 느끼는 나의 내면에 집중했고, 분노와 엄청난 충격의 저변에 존재한다고 믿는 어떤 깊은 자아를 찾는 것 같았다. 나는 그때까지 지속적인 관심의 대상이 된다는 것이 어떤 느낌인지 전혀 몰랐기 때문에 처음에는 불편했다. 하지만 나중엔 집에 가는 것처럼 편안해졌다. 1998년 이스라엘의 연구원들이 전기 빔을 이용해 관찰이라는 행위가 관찰당하는 사람의 본질을 바꾼다는 것을 발견했다. 관찰 기간이 오래 지속될수록 관찰자가 관찰 대상에게 미치는 영향이 더 컸다. 덕분에 나는 서서히 나를 안 좋게 봤던 부모님의 눈이 아니라 피터의 눈으로 나를 보기 시작했다. 나의 가치는 순종하는 자세 또는 어떤 업적으로 평가되는 것이 아니라 그냥 내 존재 자체로 받아들여졌다. 나는 내가 정말 좋아지기 시작했다.

피터가 부렸던 마술은 어떤 공식에 따른 것도 아니고, 그렇다고 내가 따로 항우울제를 먹었던 것도 아니다. 가르치거나 조정하려고 하지 않고 다가온 그의 인내와 정직, 기본적인 친화성과 믿음, 결론적으로는 사랑 등의 요인들로 빚어진 혼합물이었다. 물론 전문적인 표준화가 꼭 필요하다. 하지만 가장 좋은 치료법은 결국 사랑에 근거한 것이라는 말이다.

시작할 때 느꼈던 조급함은 차차 친근함으로 바뀌었고, 나는 그것이 우리가 해야 할 일을 다 끝냈다는 뜻임을 깨달았다. 나는 더이상 성경에 나오는 롯의 아내처럼 뒤돌아보고 싶지 않았다. 그리고 처음으로 미래가 훨씬 더 즐거워 보였다. 내가 잘 적응하고 있다는 것이 확인될 때까지 상담은 일주일에 한 번에서 격주에 한 번으로, 다시 한 달에 한 번으로 바뀌었다. 완벽하지는 않았지만 그것으로 충분했다. 인생은 좋았고 나도 괜찮았다.

우리는 친구도 아니고 동등한 관계도 아니었지만, 계속 연락을 주고받았다. 피터는 나에게 부모와 같은 범주에 드는 존재였다. 그는 나의 모든 것을 알고 있었다. 내가 그에 대해서 알고 있는 것은 고작 그가 부인을 열정적으로 사랑하고 똑똑한 세 딸을 두었으며 스쿠버 다이빙을 좋아한다는 것밖에 없었지만. 그래서 이메일에서 우연히 그가 재즈를 좋아한다고 했을 때 나는 깜짝 놀랐다. 재즈라니? 나는 그때 내담자들은 상담사에 대해서 잘 모르는 편이 낫다는 것을 깨달았다. 내가 아는 피터는 회전의자에 벽을 등지고 앉아 있는 사람일 뿐이어서 거기에 재즈가 끼어들 자리는 없었던 것이다. 아직도 나는 그가 삼차원으로 존재하는 사람이라는 것을 받아들이기가 어렵다. 그런 면에서 그는 나에게 어머니 같은 존재이다. 물론 그가 상담실 밖에서도 존재한다는 사실을 부인할 수는 없다. 하지만 나는 그가 영원히 내 편이기를 바란다.

나는 지금도 가끔 심리학자들에게 상담을 받는다. 상담은 이미

끝났지만 필요할 때마다 해당 분야의 전문가를 찾아가곤 하는 것이다. 나는 이것을 정신의 부분 땜질이라고 생각한다. 하루에 두 갑씩 피우던 담배를 끊게 해준 중독전문가 스카이, 남동생이 자살한 뒤 나를 이끌어준 존, 딸이 햇빛에 화상을 입게 되었는데도 미처 주의를 기울이지 못했다는 죄책감에 시달리던 나를 웃게 만들어준, 한없이 부드러운 모성상담사이자 아동상담사인 니콜라 등이 그들이다.

나는 무능한 것이 어떤 느낌인지 더 이상 기억나지 않는다. 나는 이제 어떤 위기가 와도 내가 견뎌낼 수 있다는 걸 안다. 나는 여전히 열정적으로 일에 매달려 살고 있지만, 이제는 멋진 남편, 예쁜 딸과 시간을 보내고 즐길 줄도 알게 되었다. 그리고 내 생애 처음으로 요리를 만들어 먹고, 마음 편히 잠을 자고, 실컷 즐기기도 하며 때로는 빗소리를 들을 때도 있다. 나는 이렇게 모든 면에서 나만의 정원을 가꾸고 있다. 그리고 어느 도시에서는 한 남자가 다른 누군가를 살고 싶은 마음이 생기도록 돕고 있을 것이다.

피터에 대한 나의 감사는 영원하다.

5분의 아침포옹

"공감을 표현해주세요.
그러면 아이들이 오히려 울음을 터뜨릴지도 모릅니다."

임상 심리학자 로라 마크햄은 세계적으로 가장 사랑받는 양육전문가 중 한 사람이다. 그녀는 ahaparenting.com이란 사이트를 통해 자녀들과의 관계가 파괴적이거나 보람 없고 따분하다고 느끼는 엄마들에게 유용한 정보를 제공하고 있다. 또 내가 갓난아기가 있는 엄마들의 필독서로 추천했던 책『평화로운 부모, 행복한 아이들: 소리 지르기를 멈추고 교감하는 법』의 저자로 지금은 육아코치로 활동하고 있다. 그가 하는 일의 핵심은 '관계'와 '양육책임'이다. 관계가 없이는 상호협동이 이루어질 수 없고, 아이들은 자신을 통제하는 법을 부모의 사례를 흉내 내는 것에서 배우기 때문이다.

그녀는 훈계가 부모와 자녀 사이의 유대감을 깨뜨리기 때문에 훈계를 하겠다는 생각을 버리고 친절하게 공감해주면서 한계를 제시하라고 권한다. "아주 어려서부터 훈계를 해온 부모의 경우에는 훈계할 때마다 아이를 밀어내는 것입니다. 그러다 보면 자기도 모르게 서서히 아이를 통제하는 힘을 잃게 됩니다. 겁을 주고 타임아웃을 정해 벌을 세울 수 있을 때까지는 아이들이 부모의 지시를 따르지요. 하지만 그때마다 부모의 말을 들으려는 의지는 조금씩 줄어듭니다. 대여섯 살만 돼도 덩치가 커져서 움직임을 감당하기 어렵고 반항적인 태도가 심해지지요." 그녀는 mothering.com 등 여러 사이트에서 활동하면서 방송사 폭스의 아침 프로그램과 CNN, 그리고 라디오방송의 게스트로 수도 없이 출연해왔고, 그녀의 통찰력이 담긴 일일 소식지는 3만여 명의 독자들에게 배달되고 있다. 오랜 결혼생활을 유지하면서 자녀 둘을 둔 그녀는 비통했던 유아기의 경험을 자신만의 연금술로, 더 좋은 세상을 만들어가는 아동철학으로 바꿔가고 있다.

　　작가　저는 엄마인 저의 화약고가 텅 빈 것을 깨달았습니다.

　　마크햄　사실 모든 사람들의 화약고가 비어 있지요!

　　작가　피곤할 때마다 "이제 그만! 네 인형 집을 어딘가에 줘버릴 거야!" 하면서 너무나 유치하고 바보 같은 말을 애한테 퍼붓고 발악하는 저 자신을 발견합니다. 그런데 아이도 피곤해서 저와 맞붙으면 완전히 멍청이들 사이에 화염이 치솟지요. 선생님께서는 쉬는 시간이 얼마나 중요한지에 대해서 자주 말씀하셨는데, 그게 늘 가능한 것 같지는 않아요. 어떤 때는 정말 너무 많은 것들이 켜져 있는 느낌이 듭니다.

마크햄 수많은 임무를 다 감당하면서 좋은 부모가 되기란 정말, 정말 어렵습니다. 미리미리 해치울 수 있으면 좋겠지만 하루하루 너무 바쁘다 보니 그럴 여유가 없지요. 그러니 아이들까지 신경에 거슬리는 것이지요. 하지만 그렇게 바쁜 시간들 때문에 부모가 치러야 하는 대가는 '이성을 잃어버리는 것'뿐입니다. 한 주 한 주가 그렇게 바쁘게 이어지고 있다면 내 삶이 뭔가 잘못되었다는 신호라고 생각해야 합니다. 그럴 땐 중요한 결단을 내려야만 합니다.

작가 저는 늘 제가 먼저 화약고를 터뜨려놓고 아이에게 사과하곤 합니다. "소리 질러서 정말 미안해. 엄마가 너무 피곤하고 힘들어서 그랬던 것 같아. 바보처럼 굴었던 엄마를 용서해줄래? 너는 그런 대접을 받을 이유가 조금도 없어." 하면서. 베데스다도 그런 상황을 잘 넘기는 편입니다. 언쟁이 끝나면 제 곁에 와서 "우리 친구하자."라거나 "나도 소리 질러서 미안해. 괜히 스트레스를 엄마한테 풀었어."라고 말해주거든요.

마크햄 훌륭하네요. 엄마라고 늘 완벽해야 할 필요는 없습니다. 따님은 어떤 관계에서나 문제가 생길 수도, 화해할 수도 있다는 것에서 많이 배웠을 거예요. 아이들에게 다정하고 보람 있는 관계를 가르치려면 그들이 관계를 전체적인 관점으로 볼 수 있게 해주어야 합니다. 어떤 관계에서나 균열이 생기는 것을 피할 수는 없습니다. 사랑하는 사람들끼리도 의견이 다를 수 있고, 서로 상처를 주거나 균열이 생기기도 하며, 그 균열을 때우고 나면 다시 좋아질 수 있다는 것을 알아야 합니다. 그리고 자녀들에게 사과하는 것은 우리의 잘못을 스스로 바로잡겠다는 본보기가 되기 때문에 사과는 꼭 해야 합니다. 하지만 너무 사과할 일을 자주 만들면 부모의 신뢰가 무너진다는 것도 기억하세요. 그럴 때는 무엇 때문에 스트레스를 받고 있는지 스스로에게 묻고 해결책을 생각해야 합니다.

작가 저는 제가 무척 힘들었을 때 선생님에게 큰 도움을 받아서 감사하다는 말씀을 드리고 싶었습니다. 저는 가족을 둘이나 연이어 잃었고, 엄청난 빚에 시달리면서 압박감이 심한 일거리들에 짓눌려 있었습니다. 그리고 여덟 달 동안 앓아누워 있었고, 이사도 3번이나 했어요. 게다가 가족 간의 법적분쟁, 경제 불황 때문에 생긴 남편의 우울증까지…… 정말이지 더 이상 나빠질 수도 없을 만큼 최악의 상황에서 엄청난 스트레스를 받고 있었지요. 그래서 낮에는 남편이 아이를 봐주는 4시간 밖에는 일을 못해서 주로 밤에 아이를 재운 뒤에 일하곤 했지요.

그런데 제 스트레스 때문이었는지 딸까지 덩달아 잠을 못 이뤘고, 자다 말고 깨서 온 집안을 돌아다니기도 했습니다. 또 아이가 살리실산나트륨에 대한 예민반응이 있었는데 음식에 섞여 들어갔는지 잠을 못 잘 때가 있어서 스트레스가 얼마나 심했는지. 긴장감으로 두피까지 따끔거릴 정도였어요. 제가 모두를 지탱해줘야 하는데 제 몸이 먼저 망가지기 시작했죠. 저는 이성을 잃고 아이가 밖으로 나오기만 하면 엉덩이를 때렸습니다. 그러곤 죄책감으로 다시 미치기 일보 직전이 됐지요. 딸이 4살이 되기 전까지는 한 번도 언성을 높인 적이 없었는데 결국 체벌까지 하게 된 거예요.

마크햄 대부분의 부모들이 그래요. 자기가 탈진해서 오히려 밖에다 대고 화풀이를 하죠. 자기들도 그러고 싶었던 게 아닌데 순간적으로 분노에 사로잡히는 거예요. 그럴 때 할 수 있는 것이 바로 '멈춤'입니다. 말 그대로 멈추는 것, 가만히 입을 다물고 그 상황에서 벗어나는 것을 말합니다. 그렇게 그 자리에서 나왔을 때 아이가 더 난리를 피울 수도 있습니다. 따님처럼 잠을 못 자고 집안을 돌아다닐 정도라면 하룻밤 만에 해결될 상황은 아니지요. 그럴 땐 시간을 더 가져야 해요. 한 달이 넘게 걸릴 수도 있습니다. 하지만 이성을 잃는 것은 당신 스스로 멈출 수 있습니다.

작가 저에게는 한 달이라는 시간조차 없었습니다. 정말로요! 마무리해야 할 계약이 두 건이나 있었고 빚도 갚아야 했어요. 남편이 우울증을 앓고 있어서 저 자신을 너무 다그쳤던 것 같습니다. 언젠가 아이를 때려놓고 제가 그만 무너져버린 적이 있습니다. 그날은 너무너무 화가 나서 아이를 잡는다고 온 집안을 쫓아다녔어요. 그런데 그때 아이가 "엄마는 나를 때리면서 교육한다고 생각하겠지만, 그건 날 더 화나게 만드는 거예요."라고 하더군요. 저는 그 말을 절대로 잊지 못할 거예요.

마크햄 우와.

작가 (울음) 저는 베데스다에게 항상 내 감정은 내 것임을 이해시키고 필요한 것이 있으면 분명하게 설명하라고 가르쳤습니다. 그런데 그 작은 사람이 제 앞에서 거울을 들어 보였고, 저는 그걸 보고 큰 충격을 받았던 것이지요. 그래서 저는 정말이지 30년 만에 처음으로 기도를 했습니다. 더 이상은 어떻게 해야 할지 알 수 없었거든요. 베데스다는 제 인생에 단 하나뿐인 보물인데 그 아이를 제가 실망시켰던 겁니다. 그 뒤에 저는 인터넷을 통해 선생님을 찾아냈습니다. 그리고 몇 년이 지난 지금, 선생님 앞에서 그날 일을 이야기하고 있습니다. 그 순간부터 모든 것이 바뀐 것이지요.

마크햄 훈계와 벌은 신뢰를 무너뜨립니다. 만약 당신이 남편이 좋아하지 않는 일을 했을 때 남편이 "이제 끝장이야. 당신이 좋아하는 물건들을 전부 기부해버릴 거야!"라거나 "당신한테 벌을 주겠어!"라고 한다면 어떤 기분이 들까요? 아이들에게도 인격적인 대우를 해야 합니다. 저는 새어머니한테 구석에 서 있으라는 벌을 받곤 했지요. 새어머니는 벌을 세운 뒤에 저한테 뭘 배웠는지 말해보라고 했어요. 저는 그때마다 앵무새처럼 그녀가 듣고 싶어 하는 대답을 해줬어요. 하지만 지금은 그녀가 가르쳐준 게 단 한 가지도 기억나지 않습니다. 단지 제가 기억하는 것은, 제가 새어머니에게 격분했었다는 것뿐입니다. 저는 벌을 서는 내내 새어머니가 얼마나 끔찍한 사람인지, 그리고 죽어도 그녀와는 화해하지 않겠다는 생각을 하면서 이를 박박 갈았습니다. 저는 정말 오랫동안 그녀를 증오했습니다. 더 어이가 없었던 것은 벌을 주고 나서 그녀가 저를 안아주기까지 했다는 것입니다! 부모들은 종종 "아이에게 벌을 세웠다가도 끝나고 나서 안아주면 다 괜찮아진다!"고 생각합니다. 하지만 그렇지 않습니다. 그 부모의 아이들은 그랬을지 모르지만, 대부분의 정상적인 아이들에게는 그런 방법이 통하지 않습니다!

작가 말을 안 듣는 아이들은 실제로 뭘 하는 걸까요?

마크햄 말로 표현하지 못하는 감정을 몸으로 대신 표현하는 것이지요. 아기들은 말을 못 하니까 우는 거예요. 그런데 말을 할 줄 아는 아이들도 자기감정을 어떻게 말로 표현해야 할지 모를 때는 짜증을 내거나 다른 아이를 때리거나 해서 표출합니다.

작가 그때 아이들이 느끼는 감정은 무엇일까요?

마크햄 대개는 '두려움'이죠. 아이들은 자주 두려움을 느낍니다. 고통이나 두려움을 어떻게 해야 할지 몰라서 안전하다는 생각이 들 때까지 고스란히 쌓아두는 것입니다. 그런 기분은 집에서 벌어진 일 때문에 생길 수도 있고, 따님의 경우처럼 어른의 감정을 느끼고 거기에 반응한 것일 수도 있습니다. 애착관계가 끈끈한 아이들일수록 어른의 감정을 더 빨리 알아차립니다.

작가 선생님이 부모들에게 인생을 바꿀 수 있는 방법으로 웹페이지에 제안해주신 '사랑이 필요해'라는 게임은 저와 딸의 관계에서도 전환점이 되었습니다. 이 게임으로 여러분이 아이를 얼마나 사랑하는지 알려주세요. "엄마에겐 우리 딸의 사랑이 필요해, 넌 엄마에게서 달아날 수 없어, 널 껴안아 뽀뽀를 퍼부어줄래, 어머, 달아나버렸네, 계속 쫓아갈 거야, 널 더 많이 안아주고 뽀뽀해줘야 해, 하면서 아이를 쫓아가서 껴안고 뽀뽀하고 다시 달아나기를 반복해보세요."

마크햄 그 게임은 아이의 문제를 바로잡기 위한 것입니다. 문제는 대부분 아이에게 애착이 만들어지지 않았거나, 아이가 스스로 사랑받는다고 느끼지 못해서 생기는 것이지요. 그래서 아이가 즐거워하는 게임을 하면서 사랑을 표현하도록 하는 겁니다. 웃으면서 게임을 하다 보면 교감호르몬인 옥시토신이 다량 분비되면서 부모와 더욱 친밀해지고 더 많은 교감이 이뤄져서 자신이 부모에게 정말로 사랑받고 있다는 걸 믿게 됩니다. "나는 네가 필요해! 나는 너를 안아줘야 해! 나는 너에게 뽀뽀를 퍼부어야 해! 앗, 달아나버렸네! 쫓아갈 거야! 왜 그렇게 빨라? 왜 그렇게 힘이 세니? 너는 항상 잘도 달아나는구나! 안 돼, 너를 잡고 말 테야!" 등의 말을 해주고, 아이를 잡으면 안아주었다가 다시 놔주기를 반복하기 때문이지요. 부모가 아이를 사이에 두고 "안 돼, 항상 당신만 안아주잖아, 나도 안아주고 싶어!" 하면서 실랑이를 벌이면 아이는 갓 태어난 동생이 있어도, 어젯밤에 엄마에게 야단을 맞았어도 "그래. 난 사랑받고 있어!"라고 생각합니다.

작가 당신의 유년기는 어땠나요?

마크햄 제 아버지 에머슨 마크햄은 대대로 책을 많이 읽는 집안에서 태어났습니다. 우리 집안에선 책을 대단하게 취급했어요. 아버지는 평생을 연방정부를 위해 평화봉사단, 참전군인회, 빈민지구 파견 자원봉사, 국가와 지역을 위한 봉사단체 등에서 일하셨습니다.

작가 베푸는 분이셨군요.

마크햄 맞습니다! 저는 아버지가 "너는 널 사랑하는 부모를 둔 축복을 받았고 먹고살 걱정도 없고 머리도 좋으니 그것을 더 나은 세상을 만드는 데 써야 한다!"라고 했던 말씀이 제일 좋았습니다.

작가 저도 딸에게 '너는 행복할 운명'이라고 말해주곤 합니다. 정말 악조건 속에서도 행복할 수 있으니까요.

마크햄 제 아버지도 그렇게 생각하셨어요. 어머니는 저를 가끔 유니테리언교회에 데려갔는데, 저는 거기서 베트남 전쟁이 얼마나 끔찍했는지, 시민 평등권 운동이 얼마나 좋은 것인지를 배웠습니다. 그 교회는 하나님과 예수님 얘기는 별로 안했고 신앙보다는 사회운동에 더 힘을 기울였지요.

작가 형제가 있으세요?

마크햄 네. 많습니다! 오빠와 남동생이 있어요. 제 부모님은 이혼한 뒤에 두 분 다 재혼하셨지요. 어머니와 새아버지 사이에 저보다 12살이나 아래인 남동생이 생겼어요. 저는 그 애한테 강한 애착을 느꼈고, 자주 제 방에 재우며 보살폈어요. 저는 아이 키우기에 대한 기본기를 그때 처음 배웠지요. 아빠와는 격주로 만났습니다. 아빠도 새어머니와의 사이에 딸 둘, 아들 하나를 두셨지요.

작가 그럼 모두 일곱이네요?

마크햄 네. 세 번의 결혼으로 그렇게 된 거예요! 제가 아는 4학년 아이들 중에는 부모가 이혼한 아이는 저밖에 없었습니다.

작가 저희 세대는 이혼이라는 파도에 완전히 쓸려나가 버렸는데, 그때만 해도 이혼이란 파도가 밀려오기 전이었군요. 선생님께서는 어머니의 사랑을 느껴보지 못했다는 말씀을 하신 적이 있지요?

마크햄 네. 아버지는 좋은 분이었어요. 저를 잘 키워주셨지요. 하지만 어머니는 그렇지 않았어요. 제 외할머니는 어머니를 임신한 것이 사고였다고 말했답니다. 애초부터 낳을 마음이 없었던 거죠. 그래서인지 외동으로 자란 어머니는 무척 외로운 아이였고, 외할머니에게 보호만 받았지 각별한 사랑은 받지 못했습니다. 사랑을 표현하거나 행동으로 보여주지 않았던 거예요. 외할머니는 임종 직전, 아주 젊었을 때 아기를 지운 적이 있다고 고백했습니다. 제 생각에는 외할머니가 그때의 상처가 너무 컸고, 스스로를 용서할 수 없어서 어머니를 낳고도 사랑할 수 없었던 것 같습니다. 단지 이유가 그것뿐이었는지는 모르겠지만요.

작가 어머니가 오빠나 남동생을 편애했나요?

마크햄 아니요! 절대 그렇진 않았어요. 첫 결혼에서 낳은 삼남매 중 저를 제일 좋아했어요. 나중에 새아버지와의 사이에서 낳은 남동생을 더 사랑한다는 생각도 들었지만, 제가 그 아이를 워낙 좋아해서인지 질투는 느끼지 않았습니다. 오히려 어머니의 사랑이 충분치 않다고 생각할 정도였어요. 저는 그 뒤에 아버지 집에 들어갔다가 다시 친구들과 살게 되면서 결국 그 아이와도 멀어졌습니다. 도저히 새아버지나 새어머니와는 같이 살 수가 없었거든요.

작가 혹시 새아버지에게 성적 학대를 당했었나요?

마크햄 네. 그랬습니다. 9살 때부터. 그래서 새아버지가 가까이 오기만 해도 울었죠. 하지만 어머니는 그 사실을 한참 동안 몰랐습니다. 16살 때 새아버지가 저를 다시 괴롭히기에 거부했더니 집에서 내쫓아버렸지요.

작가 그럼 그때는 어머니에게 얘기했나요?

마크햄 그 얘기는 좀 길고 복잡합니다. 제가 처음으로 집을 나온 게 15살 때였습니다. 그 날은 외할머니 외할아버지가 집에 와 계셨는데, 새아버지가 어머니에게 소리를 버럭버럭 지르면서 화를 냈습니다. 물론 그 전에도 그런 일은 자주 있었지요. 그래서 제가 "당신은 깡패야! 우리 엄마 좀 가만 내버려둘 수 없어?" 했더니 그가 제 머리를 향해 접시를 집어던졌습니다. 다행히 재빨리 피해서 다치지는 않았지만, 저 대신 벽에 걸려 있던 앤틱 그림이 찢어져버렸죠. 그러자 머리끝까지 화가 난 새아버지가 마구 때릴 듯이 저에게 덤벼들었습니다. 그때 오빠가 잽싸게 막아주었지요. 다들 그만하라고 소리치고 있었는데, 오빠 덕분에 계단으로 도망칠 수 있었습니다. 그날이 제가 처음으로 집을 나온 날이었습니다. 휴대전화도 없던 시절이라서 공중전화로 남자친구에게 전화해서 데리러 와 달라고 부탁했지요. 친아버지 집에 들어가봤지만 새어머니와는 잘 지내기가 힘들었습니다. 그러는 동안 오빠와 남동생들도 집에서 쫓겨났더라고요. 새아버지가 "로라 없이는 이 집에 의붓자식 같은 건 필요 없어!"라고 했다는 거예요. 결국 저는 집으로 돌아갔습니다. 그렇지만 돌아간 이유는 그리 단순하지가 않았습니다. 어머니가 계속해서 다 달라지고 나아질 거라면서 애원했고, 남자친구의 집 가까이에 있고 싶기도 했어요. 또 새어머니와 부딪히는 것도 싫었고 아끼던 의붓동생도 보고 싶었지요. 하지만 막상 집에 돌아갔더니 새아버지가 전보다 더 저돌적으로 다가왔고, 제가 다시 거부했더니 아예 집에서 내쫓아버렸던 겁니다.

작가 화 뒤에 있는 고통을 말씀하셨지요? 화는 고통의 가면이라고.

마크햄 네. 괴로움을 느끼면 누구나 기분이 나빠지니까 그런 기분을 회피하려고 합니다. 그 느낌이 우리를 응급상황에 빠뜨리지요. 인간만 그런 것은 아닙니다. 포유류는 다 그렇습니다. 특히 개들이 그래요. 개의 발등에 무거운 것을 떨어뜨리면 곧바로 물려고 달려듭니다. 고통은 그렇게 과격한 행동을 불러일으키지요. 위기상황으로부터 스스로를 보호하려는 것입니다. 그런데 말이 몸이 아니라 마음을 아프게 한다면 어떨까요? 그것 역시 과격한 행동으로 나타납니다! 고통을 줄여보려는 시도라고 할 수 있습니다.

작가 화를 내는 것이 건설적일 수도 있지 않을까요? 가령 한계를 설정해서 어떤 행동은 용납되지 않는다는 점만 명확히 한다면.

마크햄 물론입니다! 고통의 종류는 아주 다양합니다! 첫째는 '비탄'입니다. 어떤 의사가 우리가 사랑하는 사람을 살려내지 못했다면 화가 나겠지요. 둘째는 '두려움'입니다. 알려진 대로 큰 개들보다 작은 개들이 더 두려움이 많아서 더 자주 짖고 으르렁거립니다. 우리 역시 아이들에 대해서 그렇습니다. 아이가 어떤 잘못을 하면 그런 잘못을 계속해서 할까 봐 두려워집니다. 대소변을 영원히 못 가리는 건 아닐까, 살인자가 되지는 않을까 하면서. 그래서 '화'를 내게 됩니다. 셋째는 우리가 잘 언급하지 않는 '무기력'이란 감정도 있습니다. '무기력'은 경우에 따라 생사를 좌우할 수도 있는 아주 끔찍한 감정입니다. 작은 동물들은 거꾸로 뒤집히면 싸우겠다고 달려들거나 냅다 도망칩니다. 그러고는 바짝 얼어버리고 트라우마를 갖게 되지요. 그래서 끔찍한 기분을 느끼게 합니다.

작가 저는 분별력 있게 표현된 화는 자연스러운 것이라고 생각합니다. 저는 스스로 목숨을 끊은 사람들이나 중독으로 무너진 사람들을 많이 압니다. 그들은 한 사람도 예외 없이 자기한테 고통을 준 상대에게 화낼 줄 모르는 사람들입니다. 화를 내지 못하는 이유는 화내는 것이 잘못이라고 배워왔기 때문입니다. "부모를 존중하라"는 말을 "부모에게 복종해야 한다."로 잘못 받아들이는 것처럼요. 제 남동생은 우리 가족들을 잘 화합하게 해준 사람이었습니다. 반대로 저는 전투적이었지요. 그런데 정작 거기서 탈출한 사람은 남동생이 아니라 저였습니다.

마크햄 정말로 흥미로운걸요. 왜냐하면 저는 다른 형제들보다 전투적인 편이었는데도 정서적으로는 더 발달한 것 같거든요.

작가 선생님은 사랑의 전도사지만, 그럼에도 불구하고 모난 부분이 드러날 때도 있지 않나요? 복잡한 가족사가 있는 경우에는 성격이 모나지 않을 수가 없을 것 같아요.

마크햄 사실 결혼 초기에는 주로 남편한테 풀었던 것 같습니다. 저는 서른하나에 결혼했는데 그 전에 몇 번의 연애경험이 있었습니다. 저는 좋은 연애상대가 아니었습니다. 왜냐하면 제가 뭘 어떻게 해야 할지 잘 몰랐거든요. 저는 진지하게 사귀던 첫 번째 남자친구 몰래 바람을 피운 적도 있습니다. 아버지가 "너는 정말 똑똑한데 남자관계도 복잡하고 마약에까지 손을 대는 이유가 대체 뭐냐?"고 물어보셨죠. 그런데 저도 제가 왜 그러는지를 몰랐습니다! 남편에게도 제대로 사랑받고 있다는 느낌이 들지 않았습니다. 그래서 주기적으로 짜증을 내고 소리를 지르거나 화를 냈습니다. 다행히 남편은 제가 그럴 때마다 침착하게 대응해주었죠.

작가 좋은 분이네요.

마크햄 네, 정말 좋은 사람입니다. 아무튼 그러다가 저는 문득 나 자신이 내가 되고 싶어 했던 그런 사람이 아니라는 사실을 깨달았습니다. 물론 그 덕분에 나중에 제 경험을 바탕으로 다른 엄마들이 소리 지르는 것을 멈추도록 도와줄 수 있게 되었지만요.

작가 소리 지르기에 대해 말씀하셨는데, 저는 우리 내면이 경험하는 모난 부분에 대해 여쭤본 것입니다.

마크햄 처음에는 저도 모난 부분을 아주 능숙하게 포장했고 열심히 일하는 것으로 풀었습니다. 저는 누구보다도 열심히 평생을 그렇게 일하고 있습니다. 저는 계속해서 더 배우고 더 열심히 일하려고 합니다.

작가 선생님께서는 개인상담, 책 홍보, 텔레비전과 라디오 출연에다 손이 많이 가는 웹페이지까지 운영하시고, 두 아이를 키우시면서 결혼생활도 잘 해가시던데 자신을 위한 시간은 어떻게 찾으세요?

마크햄 그것이 제 평생의 숙제입니다. 읽고 싶은 책을 읽고 있으면서도 생산적이지 못하다는 느낌이 들거든요! 친구와 통화할 때도 마찬가지입니다! 정말 사랑하는 친구들하고도 지속적으로 연락하며 지내는 것이 제게는 사실 도전입니다. 저는 항상 "이메일을 보내야 해! 이 편지에 답장을 써야 해!" 하고 있지요. 그리고 그런 일들은 대개 봉사로 하는 일이어서 먹고살기 위해서는 따로 일을 해야 합니다. 제 경우, 나만을 위해 하는 일은 명상입니다. 명상을 시작하기 전에 속도를 늦추는 것에 저는 눈물이 날 것 같습니다. 그래서 처음에는 명상하는 내내 울었습니다.

작가 명상은 격식이 있는 휴식이지요. 그런데 저는 격식 없는 명상에 대해 말하고 싶어요. 탈진은 서구사회에서 심각한 문제입니다. 고질적이기도 하고 양육에 직결되어 있지요. 아기들이 제대로 자라려면 감성이 풍부한 엄마가 필요한데, 지금은 엄마들이 아기들을 유모차에만 태우고 다니면서 대화는 거의 나누지 않습니다. 아기를 유모차에 눕혀놓고 자기들은 조깅을 하고 음악을 듣고 문자를 보내지요. 이런 태도는 아기를 산책 나온 개쯤으로 대접하는 것입니다. 아기에게 애착이 만들어지도록 말을 걸어주거나 노래를 불러주거나 세상 살아가는 법을 가르쳐주지도 않습니다. 이렇게 모든 부분에서 애착관계가 단절되어 있습니다. 기술이 발달할수록 관계가 더 쉽게 단절됩니다. 저도 너무 피곤할 땐 딸을 밀어내고 TV만 들여다보게 됩니다. 그래서 저는 핸드폰이나 헤드폰, 라디오를 사지 않았고 텔레비전도 늦은 밤에 영화를 보기 위해서만 켭니다. 애착관계를 단절시키는 기술의 발달이 끼치는 여파는 정말 끔찍합니다. 지금 우리에겐 정보가 곧 화폐입니다. 하지만 너무 많은 아이들이 기계만 들여다보면서 기계에 정신이 팔려서 기계에만 반응하는 엄마들을 '소리 없음' 상태로 만나고 있습니다. 많은 엄마들이 가정과 직장에서 요구되는 일들에 일일이 대응하느라 극도의 스트레스를 받고 있기 때문입니다. 우리는 대체 어떤 삶을 살고 있는 것일까요?

마크햄 그 말씀에 공감합니다. 특히 미국 정부의 방침은 '가족친화적이 아니다'의 수준이 아니라 거의 '반가족적'이라고 느껴질 정도입니다.

작가 엄마나 아빠가, 또는 부모 둘 다 밖에서 12시간을 일하는 경우, 가족이 온전히 유지되는 것이 과연 가능할까요?

마크햄 그런 상황에서는 가족 간의 결속을 유지하기 어렵기 때문에 파탄 나버린 가족들이 정말 많습니다. 불행하게도 엄마들에게 전달되는 메시지는 '아이들은 집에서 엄마가 필요 없다.'는 것과 '완전한 사람이 되기 위해서는 여자들도 밖에 나가서 일해야 한다.'는 것입니다. 저를 오해하지는 마세요. 저도 페미니스트니까. 제가 여자들을 다시 부엌으로 돌려보내는 것이 해답이라고 말하려는 것이 아닙니다. 저는 아이들을 왜 꼭 엄마 등에만 업어 키워야 한다고 생각하는지 모르겠습니다. 저는 아빠와 엄마가 동등하게 함께 육아를 하고, 밖에서 일하는 것도 마찬가지가 되어야 제대로 된 양육이라고 생각합니다. 완전히 실현가능한 시나리오인데도 기업들은 변화하려는 의지가 전혀 없습니다.

작가 그럼 우리 삶을 휘어잡고 있는 기업의 힘을 어떻게 풀어야 남자들이 양육에 더 많이 참여하게 할 수 있을까요? 그래야만 하는 이유는 모든 아이들에게는 스트레스 없이 보호받을 권리가 있기 때문입니다.

마크햄 임상의였던 스탠리 그린스펀은 '4분의 3'이란 해법을 제시했습니다. 엄마와 아빠가 자는 시간을 뺀 나머지 시간 중 각자 3분의 1의 시간을 아이와 집에 있어 주고 나머지 3분의 2의 시간 동안 나가서 일한다면, 결과적으로 아이는 대부분의 시간을 집에서 부모와 보낼 수 있습니다. 그럴 경우, 나머지 3분의 1의 시간 동안 기관에 맡겨져도 성장에 문제가 생기지 않습니다. 해결책이 될 만한 괜찮은 제안이며, 해볼 방법도 많습니다. 그런데 그의 제안대로 하려면 기업에서 일자리 나눔을 시작해야 하고, 파트타임 인력을 위한 편익도 마련해야 하며, 아직까지 미국에는 없는 유급 산후 휴가와 유급 육아휴직을 허용해야 합니다. 그런데 지금은 고작 출산 후 6주의 건강보험 휴가만 쓸 수 있을 뿐입니다. 출산 후 얼마간의 시간은 엄마와 아기가 교감하는 데 꼭 필요한데도 출산이 고작 회복이 필요한 산모의 건강문제로 여겨진다는 뜻입니다. 그것도 월급의 3분의 2만 주면서, 겨우 6주 동안, 일부 직원들에게만, 그것도 여자들에게만 허용됩니다. 또 아기를 직접 낳았을 경우에만 가능하고 입양일 때는 적용되지도 않습니다. 정부정책에는 아직도 이렇게 많은 변화가 필요하고, 그것이 미치는 영향은 아주 심각합니다.

작가 엄마들이 지역구 정치인들을 만나고 국회의원들에게 이메일이나 편지를 보내서 요구사항을 알려야 하는 것 아닐까요?

마크햄 물론입니다.

작가 선생님께서는 '힘든 사춘기'는 '완전히 불필요한' 기간이며, 사춘기는 욕구를 충족시켜주지 못한 부모의 양육 스타일에서 비롯된 것이라고 하셨지요?

마크햄 예. 부모들은 청소년으로 산다는 것이 어떤 것인지 까맣게 잊어버렸습니다. 부모들이 사춘기 아이들에게 소리를 지르면 그 소리는 그대로 되돌아올 뿐입니다. 그보다는 "아무개야, 지금은 모든 게 너무 힘들 거야. 나도 정말 안타까워." 하고 공감해주세요. 그러면 아이들이 오히려 울음을 터뜨릴지도 모릅니다! 그들에게 필요한 것은 바로 공감이기 때문이지요. 울어서 풀어야 합니다. 그래야 그들이 겪고 있는 스트레스를 부모들에게 말할 수 있습니다. 지금의 청소년들이 느끼는 스트레스가 그만큼 크기 때문입니다.

작가 그런데도 많은 부모들이 여전히 아이들의 행동 때문에 가족들 간에 균열이 생겼을 때 아이들에게만 벌을 주거나 아이들을 외면합니다.

마크햄 네. 하지만 그것 때문에 관계가 완전히 깨져버리지요.

작가 제가 끔찍이 서투른 엄마들을 알고 있습니다. 하지만 그들에게 대놓고 그렇다는 말을 할 수는 없습니다. 엄마들 사이에는 그 엄마가 아무리 무능하고 그 집 아이들이 아무리 고통을 당하고 있더라도 그것에 대해 가타부타하는 것은 무례한 짓이라고 여기는 무언의 협정 같은 것이 존재하거든요. 그래서 다들 판단을 보류하게 되고, 그 때문에 그 아이들은 무자비한 학대에서 벗어나지 못하는 것입니다. 이제 아이들 탓을 멈추고 그들을 제대로 봐야 합니다. 아이들은 우리가 지닌 사랑의 능력을 비추는 거울일 뿐입니다.

　마크햄 자기 행동에 대한 책임을 회피하는 부모들이 많은 이유는 그들이 너무나 끔찍한 일을 저질렀기 때문입니다. 양육은 정말 성스러운 책임입니다. 그런데 자기 자녀들에게 상처를 주는 부모가 어떻게 마음이 평화로울 수 있나요? 그런데도 대부분의 부모들은 당신처럼 하지 않습니다. 당신은 딸을 때리다가 스스로를 믿을 수 없어서 멈추고 도움을 구했지만 대부분의 다른 부모들은 그렇게 하지 않습니다. 자기 아이에게는 훈육이 필요했다고 합리화하면서 체벌이 아이의 행동을 고치는 데 도움이 되었다고 믿는 것이지요. 그러나 모든 연구조사에서는 체벌이 행동을 고치는 데 결코 도움이 되지 않는다고 밝혔습니다.

　작가 저도 체벌이 도움이 된다고 믿지 않습니다. 돌이켜보면 제 안에 쌓여 있던 공격성이나 스트레스를 푸는 데만 도움이 됐지 장기적으로는 수치심 때문에 죽고 싶은 마음이 들게 했던 것 같습니다. 아이와 저의 요구사항이 서로 달랐지요. 저에게 딸이 필요했을 때는 딸이 제 말을 들어주지 않았고, 반대로 딸이 저 때문에 스트레스를 받고 있고 따뜻한 관심이 필요하다고 온몸으로 표현했을 때는 저에게 보여줄 수 있는 따뜻함이나 애정이 동나 버렸다는 것만 드러냈습니다. 저는 그때 정말 탈진해 있었고 완전히 제정신이 아니었습니다. 저에게도 따뜻함과 애정이 필요했는데 아무 곳에서도 얻을 수 없었지요!

마크햄 부모들은 자기가 나쁜 사람이 아니라고 생각하기 때문에 자녀들을 책망하고 벌을 줍니다. 그리고 아이들이 커서 청소년이 되었는데도 어릴 때와 똑같이 대합니다. 그러고는 '이런 괴물들이 대체 어디서 나온 거지?' 하면서 황당해하지요.

작가 그렇다면 해답은 뭔가요? 엄마들의 나약함이 문제 아닌가요?

마크햄 아주 좋은 질문입니다만 대답하기가 쉽지 않습니다. 엄마들의 공격적인 감정을 비난해봤자 자기도 모르게 아이들에게 쏟아내게 만들 뿐입니다. 그리고 요즘은 행동으로가 아니어도 감정을 드러내는 방법이 너무나 많습니다. 공개되지 않은 공간에서 상담사와 말하는 것과 온라인상에서 말하는 것은 아주 다르지요. 그런데 요즘은 너도나도 온라인에다 24시간 생방송을 해댑니다! 이제 삶이 너무 대중적이 되다 보니 무엇이 개인적이어야 하고 무엇이 대중적이어야 하는지조차 구분이 안 됩니다. 그래서 제가 정해놓은 규칙은, 내 아이가 들어서 불편해할 사항이라면 아이의 나이와는 상관없이 공개적으로 말하지 않겠다는 것입니다. 엄마들이 자기 아이들을 때려주고 싶다고 공개적으로 말하는 것은 잘못입니다. 언젠가는 아이가 알게 될 테고 그때 받을 상처는 상상 이상으로 클 테니까요.

작가 어른들이 아이들의 사생활과 품위를 지켜주는 것은 중요한 아이들의 권리입니다.

마크햄 물론이지요.

작가 그럼 우리가 아이들을 어떻게 지지해줄 수 있을까요?

마크햄 모든 것을 아이들의 입장에서 보려고 노력해야 합니다. 아이들에게 공감해주라고 하면 부모들은 대개 "제가 아들에게 화난 것처럼 보인다고 말했더니 아들이 더 화를 내던 걸요!"라고 합니다. 그것은 공감이 아니고 아이를 분석하고 분류한 것입니다. 그러니 그런 반응이 나오는 것이 당연하지요. 자라면서 공감을 받아보지 못한 사람은 공감의 의미를 잘 모릅니다. 공감이란, 말 그대로 상대방의 입장에서 느끼는 것입니다. 우리가 대우받고 싶은 대로 남들을 대우하는 것이지요. 아이들의 행동에는 그럴 만한 이유가 있습니다. 물론 그 이유가 좋지 않은 것일 수도 있지만, 이유가 꼭 있다는 말입니다. 그렇기 때문에 부모들은 동정심을 가지려고 노력해야 합니다.

작가 어떻게 해야 사랑을 잘 표현할 수 있을까요?

마크햄 가장 중요한 것은 스킨십입니다. 저는 '아이들이 잘 자라게 하려면 하루에 열두 번은 안아주어야 한다!'는 옛 속담을 곧이곧대로 믿습니다. 아침에 일어나면 5분 동안 아이를 껴안아주세요. 그보다 더 좋은 것은 없습니다. 아이가 4명이면 20분이 걸리겠지요. 그래도 아침시간이 훨씬 수월하게 지나갑니다! 아이들은 자는 동안을 마치 시베리아에 갔다 온 것처럼 느끼기 때문에 아침에 잠깐 안아주는 것만으로도 관계가 다시 이어집니다. 아침포옹으로 멀어졌던 관계가 다시 이어지면 아이들은 우리와 함께하고 싶은 마음을 되찾게 되고, 오후에 다시 만나서 또 껴안아주면 정말 큰 변화가 생기지요. 간지럼을 태우는 것도 좋습니다. 아이들이 낄낄

댈 수 있게 만들어주는 것만으로도 온종일 쌓여있던 불안감을 털어낼 수 있습니다. 인간은 누구나 두려움을 느끼고, 불안은 두려움의 다른 말입니다. 그래서 웃을 수 있게 해주면 자연스럽게 불안감이나 두려움을 떨칠 수 있습니다.

작가 저는 언제나 격려의 필요성을 믿었습니다.

마크햄 어려운 일을 앞두고 있을 때 사기를 올리려면 격려가 꼭 필요합니다. 어려운 일이 가득한 것이 인생이지요! 한 살 한 살 나이를 먹을 때마다 아이들에게는 새로운 학년, 새로운 학교, 새로운 선생님, 화장실 익히기, 새 친구 사귀기, 신발 끈 묶기, 자전거 타기, 읽고 쓰기 등 상황 대처 능력이 필요한 일들이 많아집니다. 당연히 격려가 필요하지요. 아이들은 도전하고 탐험하고 자라도록 설계되어 있습니다. 하지만 우리가 든든히 뒷받침해주어야만 잘 성장하고 많이 배우고 계속 도전할 수 있습니다. 우리가 늘 뒤에 있다는 것을 그들이 알아야 합니다. 그리고 어려워도 계속 노력할 수 있도록 격려해줘야 그들이 꾸준히 도전할 수 있는 힘을 얻습니다! 응원해주는 사람이 없이는 잘 자라지도 제대로 능력을 발휘하지도 못합니다.

작가 그렇다면 우리가 유년기가 여러 발달단계의 하나에 불과한 것이 아니며, 유아기의 가장 큰 행복이 꿈의 정원이라는 것을 잊어버린 걸까요?

마크햄 네. 제 생각엔 그렇습니다! 아이들은 기쁨에 가득차 있고 활기가 넘치며 완벽하게 살아 있습니다. 어른들처럼 생명력이나 창의력이 떨어진 상태도 아닙니다. 그래서 아이들하고 놀아주다가 오히려 그들에게 노는 법을 배울 때도 있습니다. "저는 애들하고 놀고 싶지 않아요! 저는 노는 것을 싫어해요!" 하고 말하는 엄마들이 많습니다. 하지만 놀이는 어른들에게도 좋습니다! 우리가 놀지 않는 이유는, 숙제와 목욕시간, 잠잘 시간에 맞춰 아이들을 끌고 다니느라 인생에서 중요한 것이 무엇인지를 잊었기 때문입니다. 지금 해야 한다고 생각하는 일들은 사실 스케줄일 뿐입니다. 아이들이 온전히 살아 있게 하려면 우리도 그들의 삶에 실제로 참여해야 합니다. 우리가 정말 그 순간에 존재하면서 바로 그 자리에서 놀아야만 무슨 일이든 일어납니다! 그것이 바로 창의성이고 가능성입니다.

작가 딸하고 있으면 제가 온전히 사랑 그 자체가 된 듯한 행복감을 느끼는 순간이 있습니다. 딸이 8개월일 때, 새벽에 일어나서 아이를 안고 젖을 먹이면서 해 뜨는 광경을 바라보았던 기억이 납니다. 그때 저는 무엇과도 바꿀 수 없는 영적인 결속감과 진심으로 온전한 행복감을 느꼈습니다.

마크햄 저는 막 걸음마를 시작한 아들이 정원에서 땅을 파고 지렁이를 찾았던 게 기억납니다. 아들은 자연을 탐색하면서 저 스스로 삽을 쓸 수 있다는 것에 기뻐했지요. 아들이 사랑 가득한 눈으로 저를 쳐다봤을 때 저는 부끄러움을 느꼈습니다. 이제껏 저를 그렇게 사랑스럽게 쳐다본 사람은 없었거든요. 저는 지금까지 제가 그런 사랑을 받을 자격이 있다는 생각을 해본 적이 없습니다. 딸한테도 똑같은 느낌을 받은 적이 있어서 저는 그 아이들의 엄마라는 것이 제 인생 최고의 행운이라고 생각합니다. 저는 아이들을 그 무엇보다 사랑합니다. 정원에 피는 꽃은 한 번 피고 나면 져버리지만, 아이들은 계속해서 꽃을 피우고 자라고 달라지면서 점점 더 자기다운 모습을 갖춰가지요. 그래서 아이들이 커갈수록 더 깊이 있게 보게 됩니다. 저는 그들의 증인이 될 수 있다는 것만으로도 제가 행운이라고 생각합니다.

로라 마크햄의 기쁜 육아를 위한 가이드

☆ 감정을 잘 조절하세요.

☆ 자녀의 대변인이 되어주세요. 그리고 포기하지도 마세요.

☆ 체벌은 아이의 태도를 더 나쁘게 만들 뿐입니다. 체벌 대신 행동의 한계를 정해주고 아이에게 공감해주세요.

☆ 아이들에게는 감정을 표현할 수 있는 안전한 공간이 필요합니다. 아이가 자신의 행동을 관리하려면 어떤 행동을 하도록 몰아가는 감정들을 먼저 관리할 수 있어야 합니다. 그리고 그런 감정들을 조절하는 데는 당신의 품 같은, 맘대로 울음을 터뜨리고 분노를 발산해도 되는 '안전한 공간'이 필요합니다.

☆ 기억하세요. 당신의 자녀는 최선을 다하고 있는 어린아이일 뿐입니다. 너무 완벽하기를 바라지 말고, 나이에 맞는 행동만을 기대하면서 당신이 정한 우선순위를 지켜 나가세요.

☆ 아이가 어떤 행동을 하든 개인적인 공격으로 받아들이지는 마세요.

당신이 과잉반응을 하는 순간을 스스로 알아차릴 수 있다면 더 편안
하게 반응할 수 있습니다.

☆ 모든 잘못된 행동은 기본적인 욕구가 충족되지 못했을 때 일어납
니다.

☆ 최고의 육아전문가는 바로 아이들 자신입니다. 젖먹이 때부터 자기
에게 필요한 것이 무엇인지 표현할 수 있게 해주세요. 아이의 마음
을 알아주세요. 맘껏 변화하면서 자랄 수 있게, 그 과정을 즐기는 법
을 배울 수 있게 해주세요.

☆ 어제는 되던 것이 내일은 안 될 수도 있습니다. 그래서 당신의 육아
법도 아이들이 자라는 것처럼 계속해서 진화해야 합니다.

☆ 항상 애착관계를 유지하면서 단 한순간도 사랑의 마음을 거두지 마
세요. 무엇보다 아이와의 관계를 소중히 지키세요.

ahaparenting.com

아기를 동경한 대가

"남편 친구들에게는 모두 아이가 있었고,
남편은 몹시 아이를 기다려왔습니다."

1978년 영국 맨체스터에서 세계 최초의 체외수정 아기 루이스 브라운이 태어난 뒤로 이제까지 전 세계적으로 체외수정으로 태어난 아기는 3백만 명이 넘는다. 이 숫자에는 중요한 의미가 있다. 영국에서만도 매년 3만 명이 넘는 부모들이 체외수정을 시도하고 1만 명의 아기들이 태어난다. 전 세계적으로 여성의 출산 연령이 높아지는 것은 추세여서 앞으로 25년 뒤에는 3명 중 1명이 체외수정으로 태어날 전망이다. 니콜라 베도스는 유명한 심리치료사이자 신생아 정신건강전문가로서 많은 저서를 남겼는데, 『체외수정과 그 이후: 가족의 감정적 욕구』는 그가 연민과 깊은 통찰력을 가지고 체외수정이 부모에게 미치는 심각한 정서적 충격과 "기적"으로 태어난 아기들을 관찰해서 쓴 안내서이다.

체외수정 부부의 수는 전 세계적으로 8천만 명이 넘어 염려스러울 정도이다. 불임부부들은 누구나 체외수정 전에 복잡한 감정에 시달린다. 그래서 치료 전에는 반드시 전문가와의 상담이 필요하다. 베도스는 체외수정 때문에 생기는 감정을 충분히 고려하지 않고 무심코 병원에 갔다가는 처참한 기분을 맛볼 수 있다고 지적한다.

체외수정은 결과에 상관없이 직계가족뿐 아니라 친척이나 지역사회에까지 영향을 미친다. 기술이 점점 발달하면서 지금은 나이 많은 불임부부나 유전적 결함이 있는 부부는 물론이고 동성부부들까지 생물학적 자녀를 가질 수 있게 되었다. 그런데 거기에는 아무런 문제가 없을까? 베도스는 "부모들이 문화적인 이유로 원하는 성별의 아이를 골라서 낳으려고 한다면 사회구조까지 크게 바뀔 수밖에 없다."고 말한다. 그렇게 되면 생물학적 종으로서도 결코 득이 되지 않는 과학적 변화가 초래될 수 있다. 편견의 힘을 등에 업고 이루어지는 체외수정이 인류 전체를 위협할 수도 있는 것이다.

그녀는 체외수정은 하나하나의 단계마다 도전이 요구되지만, 가장 심각한 것은 윤리적인 문제임을 상기시킨다.

"첫째는, 세계 각국이 현재 6백만 개나 되는 냉동배아들의 운명을 결정해야 하고, 그 배아의 부모들이 안고 있는 정서적 욕구를 어떻게 충족시킬지에 대해서도 함께 고민해야 한다는 것입니다.

전문가들의 입장에서도 임신에 실패한 부모들의 고통까지 감당해야 합니다. 둘째는 대리모 허용의 문제로, 아직 태어나지 않은 아기들의 욕구와 권리는 어디까지 고려해야 하며 동성부모나 미혼모들에게도 똑같은 치료를 받을 수 있게 할 것인지도 결정해야 합니다. 셋째는, 체외수정 시장을 어떻게 규제할 것인가 하는 문제입니다. 전 세계적으로 체외수정 클리닉에서 벌어들이는 막대한 수입을 실제로 그곳을 찾는 불임부부들이 편파적이지 않은 상담을 받도록 하는 데 쓰도록 하는 관리규정이 마련되어야 합니다."

그 밖에도 부모와 자녀 모두에게 법의학적, 종교적, 심리적, 육체적인 문제들이 생긴다. 자녀들에게는 나중에 유전적 유산이나 자아개념에서 도출되는 쟁점에 대한 자기들만의 주장이 있을 것이다. 그런데 그 쟁점들이 그리 단순하지가 않다. 체외수정 아기들에게는 특정 선천성 장애가 10배나 높게 나타난다. 수정된 배아를 보관하는 과정에서 유전자 변형이 일어나서 정신적 장애가 생길 수도 있고, 불임치료제가 수태능력에 심각한 지장을 줄 수도 있다. 2014년, 〈호주건강과안녕기구〉에서는 체외수정 아기의 사망률이 자연수정 아기의 사망률보다 두 배나 높고, 50명 중 한 명은 사산되거나 한 달 안에 사망했다고 밝혔다. 조산이나 저체중아, 뇌성마비와 같은 만성질환이 나타날 확률도 높다. 체외수정 커플이 느끼는 스트레스도 무시할 수 없는 수준이다.

어느 연구조사를 보면, 높은 스트레스 호르몬 수치가 남녀 모두의 수정 가능성에 영향을 미쳤다. 침이 체외수정의 성공 확률을 높이는 것으로 나타났지만 아직까지 정확한 요인은 밝혀지지 않았다. 하지만 침이 체외수정 순간에 만들어져서 엄마 몸을 돌아다니는 스트레스 호르몬을 줄여준다는 점은 이미 알려져 있는 사실이다. 어쨌거나 체외수정의 과정은 여전히 많은 이들에게 엄청나게 고통스럽고, 누군가에게는 결국 불가능으로 끝이 난다. 그 때문에 중간에 포기하는 경우가 60퍼센트나 되는데, 대개 불안감이나 고통을 감당하지 못해서였다.

서른 한 살의 미셸 프라지아는 두 번째 체외수정 시도에서 세쌍둥이를 임신했다는 말에 너무나 기뻤다. 하지만 "지금은 그때를 다시 떠올리고 싶지 않아요. 임신기간 동안 마치 청룡열차를 타는 기분이었거든요."라고 말했다. "진단 결과, 일란성 쌍둥이 중 한 명이 희귀병을 앓고 있어서 그 애를 잃거나 잘못하면 다른 아이들까지 잃을 수도 있다고 했습니다. 심지어 임신을 그만 끝내는 게 좋겠다는 말까지 들었습니다." 떨리는 목소리로 그녀가 다시 말했다. "19주에 들어서자 진통이 왔고 저는 세 딸을 낳았습니다. 아까도 말했지만 저는 정말 그때 일을 다시는 생각하고 싶지 않아요." 그녀가 훌쩍거리기 시작했다. "정말 너무너무 힘들었어요. 저는 그 다음 체외수정에서도 쌍둥이 아들을 얻었는데, 제가 지금까지 이렇게 버티면서 사는 건 다 아이들 덕분입니다."

서른여섯의 리 번틴은 네 번의 체외수정에서 두 번에 걸쳐 쌍둥이를 얻었다. "첫 번째 시도에서는 아기 하나를 신경관 기형으로 잃었습니다. 타이슨은 태어난 지 10분 만에 숨을 거뒀어요. 12주

때 했던 초음파 검사에서 타이슨이 두개골이 제대로 형성되지 않는, 신경관에 이상이 있는 무뇌증이라는 것이 발견되었습니다. 보통은 엽산 부족 때문에 생긴다는데 저는 엽산을 꾸준히 챙겨먹었는데도 그런 일이 일어났지요."

그녀는 그때의 심정을 이렇게 털어놓았다. "너무나 참담했습니다. 만약 타이슨이 자궁 안에서 죽었다면 건강한 라일리도 위험해졌을 거라고 하더군요. 불안감을 안고 사는 것이 얼마나 힘들던지, 저는 완전히 제정신이 아니었어요. 30분만 태동이 없어도 극심한 공포가 밀려왔고 정기검진을 기다릴 때마다 너무 고통스러웠습니다. 그래서 가만히 배를 안고 앉아서 '지금은 내가 두 아들을 함께 안아줄 수 있는 유일한 시간이야.'라고 생각하면서 사색에 잠기곤 했습니다."

번틴은 중간에 유방암에 걸려서 유방절제술을 받기도 했다. "저는 6개월 동안 방사선 치료를 받았고, 8개월이 지난 뒤에야 다시 시도해도 된다는 허락을 받았습니다. 다행히 보관해둔 배아가 있었거든요. 안 그랬으면 시도조차 못했겠지요. 물론 이렇게 말하면 안 되겠지만, 솔직히 제 유방암의 원인이 임신촉진제라고 생각해요. 직접적인 것은 아니더라도 영향을 미쳤을 것 같습니다."

베도스는 조심스럽게 "염려되는 점은 체외수정이 아직은 새로운 기술이고 장기적인 패턴을 알기에는 데이터가 너무 부족하다는 것입니다."라고 밝혔다.

결국 체외수정은 끔찍한 문제들이 일어날 가능성을 모두 떠안아야 하는 일이다. 혈전, 난소과잉자극증후군, 암 등이 생길 가능성이 있다는 뜻이며, 쌍둥이가 나올 확률이 자연임신의 9배나 높다.

체외수정 엄마의 반 이상이 제왕절개수술 뒤에 아기돌보기를 힘들어하고, 젖이 잘 안 나와서 백일도 되기 전에 모유수유를 포기한다. 그리고 부부 둘 다 시술 전부터 베도스가 말했던 '서서히 밀려오는 상실의 공포'를 경험한다. 베도스는 그런 경험에 다른 요인들이 더해져서 부모의 관계나 부모가 되는 경험에 심각한 합병증이 생길 수 있다고 지적한다. 남자나 여자나 아기를 낳고 싶은 강력한 열망이 채워지지 않으면 그것만으로도 트라우마가 된다는 것이다. "여자들은 대개 깊은 슬픔에 빠지고, 반면 남자들은 일에 파묻히거나 혼자 있으려 하고, 자신감을 잃어버립니다."

미국의 선두적인 트라우마 전문가인 브루스 페리 박사는 신생아의 뇌가 어떻게 움직이고 트라우마에 어떤 영향을 받는지를 연구해왔다. 지금까지는 극심한 트라우마를 겪은 산모의 태아는 뇌가 스트레스 호르몬으로 목욕을 한 것과 같고, 영구적으로 변형되어버린다고 알려져 있다. 태아는 잉태되면서부터 삶을 아주 예민하게 경험하기 때문에 가족들 모두 아기에게 최선의 환경이 될 수 있도록 도와야 한다. 그것이 결국 지역사회를 위하는 일이 되는 것이다. 그리고 체외수정으로 트라우마를 겪는 부부들의 상처치유에는 전문가의 보살핌이 반드시 필요하다.

베도스는 남자와 여자는 스트레스에 대처하는 방법이 다르다고 말한다. "남자와 여자의 뇌신경은 아주 다릅니다. 여자들은 주로 지원을 요청하고, 대화를 나누거나 눈물로 도움이 필요하다는 신호를 보냅니다. 반면에 남자들은 뒤로 물러납니다. 대신 일에 집중하면서 거리를 두지요. 이렇게 서로 다른 반응을 이해하지 못하면 상처를 받을 수밖에 없어요. 그래서 저는 커플들에게 서로 들어주되 억지로 상대를 고치려고 하지는 말라고 충고합니다. 남자들은 특히 상대가 힘들어하는 걸 보기가 힘드니까 무조건 고치려고 하지요. 그런데 여자들은 그것이 자신을 도와주려는 의도라고 받아들이지 않습니다."

리 번틴은 "사람들이 모두 문제가 저한테 있다는 것을 안다는 것 때문에 패배감을 느꼈습니다. 여자들은 늘 남편의 남성성을 보호해주느라 남편에겐 아무 문제가 없다는 점을 강조하곤 합니다. 하지만 불임은 제 여성성에도 심각한 타격을 주었습니다. 의사는 제게 다낭성난소증후군 때문에 수염이나 가슴털이 날 수도 있다는 말까지 했어요! 그리고 아이를 몹시 기다리던 남편에게 제가 아이를 낳아주지 못한다는 것 때문에 죄책감을 느꼈습니다. 남편 친구들에게는 모두 아이가 있었거든요. 계속 임신에만 신경을 쓰다 보니 관계의 즐거움도 느낄 수 없었고, 늘 임신 얘기만 하게 되니 남편에게 실망감만 주는 것 같았습니다. 제가 제 친구들보다 덜 여성스럽다는 생각이 들었고, 정말 큰 무언가가 사라진 느낌이었지요. 여자아이들은 인형을 가지고 놀고, 그것이 여자아이들의 일이지요. 커서는 실제로 아기를 갖게 되니까."

체외수정의 육체적, 심리적, 금전적 부담은 부모 되기의 긍정적인 면을 한순간에 무너뜨린다. 베도스의 설명은 이렇다. "부모가 되는 것은 예상치 못한 도전입니다. 아기를 지속적으로 품을 수 있을지 불안하고 아기 돌보기에도 자신이 없는데, 젖을 물리고 안정감을 줘야 하는 부담까지 생기기 때문이지요. 산모와 신생아가 성공적으로 교감하려면 엄마가 아기를 위해 정서적으로 준비되어 있어야 합니다. 그래야 아기에게 집중할 수 있고, 자신이 미숙하거나 부족할까 봐 걱정해서 초보엄마들이 느끼기 쉬운 자신감 상실이란 감정을 받아들일 수 있으며, 아기들이 피곤하거나 배가 고프거나 너무 많은 자극을 받았을 때 느끼는 절망감을 받아줄 수 있습니다."

극심한 스트레스나 우울증, 트라우마에 빠져 있는 엄마들은 자기감정을 조절하는 데 모든 에너지를 써버려서 정작 아기에게는 집중할 수가 없다. 그러면 아기들은 그것을 곧바로 알아차리고 마음의 문을 닫아버린다. 결국 베도스가 말하는 '부적절한 애착관계'가 초래되고 불안한 아기가 되는 것이다.

자연임신을 못해서 드는 낭패감, 아기를 얻는 과정에서 경험하는 심리적 어려움에다 교감에 대한 두려움까지…… 체외수정 부모들이 경험하는 수많은 문제들은 입양부모들이 겪는 것과 비슷하다. 게다가 개별적으로 체외수정의 실패까지 경험하는 것이다.

베도스는 "체외수정 가족들에게 화는 큰 문제가 아닌데 짜증은 문제가 된다."고 말한다. "몸이 심각한 도전을 받아들일 준비를 하면서 생기는 스트레스나 트라우마는 신경각성반응을 일으킵니다.

그것이 짧게는 몇 달에서 길게는 몇 년씩이나 이어지다 보면 몸에서 영구적으로 싸울 준비를 하거나 아니면 위험에서 달아나려고 하지요. 이런 뇌신경각성을 경험하는 커플들은 자주 다투게 되고 그 다툼을 끝내기도 어렵습니다. 까다로운 입양절차 때문에 어려움을 겪는 부모들의 경우, 외부기관이라도 탓할 수 있지만, 체외수정 부모들은 자기 자신에게 화가 나고 실망감을 느껴서 결국 자신감을 상실해버리는 것입니다."

체외수정 절차 때문에 지장이 초래되기도 한다. 남자들보다 여자들이 더 민감한데 높은 호르몬 수치와 극도의 불안감으로 정서가 불안해져서 남편들까지 무력감에 빠뜨린다. "그래서 남자들은 보통 자기들은 감정을 다루는 데 서툴고 여성들의 감정이 더 깊다고 여겨서 임신, 출산, 신생아 양육에 관한 감정에는 자기들이 끼어들 자리가 없다고 생각합니다."

베도스는 체외수정이 일으키는 최악의 영향을 목격하고 나서 기술력의 개입이 얼마나 비인간적이며, 부부관계나 산모와 신생아의 관계에 얼마나 해로운지를 깨달았다. 그 아이들과 엄마들의 감정은 그들 자신의 감정이 아닐 수도 있다는 생각을 한 것이다. 체외수정 문제에 대한 실험과 진단 능력은 치료에 보탬이 된다는 면에서는 긍정적이지만 진단을 받은 부부들은 자존감에 상처를 입으며, 그런 감정은 아주 파괴적일 수 있다.

베도스의 말이다. "우리는 본능적으로 임신을 제대로 된 사랑의 관계에서 나온 산물이라고 생각합니다. 인간의 생존은 남녀가 자녀들을 부양하는 데 필요한 보살핌을 제공하려고 밀접한 관계를 맺는 것에 달려 있습니다. 잉태는 이처럼 사랑과 로맨스라는 본능에서 중요한 부분을 차지합니다. 하지만 체외수정은 이 '사랑-보호-출산'이라는 정상적인 과정에 해를 끼칠 수 있습니다. 오로지 사랑하는 두 남녀가 꾸려가야 할 순간에 낯선 사람들이 끼어들어 좌지우지하기 때문입니다. 체외수정 부부들은 시간이나 장소는 물론이고 날짜조차 스스로 결정할 수 없거든요!"

잉태의 순간은 남녀 모두에게 지극히 중요한 사생활의 영역이다. 여자들에게 잉태의 욕구란, 자신의 내면 깊이 들어가서 하나의 생명을 창조하는 에너지와 믿음을 끌어내야 하는 것이다. 그런데 사생활을 침해하는 병원의 여러 검사들이 그러한 내면활동을 방해해서 여자들이 자신의 몸에 연결되는 순간을 끊어버린다.

미셸 프라지아 부부는 인공수정을 하고 나서 '정자가 배아를 해칠까 봐' 부부관계를 피했다. 리 번틴은 단순히 시술만으로도 침해당하는 느낌을 받았다. "우리는 동화 같은 경험을 하지 못하고 클리닉의 의사들에게 로맨스를 넘겨주었습니다."

이러한 비인격화는 출산 초기의 어려움으로 이어질 수 있다. 번틴은 첫 번째 쌍둥이를 출산했을 때 출산 후라면 누구나 휩싸이게 된다는 "사랑의 파도"를 경험하지 못했다. 그녀가 담담하게 말했다. "의사들이 아기들을 데리고 가버렸어요. 제왕절개수술을 마친 뒤 이틀 동안이나 저는 아기들을 보지도 못했습니다. 라일리는 32주에 태어나서 5주 동안이나 집중치료실에서 치료를 받았는데 저는 그 애가 8주가 될 때까지도 사랑을 느끼지 못했습니다. 그 애가 좋았고 사랑해야 한다는 것도 알았지만 '내 아이를 위해서라면 무엇이든 할 수 있다는 사랑의 감정'이 곧바로 느껴지지는 않았습니다. 제가 낳았지만 제 아이들 같지가 않았거든요. 볼 수만 있었지 데려갈 수도 없었어요. 게다가 타이슨은 신생아 심장박동 수, 호흡 속도를 검사하는 도중에 숨을 거뒀습니다. 그들은 그렇게 될 줄 알았으면서 왜 그런 검사를 했는지 이해할 수가 없습니다."

그녀의 잠깐동안의 침묵이 너무 가슴 아프게 느껴졌다.

"우리는 그 아이의 울음소리조차 들어보지 못했습니다."

정체성이 거의 고려되지 않는 것도 문제다. 난자나 정자, 배아를 기부받은 부모들의 30퍼센트는 자녀들에게 그 사실을 숨기겠다고 대답했다. 자녀들이 생물학적 부모를 찾아 나설 경우 자신과의 관계가 틀어질 것을 염려해서 일부러 감추려는 것이다.

"정체성은 태어나기 이전의 경험에서부터 만들어지며, 다정한 보살핌과 사랑을 받으며 제때제때 욕구가 충족된 아기들은 건강하게 자라면서 자기 스스로 사랑받을 만하다고 생각합니다. 결국 사회에 필요한 사람으로 성장해가지요. 태생에 관한 정직한 정보는 모든 아이들에게 꼭 필요합니다. 태생에 관한 정보를 비밀에 붙이는 것은 거짓 정체성을 갖게 만들어서 결국은 독이 됩니다. 뒤늦게 진실을 알게 되면 자신을 바라보는 관점은 물론이고 부모에 대한 신뢰에도 금이 갑니다. 그래서 아예 처음부터 입양되었다거나 기증자로부터 왔다거나 조금 특별한 방법으로 잉태되었다는 사실을 아이들에게 아주 간단하게라도 알려줄 필요가 있습니다."

베도스는 또 체외수정의 모든 단계에서 상담이 반드시 필요하다고 강조한다. 예방 차원의 상담은 트라우마의 파급력과 지속성을 줄여주고, 이미 트라우마를 겪은 사람이 새로 닥치는 트라우마의 영향에서 피해가거나 억눌린 감정을 다스릴 수 있게 하는 데 도움이 된다.

베도스가 이렇게 덧붙였다. "치료 시작 전에 미리 상담을 받은 커플들은 치료과정에 좀 더 현실적입니다. 앞으로 겪게 될 일을 잘 이해하고 감정변화에도 잘 대처하지요. 자기감정을 솔직하게 서로에게 털어놓을 수 있어서 팀워크가 더 강해집니다. 그들은 자기들이 얼마나 대단한 일을 하고 있는지 계속해서 확신할 수 있어야 합니다."

프라지아는 남편의 든든한 지원을 받았지만, 세쌍둥이를 유산했을 때는 파경의 위기까지 겪었다. "남편이 우울증에 빠졌어요. 상담사들을 찾아다녀봤지만 직접 우리 처지가 되어보지 않고서는 우리의 감정을 이해하지 못하는 것 같았습니다. 결국 저는 일에 몰두했지요. 제가 하루를 견딜 수 있는 방법은 종일 일에 매달리는 것밖에 없었어요. 저는 남편을 어떻게 도와야 할지 몰랐거든요. 더 이상 친밀감도 느낄 수 없었지요. 결국 남편은 뭔가 해야겠다고 결심했는지 담배를 끊었습니다. 그 뒤로는 한 번도 피운 적이 없어요. 제가 비통함을 올바르게 해소하지 못했다는 말도 들었지만, 저는 사람마다 극복하는 방법이 다르다고 생각해요. 그때의 경험은 이

제 제 일부가 되었고, 저는 그것을 받아들입니다. 우리는 해마다 세 쌍둥이를 보낸 날이면 풍선 세 개를 하늘로 날려 보냅니다."

베도스는 체외수정을 고려하고 있다면 적어도 한 군데 클리닉을 정해서 설명회에 참석하거나 상담을 받아보라고 권한다. 그리고 집안 대소사를 혼자 다 떠안아야 한다는 불필요한 의무감에서 잠깐만이라도 벗어나라고 조언한다. "그들에게 필요한 것은 저녁을 함께 먹고 산책을 하고 영화를 보면서 보내는 '행복한 시간'이기 때문입니다. 그들은 부모가 되고 나서 경험하게 될 스트레스를 이해하고 자신에 대한 기대를 수정할 필요가 있습니다. 그래서 저는 늘 체외수정 부모들에게 아기들과 함께하는 시간을 가지라고 강조합니다. 아기들에게 뭔가를 가르치려고 하지도 말고, 아기들이 불편한지 배가 고픈지도 걱정하지 말고, 그저 햇빛 좋은 날 산보를 나가서 같이 돗자리를 깔고 누워 말을 걸어주세요. 함께 소파에 걸터앉아 재미있는 영화를 보는 것도 좋습니다. 그런 순간이 바로 임신과정의 스트레스를 풀어주는 소중한 선물입니다."

베도스는 우리가 심리적 위기를 제대로 감지하지 못한다고 말한다. "고대문화에서는 불가에 둘러앉아 폭 넓게 교제하는 시간이 많았습니다. 자신을 돌아보고 감정을 나누는 시간이 많았던 것이지요. 하지만 지금 우리는 자신의 심정이 어떤지, 앞으로의 삶이 어떻게 펼쳐질지를 생각하는 것은 고사하고, 서로 이야기할 시간조차 너무 부족합니다. 그래서 심리적 위기가 순식간에 다가온 것처럼 느낍니다. 저는 체외수정 부모들에게 매일 밤 서로 손을 잡고 '나 여기 있어!'라고 말하고, 각자 5분씩 번갈아가며 이야기하고 들어주라고 권해줍니다."

결과적으로 번틴은 세 아이를 사랑하며, 프라지아 역시 들인 비용이나 겪은 트라우마가 모두 가치 있었다는 데 동의한다. 그리고 프라지아는 확신했다. "저는 다시 하라면 조금도 망설이지 않고 다시 할 수 있습니다! 안 그랬으면 제가 어떻게 저렇게 멋진 아이들을 얻을 수 있었겠어요? 저 아이들이 제 삶을 완성시켜주었습니다."

니콜라 베도스의 체외수정 부모들의 평화를 위한 가이드

☆ 부부는 각자 마음을 털어놓을 수 있는 사람을 찾아야 합니다. 체외수정 과정에서나 출산하고 나서 아이를 돌보면서 미처 생각지 못한 강렬한 감정에 휩싸일 수 있는데, 그럴 때 그 친구들이 도움이 됩니다.

☆ 부부가 집 밖에서 아이들 없이 둘이서만 이야기를 나누고 경험을 공유하는 시간을 자주 가져서 친밀함을 유지하세요.

☆ 믿을 만하고 마음 편히 어울릴 만한 좋은 모임을 찾으세요. 체외수정을 하면 스트레스와 불안감이 커지는데, 기댈 만한 사람들이 있으면 부모에게나 아기에게나 많은 도움이 됩니다.

☆ 스트레스를 관리하세요. 주기적으로 운동이나 쇼핑, 요가, 명상을 하는 것이 좋습니다.

☆ 양육에 거는 기대를 실현 가능한 선에 맞추려고 노력하세요. 스트레

스와 불안감 때문에 종종 자기 자신에게 너무 많은 기대를 하게 됩니다. 자신이 제대로 못하고 있는 것 같을 때는 믿을 만한 사람에게 털어놓으세요.

☆ 한 달에 한 번 정도는 즉흥적으로 가족나들이를 하세요. 시간과 기대와 일상의 분주함에서 벗어나 단순히 아빠이고 엄마인 것을 즐기세요.

☆ 깨어진 관계가 저절로 나아질 거라는 생각은 착각입니다. 생각보다 자주 다투고 있다면 관계상담을 알아보세요. 체외수정 시도 뒤에 가족이 잘 지내려면 전문가의 도움이 필요합니다.

☆ 할 수만 있다면 무조건 미소를 지으세요. 소소한 순간들을 즐기세요. 첫 미소, 포옹, 잘못 발음했던 첫 단어들…… 그런 기쁨의 순간이 지나간다고 너무 아쉬워하지 마세요.

☆ 필요할 때 도움을 구하는 걸 두려워하지 마세요. 많은 체외수정 부모들이 너무나 기다려왔던 아기를 낳았다는 기쁨 때문에 모든 것이 괜찮다고 연기를 하거나, 잘못된 것이 있어도 인정하지 않고 혼자서 다 해내려고 합니다. 아이 하나를 기르는 데는 지역사회 전체가 참여해야 한다는 것을 꼭 기억하세요!

facebook.com/nsbedos

목적이라는 유산

"누구에게나 뛰어난 직장인, 훌륭한 배우자, 완벽한 부모가
동시에 되는 데는 하루 24시간이 턱없이 부족합니다!"

스테파니 쿤츠는 체구는 비록 왜소하지만 자신감이 넘치고 청중을 압도하는 연설가이다. 세계 최고의 가족사학자인 그녀의 능력은 이견을 가진 사람들과 토론할 때 더욱 돋보인다. 그녀는 상대방의 실수를 반박할 각종 수치를 들이대면서 그들의 기를 죽이곤 한다. 여성인권과 모성애의 전형적인 예를 다룬 그녀의 국제적인 토론들의 가치는 대단하다. 그녀는 절대적인 것의 시행에는 늘 반대했고, 동등함조차 그것 자체로 완전한 것으로 해석되는 것에는 조소했다. 그녀는 미국의 수도 워싱턴에서 열리는 아동, 청소년, 가족 청문회에서 연구발표를 한 것을 비롯해서 전 세계를 누비며 수많은 강연을 했다. 그녀는 『묘한 움직임: 여성성의 신비로움과 1960

년대를 앞둔 미국의 여자들』, 『결혼의 역사: 사랑이 어떻게 결혼을 정복했는가』, 『우리의 실제: 미국의 변화하는 가족 따라잡기』와 『우리의 진정한 모습: 미국의 가족과 향수라는 함정』 등의 베스트셀러를 집필했고 자주 뉴욕타임즈, 월스트리트 저널, 보그 같은 잡지에도 기고를 한다. 지금은 일흔이 넘은 나이에도 워싱턴의 에버그린주립대학의 교직원이자 공립 교육단체인 현대가족의회의 연구소장으로 활동하고 있다. 사석에서 본 그녀는 거만한 공적 이미지보다는 오히려 연약함이 느껴졌다.

작가 지금의 스테파니 쿤츠가 있기까지 어떤 과정이 있었나요?

쿤츠 제 어머니는 원래 주부였습니다. 2차 세계대전 당시에는 시애틀부두에서 선박의 부품설비 일을 했고, 다시 주부로 지내다가 나중에 영어교사가 되셨습니다. 아버지는 해군이었어요. 제대군인 원호법에 따라 재교육을 받고 노조 관리자로 일하시다가 결국 경제학교수가 되셨지요.

작가 어머니에게서는 무엇을 배웠나요? 어머니에게 불만은 없었나요?

쿤츠 제가 예닐곱 살 때 어머니는 아주 큰 와인 병에 예쁜 그림을 그리곤 했습니다. 저는 그때 우리 엄마는 참 예술적이구나 하고 생각했지요. 그런데 나중에 알고 보니 어머니는 그때 너무 지루하고 불행해서 그림을 그렸던 거라고 하더군요.

작가 어머니가 불행하다는 걸 눈치 채지 못하셨나요?

쿤츠 네. 아마도 어머니가 우리를 너무 잘 속였던 것 같습니다.

작가 제 어머니도 집 밖의 삶을 동경했지요.

쿤츠 그 세대의 많은 분들이 제가 쓴 책『여성성의 신비로움』을 읽고서 자기 어머니의 분노와 짜증을 처음으로 이해하게 되었다고 하더라고요.

작가 남동생과 저는 어머니의 우울증이나 좌절감을 잘 알고 있었어요. 저희 할머니들은 평생 집안일만 하면서도 불만 없이 즐겁게 사셨는데, 어머니만 유독 요리하고 아이 키우고 집안일을 하는 것을 억울해했던 것 같습니다.

쿤츠 제가 진행했던 모든 조사의 내용과 딱 들어맞는군요. 평생 바깥일을 한 여자들이 사십 대에 더 행복하고 건강하며 우울증도 덜 느낀다는 조사결과가 있거든요.

작가 하지만 지금의 문화가 자녀양육을 저평가하기 때문에 결과가 왜곡된 것일 수도 있지 않나요? 양육이 하찮은 일로 간주되는 문화에서 전업주부는 당연히 우울하고 불만스럽지 않을까요?

쿤츠 요즘 엄마들이 불행한 이유가 사회에서 엄마들의 노력을 예전보다 가치 없게 여기기 때문이라고 생각하는 사람들이 많습니다. 하지만 육아를 로맨틱하게 여겼던 사회에서도 여성의 개인성을 무시하는 문화가 공존했습니다. 20세기에는 대체로 엄마들을 감상적으로 바라보면서도 그와 동시에 집안에서 영향력을 행사하려는 엄마들에 대한 악랄한 적대감이 존재했던 거예요. 심지어 엄마에게 애정표현을 하는 남자아이들이 놀림이나 위협을 받기 전이었던 19세기에도 몹시 불행한 여자들이 많았습니다. 일방적으로 규정된 정체성에 갇혀 다른 욕구나 성향은 억지로 부정하도록 강요당했기 때문입니다.

작가 그런데 엄마들이 불행했던 이유가 정말 전적으로 육아 때문이었나요? 혹시 여자들을 대하는 남자들의 근본적인 태도 같은, 다른 이유 때문인데도 괜히 육아 때문이라고 핑계 대는 것은 아닐까요?

쿤츠 맞습니다. 그럴 수도 있습니다.

작가 결혼과 육아에 대해서는 어떤 기대를 했나요?

쿤츠 저는 그냥 당연한 일이라는 생각을 했습니다. 사실 1950년대와 60년대에는 다들 그렇게 자랐죠. 대학 다닐 때 저는 "나를 위한 서재를 집안에 따로 지어줄 수 있는 남자와 결혼하면 좋겠다."는 헛된 생각을 했습니다. 스스로 짓겠다는 생각은 안 했던 거죠! 이해가 안 되실 거예요. 대학에 들어가기 전에는 나치에 맞서 싸우고 싶었고, 스페인 들판을 달리면서 율 브리너와 함께 프랑코정권에 대항해서 싸우고 싶었던 낭만주의자였어요. (웃음) 그래서 저는 학교를 사랑했고, 남자와의 결혼에 로맨틱한 환상을 갖고 있었습니다.

작가 그것이 나쁜가요?

쿤츠 우리 시대의 여자들은 결혼에 너무 많은 것을 기대하면서 자랐습니다. 저는 학생 때 남자친구의 성과 제 이름을 적어놓고 잘 어울리는지를 따져본 적도 있습니다. 그런데 솔직히 저는 여자들이 결혼을 해도 좋지만 안 해도 괜찮다는 생각을 하면서 자라는 것이 더 건강하다고 생각합니다.

작가 그럼 결혼을 통해 얻을 수 있는 교훈은 무엇일까요?

쿤츠 제 경우에는 경제적으로나 감정적으로나 기대와 집착이 적을수록 더 많이 베풀 수 있다는 교훈을 얻었습니다. 대학교 때 저는 남자친구와 동거를 했는데, 제 잘못으로 헤어지게 돼서 몇 년을 미혼모로 지냈던 경험이 있거든요. 제 아들을 생각해서 제가 어떤 잘못을 했는지는 밝히기 어렵습니다만.

작가 결혼도 하기 전에 아기가 생겼는데, 어떠셨어요?

쿤츠 그게 바로 큰 문제였지요. 많이 배웠거나 경제적으로 안정된 커플들에게는 혼전임신이 문제 되지 않습니다. 피임을 하거나 낙태수술을 할 수 있으니까요. 하지만 학력이 낮고 형편이 좋지 않은 커플들의 경우에는 얘기가 다릅니다. 그들에게는 임신이 꼭 실수도 아니지만, 그렇다고 미리 계획한 것도 아닙니다. 마냥 금욕을 하기는 어려우니까 도박하는 심정으로 "어떻게 되는지 보자! 아이가 생기면 인연인 거지." 하면서 일단 저질러놓고 보는 거예요. 보수적인 사회에서는 아기가 생기면 결혼해야 한다고 믿습니다. 하지만 그 결과는 절대 똑같지 않습니다. 아이를 낳은 뒤에 결혼을 했다고 해서 그 자녀들이 더 나은 것도 아닙니다. 경우에 따라서는 사회학자 앤드루 셔린이 '파트너 바꾸기'라고 부르는, 여러 남자들과 어울리는 미혼모의 자녀들보다 그 아이들이 오히려 더 안 좋은 경우도 있습니다. 그래서 저는 누구에게나 "힘이 되는 파트너가 생기기 전에는 임신하지 마세요!"라고 분명하게 말해줍니다. 그렇다고 어려운 처지에 있는 젊은이들에게 성적 욕구를 마냥 참으라고 할 수도 없습니다. 주변에 정상적으로 결혼해서 아들딸 낳고 잘 사는 모습을 보여주는 본보기가 아무도 없는 사람들에게 그런 말을 하는 것은 제 아들이나 당신 딸에게 그런 말을 하는 것과는 의미가 전혀 다릅니다. 그들은 "나라고 이 세상에 아기 하나쯤 낳으면 안 된다는 법이 어디 있어? 그 애 덕분에 내가 조금이라도 행복해질 수 있잖아!"라고 생각하고 싶은 유혹을 강하기 느끼기 때문입니다.

작가 서양에서는 사랑의 가치가 낮게 평가되면서 모성애나 육아를 하찮게 여기는 풍조가 만연합니다. 여자들은 실제로 모성애를 혁명으로 여기기보다는 가볍게 선택할 수 있는 여러 가치 중 하나로 믿게끔 세뇌당했습니다. 하지만 양육이란 어떤 것과도 비교할 수 없는 심리적, 육체적, 영적 희생이 요구되는 일입니다.

쿤츠 누구에게나 뛰어난 직장인, 훌륭한 배우자, 완벽한 부모가 동시에 되는 데는 하루 24시간이 턱없이 부족합니다!

작가 흥미로운 것은 남성 정치가들의 경우, 가족을 제대로 돌보지 못했더라도 나쁜 아버지라는 비난은 받지 않습니다. 아예 문제 제기조차 하지 않아요.

쿤츠 저는 모성애의 가치폄하보다 육아의 가치하락이 더 참기 어렵습니다. 모든 사람에게 필요한, 모든 수준의 부양이 지닌 가치를 소중히 여기지 않으면 아무리 근사하게 미화를 해도 하찮게 여겨지고 감당하기도 어렵습니다.

작가 하지만 모성애는 모든 가치의 기반입니다. 우리는 모성애를 통해 양육의 가치를 배웁니다. 선생님께서는 육아를 근사하게 여기는 것에 대한 반박 글을 많이 쓰셨는데, 제 의견은 좀 다릅니다. 여자들은 지금 직장생활에 대한 환상에 젖어 있습니다. 돈을 버는 일이면 무엇이든 육아보다 가치 있는 일이라고 세뇌당하고 있지요. 하지만 정작 엄마들이 하는 일은 거의 단순노동이고, 월급도 제대로 못 받으면서 스트레스에 시달립니다.

쿤츠 직장생활이 로맨틱하게 포장되어 있다는 의견에는 저도 동의합니다. 하지만 육아도 마찬가지로 감상적으로 포장되어 있습니다.

작가 직장도 마찬가지입니다.

쿤츠 아니요. 저는 그렇게 생각하지 않아요.

작가 중산층 여성들에게는 직장생활의 가치가 엄청나게 부풀려져 있습니다. 예를 들어 여자들이 다니는 직장은 대부분 보수는 적으면서 육체적으로는 힘든 판매직이나 청소, 사무직 등에 집중되어 있습니다("일하는 여성들", 알리슨 울프, 『전망』, 2006. 04). 그런데도 작가 게일 쉬히는 돈을 받고 하는 일은 여자들에게 종교에서처럼 영적 재탄생의 기회가 된다고 했습니다. "만약 여자들에게 집을 치우고, 집에서 토하는 아이들을 돌보고, 차 수리를 맡기거나 페인트공과 다투기도 하고, 장을 보거나 은행 일을 보고, 남들의 고민을 들어 주고, 저녁파티 준비를 하고, 매일매일 영혼을 충전하는 일을 대신해줄 사람이 있었다면 엄청나게 달라졌을 거예요. 더 많은 여성작가들과 여성기업인들이 생기고, 여교수나 여성정치인도 늘어났을 겁니다."(『통로들: 어른의 삶에서 예상 가능한 위기들』, EP 더튼, 1976, p.157) 그런데 그가 말하는 여성이란 모든 여성을 두고 하는 말이 아닙니다. 만약 제3세계의 여성들까지 책을 쓰고 기업을 차린다면 선진국 여성들의 구토하는 자녀들을 집에서 돌봐줄 사람은 대체 누구일까요? 자녀양육에는 "구토, 깨진, 다툼, 조종, 문제들" 등의 부정적인 단어를 쓰면서 직장생활에는 "상상, 가능성, 확장, 책, 채워진, 지키다" 등의 긍정적인 단어를 쓰는 것에도 문제가 있습니다.

쿤츠 저는 남자들과 마찬가지로 여자들에게도 일과 직장, 육아 사이의 균형이 필요하다고 생각합니다. 또 나에게는 지루한 일이라도 누군가에게는 만족감을 주는 일이 될 수 있으니 그 중요성을 잊으면 안 됩니다. 그것을 증명할 만한 심리학연구들도 수없이 많습니다. 정말 급박하거나 요구사항이 많고 융통성이 전혀 없는 일만 아니라면, 음식 서빙처럼 아주 단순한 일로도 아이나 다른 사람들과 교감할 수 있습니다. 여자들에게는 그것이 아주 중요합니다.

작가 영국의 직장인엄마 대부분은 아이들과 집에 있고 싶지만 형편이 안 좋아서 어쩔 수 없이 피해를 보고 있다고 말합니다.

쿤츠 그런데 저는 그런 조사들이 아주 미심쩍다고 생각합니다. 그런 조사들의 대부분은 당시 상황이나 감정의 영향을 받았을 것입니다. 그리고 주당 30시간만 근무할 수 있다면 남는 시간만큼 다른 것을 할 여유가 생기는 것이니 남자든 여자든 근무시간을 줄이고 싶은 것이 당연합니다.

작가 그렇지만 주당 30시간은 정말 그림의 떡이지요. 선생님이 쓴 글에는, 2000년부터 맞벌이부부 둘이 일주일에 평균 82시간을 일하고 있고, 주당 평균 100시간을 넘게 일하는 부부도 15퍼센트나 된다고 나와 있습니다. 그런데 저만 그런가요? 아니면 선생님도 그게 정신 나간 일이라고 생각하시나요?

쿤츠 정신 나간 일이 맞습니다! 미국뿐 아니라 전 세계적으로 노동의 효율이 엄청나게 높아졌는데도 노동자들은 아무런 혜택도 보지 못했습니다. 실질임금은 정체되어 있는데도 여가시간이 더 주어진 것도 아닙니다. 말이 안 되는 일이지요!

작가 해결책은 있나요?

쿤츠 지금의 기술력과 수용 능력으로는 이미 우리에게 필요한 것을 더 짧은 시간 안에 만들어낼 수 있습니다. 사회적으로도 그것이 더 이득이 크다는 것도 경험했지요. 따라서 혹사당하고 있는 노동자들에게 삶을 즐기고 가족을 돌볼 수 있게 해주고, 실직자들에게는 일자리를 나눠줘서 가난에서 벗어날 수 있게 해주는 것이 분명한 해결책입니다.

작가 이렇게 비이성적인 노동시간이 인간관계에는 어떤 영향을 미칠까요?

쿤츠 제 생각에는 아이들보다 부부관계에 더 악영향을 미치는 것 같습니다. 우리가 조사한 자료를 보면, 여자들의 경우 아이들과 더 오래 같이 있어 주기 위해 쇼핑이나 집안일에 써야 할 시간을 줄입니다. 그런데 그러려면 동시에 여러 가지 일을 해치우는, 이른바 멀

티태스킹을 할 수밖에 없습니다. 그리고 여자들은 실제로 일을 나눠서 하는 데 소질이 있어서 "당신은 큰애를 축구수업에 데려가요. 나는 작은애랑 장을 볼게요." 하는 식이지요. 이렇게 하면서 부부관계에 가장 중요한 '아이들 없이 둘이서만 보내는 시간'을 잃게 됩니다. 행복에 영향을 미치는 가장 지속적이고 효과적인 예측가능 변수는 다른 어른들과 보내는 친교의 시간입니다. 그런데 업무 시간이 지나치게 길다 보니 아이들과 같이 있어 주려면 그런 시간을 포기할 수밖에 없지요.

작가 하루는 24시간밖에 없으니 여간 곤혹스러운 게 아닙니다.

쿤츠 그러니 어쩔 수 없이 친교의 시간을 포기합니다! 하지만 다른 어른들과의 친교는 배우자를 자랑하고 새로운 유머를 배우고 정보를 공유할 수 있어서 결혼생활에 진정한 활력소가 됩니다.

작가 사실은 시간의 문제라기보다는 에너지의 문제라고 생각합니다. 남편도 아내도 진이 빠져 있습니다. 말할 거리가 없는 것이 아니라 너무 피곤해서 말할 힘이 없는 거예요. 매일 서로 말 한 마디 나누지 않고 텔레비전 앞에만 있다가 잠드는 커플도 많습니다. 하루 일과를 마무리하는 시간이 무가치한 시간이 된 것이지요. 긴 일과를 마치고 에너지가 방전된 상태로 집에 돌아와서 다시 온종일 부모를 기다려온 아이들과 놀아주어야 하니 젖 먹던 힘까지 다시 끌어내야 합니다. 그런 부모 밑에 자란 아이들은 자기 엄마 아빠에게는 자기들이 영순위가 아니라는 걸 곧바로 알아차립니다.

쿤츠 제가 보기에는 우리가 더 깊이 있고 친밀하고 평등한 것을 원하라고 가르쳐온 것이 도리어 다른 문제를 야기한 것 같습니다. 사회경제적 변화가 사람들 사이에 평등과 교감은 높여주었을지 몰라도, 반대로 출세지상주의와 경쟁심을 부추겼고 직장생활만 더욱 분주하게 만들었습니다. 우리가 원하는 친밀감을 얻기 위해서는 일과 가정 사이에서 균형감각을 잃으면 안 됩니다.

작가 '육아위기'를 자주 언급하셨는데, 늘 그랬나요?

쿤츠 사망률이 높았던 예전에는 큰 위기가 없었습니다. 어린 자식과 연로하신 부모님을 한꺼번에 돌보지는 않았거든요. 또 중세시대는 분명한 계급사회였어요. 그러나 지금은 모든 이들에게 돌봄이 필요하다는 의식이 사회적으로 널리 퍼져 있어요. 그래서 아이들에게 노동을 시키면 안 되고, 노인들을 혼자 죽게 내버려둬도 안 된다고 생각합니다.

작가 그것이 나쁜 생각은 아니지요.

쿤츠 (웃음) 지금은 어려서부터 아이들을 일터로 내몰지는 않으니까 삶이 길어졌다고 할 수 있습니다. 그래서 돌봄의 필요성이 더 커졌지요. 하지만 그런 가치에 따라 살아가면서도 정작 실천된 것은 아무것도 없습니다. 돌봄이 모조리 여자들 몫이 되었는데도 사회적 지원은 하나도 못 받고 있으니 하는 말입니다.

작가 여자들은 근본적으로 아이들을 돌보도록 창조되었습니다. 아기를 낳은 뒤에는 미셀 오당이 말한 '사랑호르몬의 복합체'가 몸에서 분비됩니다. 모유수유는 또 얼마나 중요한가요. 그런 면에서 보면, 남자들은 여자들에 비해 생물학적으로 육아에 적합하게 설계되어 있지는 않습니다.

쿤츠 지금 우리는 남녀의 차이와는 상관없이 '돌봄은 민주적이어야 한다'는 전제하에 일과 사회적, 경제적 삶을 설정합니다. 그러나 그렇게 설정된 새로운 가치를 공정하게 실천할 수 있도록 도와주는 사회기관은 없습니다.

작가 차별이 대물림되는 악순환도 관찰됩니다. 아이들은 어린이집에 맡겨졌다가 초등학교에 들어가서는 다시 보호시설에 맡겨져서 유년기를 보냅니다. 어른들은 심장마비가 올 때까지 일을 하다가 노인이 되면 죽을 때까지 요양시설에 맡겨집니다. 이 과정에서 잃는 것이 바로 '사랑'입니다. 보살핌은 단순히 몸을 씻어주고 엉덩이를 닦아주는 것이 아닙니다. 의무감으로 기본적인 욕구를 충족시켜 주는 것과 친밀감을 느끼게 해주는 돌봄은 완전히 다른 것입니다.

쿤츠 저 역시 그런 차별이 존재한다는 것에 분개하지만, 너무 부정적인 그림을 그리지는 말았으면 합니다.

작가 2006년 세계보건기구 리포트에 따르면, 매년 거의 백만 명에 이르는 사람들이 자살을 하는데, 이 수치는 살인이나 전쟁으로 희생된 것보다 더 많습니다. 지난 45년 동안 전 세계적으로 자살률이 60퍼센트나 늘었습니다. 항우울제 복용과 수면제 처방 건수도 치솟았습니다. 모든 감옥이 포화상태이고 행복지수도 낮아졌습니다. 이런 안 좋은 변화는 '사랑하는 사람들과 보내는 시간이 줄어든 것'과 '아이들을 양육하는 방법이 달라진 것'과 딱 맞아떨어지는 결과입니다.

쿤츠 새로운 핵가족의 생성에는 여러 요인이 작용했을 것입니다. 주거와 교통의 발달도 하나의 요인이지요. 사람들은 더 좋은 집과 학교를 따라 교외로 옮겨가기 시작했습니다. 쇼핑이나 여행, 일의 방식 때문에 가족이 해체되면서 자신의 삶을 독립적으로 꾸릴 수밖에 없어졌습니다. 결혼연령이 높아지면서 젊은이들도 나름의 네트워크를 만들어가야 합니다. 1950년대나 60년대처럼 결혼을 하면서 부모님 집에서 분가하는 것으로 핵가족이 만들어지는 것이 아닙니다. 또 노후가 길어지면서 남편이나 부인과 사별한 뒤에 20~25년을 혼자 살아갈 수도 있어서 사회적 네트워크는 필수적입니다.

작가 그러면 지역사회는 어떻게 발전해야 할까요?

쿤츠 지역사회는 남녀노소가 누구나 할 것 없이 참여가 권장되는 방식으로 설계되어야 합니다. 예컨대 보육원과 노인복지센터를 두 배로 늘리는 것입니다. 정부는 공동주택단지 조성에만 집중하지 말고 가족이 아니더라도 여러 세대가 교류할 수 있는 사회적 서비스에 더 많은 노력을 기울여야 합니다. 저는 그것이 큰 도움이 될 것으로 봅니다. 그리고 가족친화적인 일자리를 더 많이 만들어달라는 진정이나 탄원을 해야 합니다. 자녀가 없는 부부나 자녀들을 모두 여읜 부부들도 자발적으로 봉사할 수 있도록 똑같이 여유시간을 주어야 합니다. 아빠들에게도 출산휴가가 필수여야 하고요.

작가 평범한 엄마들은 지역사회를 위해 무엇을 할 수 있을까요?

쿤츠 엄마들이 자녀를 위해 할 수 있는 가장 큰 일은 아빠들을 육아에 참여시키는 것입니다. 육아가 여자들만의 일이라고 여기는 생각은 이제 그만 버려야 합니다. 또 모든 사람이 지역사회 활동에 참여할 수 있게 노동정책과 근로시간을 조정해야 합니다. 쓰지 않으면 없어져 버리는 출산휴가를 아빠들도 꼭 써야 합니다.

작가 그렇게만 된다면 정말 중요한 혁신입니다. 직장 때문에 가족관계가 끊어지는 경우가 너무 많으니까요. 가족 간의 유대감이 너무 약해서 이혼한 뒤 가족과 떨어져 살면서도 상실감을 전혀 못 느끼는 아버지들이 많다고 합니다.

쿤츠 남자들도 일과 가족 사이에서 균형을 맞추느라 스트레스를 받는데다 연로한 부모님도 보살펴 드려야 합니다. 따라서 여자들이 남자들의 동지가 되어주어야 합니다. 인간은 누구나 돌보는 능력이 있고 사회에서 그 능력을 발휘할 수 있어야 합니다.

작가 아들을 좋은 배우자로 키우려면 엄마가 어떻게 해야 할까요?

쿤츠 아들에게도 똑같이 집안일을 시켜야 합니다!

작가 아동노동이 줄면서 자녀들이 경제적 자본에서 경제적 부채로 다르게 인식되면서부터 남자들이 양육권을 포기하기 시작했다고 말씀하셨죠? 그럼 그런 변화가 사회에 어떤 영향을 미쳤나요?

쿤츠 그것은 단순한 문제가 아닙니다. 집 안팎에서 아동노동이 근절된 것은 아주 좋은 일이지요. 노년을 위해 보험 드는 심정으로 또는 집안에 일꾼 하나 더 두겠다고 아이를 많이 낳으려던 생각은 더 이상 하지 않게 되었으니까. 그 덕분에 안 좋은 의도의 출산은 사라졌습니다. 하지만 육아를 위해 치러야 할 희생은 더 크게 의식하게 되었습니다. 사랑이라는 유대감 외에도 가족구성원들 사이에 유기적인 유대감은 줄었습니다. 자녀들의 입장에서도 자신이 가족들에게 보탬이 된다는 느낌을 갖기 어려워졌고요.

작가 남자들이 결혼을 꺼리게 된 것도 '경제적 청소년기'가 길어졌기 때문일까요?

쿤츠 그렇지요. 교육을 중요시하면서 경제적인 독립이 학업이나 직장경력을 쌓은 뒤로 미뤄졌고, 남녀 모두 결혼을 미루는 경향이 많아졌습니다.

작가 '청소년기의 연장'을 역사적으로는 어떻게 봐야 할까요?

쿤츠 1950년대까지만 해도 고등학교를 중퇴해서 졸업장이 없는 사람도 쉽게 직업을 얻을 수 있었고, 10년쯤 지나면 한 가정을 먹여 살릴 수 있었습니다. 그런데 아동노동법이 생기고부터 학교에 남는 것 외에 다른 선택의 여지가 없어졌습니다. 교육 프리미엄은 점점 높아졌고 중산층의 일자리도 차츰 사라진 데다 전통적인 직업에서 요구되던 기술들도 점차 단순화되면서 청소년들이 학교에 남을 수밖에 없게 된 것입니다. 청소년기는 생물학적이라거나 호르몬의 상태라기보다는 단순히 무기력한, 매우 감정적인 상태라고 생각합니다. 사람들은 기회를 주지 않으면 자기계발을 할 수가 없습니다.

작가 그럼 아이들이 자기계발을 할 수 있도록 어떻게 도울 수 있을까요?

쿤츠 아이들에게 책임을 맡겨주어야 합니다. 학교에서의 학기가 지역사회를 위한 계획의 일환이 되고, 학생들 스스로 참여하고 이 끌어갈 수 있게 기회를 주어야 합니다.

작가 교육 부서들이 그렇게 진보적이라면 좋겠습니다. 저는 방금 설명하신 두 가지에다 보육이 교직과목으로 추가되기를 바랍니다. 사랑의 신경생물학에서부터 감각의 진화와 정서발달에 이르기까지 생물학, 역사학, 철학의 틀 안에서 교육되기를 바랍니다. 이 작은 노력이 세상을 어떻게 바꿀지 상상해보세요! 이념적 관점에서도 그렇지만 친밀감의 중요성이 정식으로 인정되는 것입니다. 그러면서도 매우 실용적이에요. 자녀들에게 영향력 있는 부모가 되는 법도 가르칠 수 있고 자신의 욕구와 태도를 이해할 수 있거든요. 또 성공의 가장 중요한 지표라 할 수 있는 심리적 능력인 잠재력도 탁월하게 높아집니다. 결과적으로 자살률도 낮아지고 중독이나 자해의 발생건수도 줄어들 것입니다.

쿤츠 요즘은 가족이나 지역사회가 아이들에게 아무런 역할도 맡겨주지 않아서 가족에게 아무런 보탬이 되지 않습니다. 물론 과거의 아동노동은 정말 끔찍했습니다. 하지만 아무 역할이나 의무가 없다는 것도 아이들에게는 커다란 부담입니다.

작가 지금의 아이들은 가르칠 대상이거나 놀아줘야 할 독립체일 뿐이지요.

쿤츠 정확한 말씀입니다.

작가 전 세계의 젊은이들은 연예계라는 거대괴물 같은 시장에 휩싸여 있습니다. 특히 음악은 별다른 목적이 없는 아이들에게는 거의 종교의 수준으로 침투해 있습니다. 요즘 유행하는 머리스타일이나 얼굴 분장은 사실 부족표시에서 비롯된 것입니다.

쿤츠 제 남편은 목장과 농장을 운영하고 있는데 아이들에게 일을 정말 잘 맡겨줍니다. 발이 페달에 닿지 않는데도 아이들이 잔디 깎는 기계를 타보고 싶어 하자 나무토막을 페달에 묶어서 몰아보게 해줬을 정도예요. 아이들이 정말 행복해했지요! 하루 종일 우리 일을 거드는 것이 아이들에게는 즐거운 여름캠프가 된 거예요! (웃음)

작가 제 딸도 자기가 도움이 된다고 느끼는 것을 좋아해서 컴퓨터로 제 일을 돕거나 간단한 집안일을 거들곤 하지요. 그런 아이들에게 목적의식을 어떻게 다시 심어줄 수 있을까요?

쿤츠 아이들이 어르신이나 몸이 불편한 분들에게 책을 읽어줘야 한다고 생각합니다. 어르신들에게 음식을 먹여드리고 보살펴드리는 단순한 일은 아이들도 얼마든지 할 수 있습니다. 노예처럼 부리거나 위험하고 부당한 착취가 되지 않게 부모가 잘 계획한다면 어렵지 않습니다. 제 아들은 어렸을 때 글을 못 읽으면서도 이야기를 외워서 읽는 시늉을 했어요. 그래서 제가 "엄마는 맛난 음식 만드는 걸 좋아하고, 너는 그걸 먹는 걸 좋아하잖아. 그런데 요리는 너무 지루하단다. 그러니까 네가 엄마가 저녁밥을 준비할 때마다 책을 읽어줄래? 그럼 이제부터 너한테 직업이 생기는 거야."라고 했지요. 아들이 얼마나 재미있어 했는지, 더 하겠다고 할 정도였어요! 그래서 옆집에 사는 칠십대 노부부에게 가서 "제가 책을 읽어

드려도 될까요?"했더니 그분들도 무척 좋아했습니다. 그분들은 너무 사이가 안 좋아서 둘이 함께 있는 시간은 제 아들이 책을 읽어줄 때뿐이었대요. (웃음)

작가 정말 멋진 해결책이었네요. 아들과 노부부에게 모두 목적의식이 생긴데다 기대감도 갖게 했고 텔레비전이나 컴퓨터, 시디를 통해 침투하는 연예문화도 차단할 수 있었으니까. 게다가 세대 차로 생기는 편견도 단번에 없애고 친밀감도 높일 수 있었을 것 같습니다. 몇 사람만이라도 그렇게 한다면 지역사회가 더 건강해질 거예요. 다만, 아이들을 학대할지도 모르는 사람은 반드시 사전에 차단해야 합니다.

쿤츠 아이들은 의무를 맡겨주지 않으면 아무것도 하지 않습니다. 저는 제 아들이 열다섯 살일 때 부활절 실과 관련된 단체로 봉사활동을 보냈습니다. 거기서 아이가 한 일은 월급제 청년카운슬러들과 몇몇 또래 아이들과 함께 6일 동안 하루 24시간 중증 지체장애인들을 돌보는 것이었어요. 봉사자 두 명이 장애인 한 명을 돌봤는데, 아이는 그 일을 하는 동안 잠도 거의 못 잤고 커피 마시는 걸 배웠으며 맥주도 마셔봤던 것 같습니다. 이듬해에는 처음으로 여자친구도 사귀었습니다. 그러나 그 모든 경험들보다 더 중요한 것은, 집에 돌아온 아들이 제게 "엄마는 아마 절대로 그 일을 버텨내지 못했을 거야!"라고 말했다는 것입니다.

영혼의 나라

"할아버지의 마비는 잠깐 그러는 것이라서
꿈같은 것, 마치 동물 같은 상태라고 설명해주었다."

내 아버지는 베데스다가 세 살 때 돌아가셨다. 아버지는 별장에서 구토를 하다가 들것에 실려서 병원으로 옮겨졌는데, 이른 아침 엄마가 병원으로 가고 있는 동안 조용히 눈을 감으셨다. 뇌출혈로 쓰러진 지 몇 달 만에 아버지의 뇌는 거의 다 손상되었는데, 베데스다를 처음 만난 것은 그런 일이 생긴 뒤였다. 내가 아버지와 거의 10년 동안 연락을 끊고 살았기 때문에 아버지는 하나밖에 없는 손녀를 그때까지 한 번도 본 적이 없었다. 하지만 숨을 거두셨을 때는 아주 작은 한 사람의 무조건적인 사랑을 받고 있다는 사실을 알게 된 뒤였다.

어머니는 전화로 전신이 마비되어 대소변도 못 가리는 아버지가 죽기 전에 나를 꼭 만나고 싶어 한다고 말해주었다. 그래서 남편과 나는 베데스다를 데리고 곧바로 요양원으로 갔다. 베데스다는 그날 처음으로 외할아버지가 무슨 뜻인지 알게 되었다. 그 이전까지는 외가 얘기를 꺼낸 적이 없고, 우리 집에는 아버지 사진이 한 장도 없었기 때문이다.

머리를 양 갈래로 묶은 베데스다는 체크무늬 드레스에 두건까지 쓰고, 하얀 양말에 검정 구두를 신었다. 출발 전에 제 모습을 거울에 비춰보는 베데스다의 표정에는 긴장한 빛이 역력했다. 허영심이 전혀 없는 아이인데도 이 신비로운 사람, 새로 등장한 가족에게 인정받고 싶은 모양이었다. 내가 쓰는 향수를 뿌려 보고 싶어 했고, 달리는 차 안에서는 드레스를 만지작거리면서 이런저런 질문을 쏟아놓았다.

"엄마, 할아버지는 왜 다리를 못 움직여요?", "일어설 수는 있나요?", "그럼 양말은 어떻게 신어요?", "내일은 일어설 수 있을까요? 아니면 그 다음 날은요?" 하면서.

아이는 내가 혹시 할아버지처럼 뇌출혈로 쓰러지지는 않을까 걱정했다. 그래서 나는 그렇게 되지 않을 것이고, 100살 넘게 살 거라서 죽을 때는 얼굴이 호두처럼 변해 있을 거라고 말해주었다. 그때는 너도 많이 나이 들어서 남편도 있고 아이들도 여럿 있을 테니 엄마가 죽어도 큰 문제는 없을 거라고. 그리고 네 삶은 사랑으로 가득할 것이고, 네가 죽을 때가 되면 엄마가 고요한 나무들과 멋진 도서관으로 가득한 영혼의 나라에서 기다리고 있을 거라고.

"그럼 지안카를로 할아버지도 영혼의 나라로 가나요?" 아이가 물었다.

나는 그렇다고 대답하고 거기서는 다시 걷게 되실 테니 걱정 없다고, 할아버지의 마비는 잠깐 그러는 것이라서 꿈같은 것, 마치 동물 같은 상태라고 설명했다. 그때 남편이 흘깃 쳐다보기에 나는 장난스럽게 어깨를 으쓱해 보였다.

요양원에 들어서자 갑자기 심장이 쿵쾅거리기 시작했다. 건물이 너무 복잡해서 잠깐 길을 잃었는데, 그곳에선 너무 많은 생명들이 꺼져가고 있었다. 우리가 도착했을 때 아버지는 공동휴게실에 있었다.

나는 어디를 가나 베데스다의 손을 꼭 잡고 다녔는데, 그 날은 아이가 아니라 나를 위해서였다. 아버지는 몰라보게 야위어 있었다. 내 유년시절의 기억에는 영원할 것 같았던 그 독재자의 모습은 온 데 간 데 없고, 창백하고 삐쩍 마른 뼈다귀 같았다. 목소리마저 낯설었는데 정신은 또렷해 보였다. 하지만 우리가 하루 두어 시간 정도 정신이 멀쩡한 때에 맞춰갔기 때문이었다. 내 눈에서는 눈물이 터져나왔다. 나에게 베데스다가 아빠를 사랑하는 마음 같은 것이 있어서가 아니라 다르게 보낼 수도 있었던 지난 세월이 너무 안타까워서였다.

그런데 베데스다는 할아버지가 한 명 더 생긴 것을 무척 기뻐했다!

베데스다는 드레스가 예쁘다는 할아버지의 칭찬에 수줍게 치마를 보여주고는 할아버지의 손가락을 제 손으로 꼭 감싸 쥐고 함께 이야기를 나눴다. 이제까지 제대로 된 행복도 못 느껴본 채 앙상하게 마른 환자가 된 아버지의 표정에 언뜻 후회스러운 빛이 스치기도 했지만 아버지는 여전히 기가 꺾이지 않은 예전 모습 그대로였다. 베데스다는 침대 난간 위로 몸을 숙여서 할아버지의 말 한마디 한 마디에 고개를 끄덕이며 본능적으로 할아버지를 보살폈다. 그 순간, 나는 딸의 내면에서 마치 미국의 남북전쟁에서 죽어가는 병사를 돌보던 간호사를 보는 것 같은, 숨이 멎을 듯한 부드러움과 진지함을 보았다. 베데스다는 한 번도 가까이에서 환자를 본 적이 없었지만, 아무 상관이 없었다. 아버지가 전화로 베데스다에게 마지막으로 해준 말은 "나는 베데스다, 너를 무척 사랑해."였다.

아버지가 돌아가신 뒤 베데스다는 혼란스러워 했다. "할아버지는 아직도 병원에 계세요?" 하고 물어서 내가 "아니, 할아버지는 영혼의 나라로 가셨어." 하고 대답해주면 잠깐 있다가 다시 "그런데 거기에는 어떻게 갔나요? 걸어서 갔나요? 할아버지는 걷지도 못하잖아요? 하고 되물었다. 그 순간 아이의 눈빛은 정말 아름다웠다. 내가 "천사들이 내려와서 데리고 갔어."라고 대답했더니 "그들이 어떻게 들어왔지요? 창문으로? 아, 지붕 위에 착륙했구나." 했다. 나는 그 말이 재미있어서 웃으며 대답했다. "그래. 그런 다음 승강기를 타고 할아버지 방으로 가서 할아버지를 데리고 구름 위로 올라갔어." 아이는 그 말에 만족스러웠는지 눈물이 흘러내리는 내 얼굴을 어루만지며 말했다. "엄마, 괜찮아요. 할아버지는 이제 다시 걸을 수 있어요."

기술의 발달이 낳은 병균, 성인물

"그냥 참고 있는 요즘 여자아이들이란! 그 애들은 함부로 만지는 것,

성적 발언, 야한 농담이 불법인지조차 몰라요!"

페미니스트이자 작가, 네 아이의 엄마인 멜린다 탱커드 리스트는 친구들 사이에서는 싸움꾼으로 통한다. 그녀는 트위터에 가명 계정으로 '탱커드 리스트의 알몸사진을 발견한 사람이 있느냐?'면서 그녀가 남자들이 섹스를 하고 싶어 하는 성적 매력이 있는 페미니스트라고 묘사했던 공무원 아담스를 8개월 동안 추적해서 찾아냈다. 너무 지나치다고 그녀를 비난했던 사람들은 그녀의 의도를 알아차리지 못했던 것이다. 그녀는 성희롱이 얼마나 일상적이 되었는지를 보여주고, 제멋대로 지껄여놓고 대수롭지 않게 그저 장난이었다면서 어물쩍 넘어가려는 사람들에게 경고를 하고 싶었던 것이다.

1963년 농부의 딸로 태어난 탱커드 리스트는 언론인을 꿈꾸며 모터사이클을 즐기던 야성미 넘치는 여자였다. 그녀가 여야 정치권에서 제안해온 안정적인 직책을 거절했던 이유는 그녀의 관심사가 '변화를 위한 선거구만들기'였기 때문이다. 2009년 그녀는 판매나 홍보를 위해 여성을 상품화하고 여자아이들에게까지 성적 매력을 덧입히는 광고회사나 마케팅회사, 기업들을 폭로하는 〈집단외침〉이라는 서민중심의 선거운동조직을 설립했다. 그녀가 쓴 『거대한 포르노주식회사: 전 세계의 성인물산업의 폐해를 폭로하다』, 『진실 바로보기: 여자아이들에게 성적 매력을 덧입히는 것에 대한 저항』, 『주도적 출산: 의료화한 우생학을 거부하는 여성』, 『슬픔을 위로하는 말』, 『낙태를 한 여자들의 고통스러운 이야기』 등에는 그녀의 용기와 진실함이 분명하게 드러난다. 한 번도 싸움에서 물러선 적이 없는 그녀는 특히 기업들의 책임을 묻는 일에 힘을 쏟고 있다. 기업들이 지난 반세기 동안 사회적 비용은 전혀 고려하지 않은 채 막대한 수익성에만 눈이 멀어 아이들 대상의 새로운 시장을 만들어 악용해왔기 때문이다.

작가 지금의 문화에서 아이들을 어떻게 성적으로 상품화하고 있나요?

탱커드 리스트 지금은 어느 나라를 막론하고 언론들마다 여자아이들을 점점 더 성적 상품으로 취급하고 있습니다. 점점 더 어린 아이들까지도 예쁘고 날씬하고 섹시해야 한다는 메시지를 받고 있어요. 여자아이들의 목적은 오로지 남자들의 시선이나 주의를 끄는 것이고, 항상 전시 중이어야 한다는 것이지요. 여성스러움이란 '속 살을 드러내 보여서 자기가 여자라는 것을 증명하는 것'이라고 배 우기 때문에 다른 것으로는 자신의 가치를 인정받을 수 없다고 믿 게 만드는 짓입니다. 그 때문에 자신의 재능이나 세상의 변화를 이 끄는 데 참여하고 싶은 의지마저 무의미하게 느낍니다. 그들은 오 로지 성적 매력으로만 가치가 인정됩니다. 결국 남자아이들까지도 여자들은 누구나 나이에 상관없이 오직 남자들에게 만족과 즐거움 을 주는 존재라고 믿게 되지요. 그저 남자들의 눈요깃거리로요.

작가 장식물이나 다름없다는 말씀이군요.

탱커드 리스트 그렇습니다! 여자들이 오로지 장식물로서만 가치가 있다고 여겨집니다! 불행하게도 이런 메시지는 점점 더 어린 여자 아이들에게까지 전해집니다. 그래서 그들에게 몸매에 대한 불만, 섭식장애, 우울증, 자해, 저조한 학업성적, 자신감 저하 등 심각한 문제들이 나타납니다. 제가 이 문제를 처음 접했을 때만 해도 관련 조사가 몇 개 없었습니다. 하지만 지금은 '어린이들이 성적 매력으 로 관심 끌기', '청소년기의 상품화', '청소년기의 산업화가 건강에 미치는 부정적인 영향' 등 100개가 넘어요.

작가 누구를 탓해야 하나요? 기업인가요 아니면 성인물 제작자들 인가요?

탱커드 리스트 책임은 그들 모두에게 있어요. 기업에서는 시장을 키우려고 아주 어린 아기들에게까지 브랜드 충성도를 심어놓지요. 놀라울 정도예요. 한 기업의 연구에서는 아기들이 침을 흘리면서

턱받이나 옷에 자기 침이 떨어지는 것을 쳐다본다는 사실을 발견했습니다. 그래서 침이 떨어지는 자리에 상품이나 회사 로고를 새겨넣음으로써 아기들 머릿속에 각인시켜 충성도를 높이려고 합니다. 기업에서는 로고를 붙이는 자리도 이런 방식으로 찾아냅니다. 그것이 바로 오늘날의 기업문화입니다.

작가 광고회사 임원들은 새로운 사탄들 같아요. 베데스다가 두 살 때 저는 슈퍼마켓의 카트에 앉혀놓고 제일 예뻐 보이는 제품을 골라보게 했습니다. 아이는 보통 앞면에 만화가 새겨져 있거나 밝은 색을 골랐습니다. 그러면 제가 그 회사가 왜 그런 그림을 그려놓았는지를 설명해주었지요. 탄산음료의 경우 "이 음료수들은 다 영양소가 하나도 없는 재료들로 만든 거야. 그래서 이 회사에선 병을 아주 예쁘게 만들어야 해. 안 그러면 아무도 안 사거든. 재미있는 만화를 그려놔서 아이들이 엄마한테 사달라고 조르게 만드니까 너무너무 나빠. 포장이 예쁜 제품 치고 몸에 좋은 것은 거의 없단다." 제가 이런 말을 자주 해줬기 때문에 베데스다는 그런 정보를 일찍부터 알았어요. 마케팅은 문화의 병폐입니다.

탱커드 리스트 맞습니다. 아이들이 옳고 그름을 가리고 해독할 인지능력이나 발달능력이 부족하다 보니 그것으로부터 받는 영향력은 그야말로 파괴적입니다. 수많은 여자아이들과 대화하면서 저는 점점 더 나빠지고 있다는 것을 확인했습니다. 성인물에나 나올 법한 성적 행동이나 이미지를 강요당하는 일까지 벌어져요. 제가 방금 어떤 학교에 다녀오는 길인데, 열두세 살쯤 되는 여학생들이 보여준 문자가 아주 기가 막혔어요. "사진 좀 보내줘. 네 알몸이 보고 싶어. 네 가슴 사진도."라는 문자였거든요.

작가 남학생들이 보낸 건가요? 아니면 남자 어른이?

탱커드 리스트 남학생들이었어요! 그것도 아주 무작위로요. 여학생들에게 자신의 성기사진을 보내놓고 "너도 내 거시기를 봤으니까 네 사진도 나한테 보내. 넌 이제 나한테 빚진 거다!"라는 문자를 보냅니다. 고작 열두세 살밖에 되지 않은 여학생들이 그런 문자 때문에 쓸데없는 고민에 빠져요. 그런 일은 아주 일상적으로 일어나고 있어요. 그것은 분명한 강요입니다. 그런데도 "기분이 좋지는 않아요. 하지만 이런 일은 누구한테나 있는 거 아닌가요?"하면서 남학생들이 그렇게 접근하는 것을 이상하게 생각하지 않습니다.

작가 당연히 그럴 거예요. 지금은 여자들을 끊임없이 성인물에 나오는 존재처럼 여기니까. 오늘 자 신문에 이탈리아의 한 만화가가 영국 보그 편집장인 안나 윈투어와 만화캐릭터 호머 심슨을 여러 가지 섹스 자세로 묘사했더군요. 이것은 가장된 유머입니다. 두 아이의 엄마로 아주 지적이고 우아한 60대 여성을 허벅지까지 올라오는 라텍스부츠를 신고 다리를 허공에 쳐들고 있는 모습으로 묘사했으니까요. 그런데 윈투어가 그런 관심을 요구한 적이 있나요? 아니죠! 그런데도 왜 그렇게 그려놓았을까요? 성적으로 이용하려는 못된 짓입니다. 문화의 퇴행이에요.

탱커드 리스트 정말 동감합니다! 지금의 소녀들은 가장 많이 힘을 빼앗긴 세대입니다. 그들에게 성 경험을 물어보면 "저는 괜찮게 해낸 것 같아요. 걔가 좋아하는 것 같았어요."라고 대답합니다. 자신의 충족감이나 친밀함과는 완전히 단절되어 있는 거죠. 자신을 성적 서비스의 제공자쯤으로 여기고 있어요! 그러면서도 남학생들이 어떤 성적 행위를 하면서 자기한테 미리 허락을 구하지 않는다고 불평합니다. 상대방의 의견도 묻지 않고 자기들 마음대로 추잡한 성행위를 시도한다는 거예요.

작가 저는 유명 잡지사에서 함께 일했던 한 여자 분을 잊을 수가 없어요. 그녀는 훤칠한 키에 심장이 멎을 만큼 아름답고 아주 예의 바른 사람이었어요. 그녀가 어떤 행사에 갔다가 미남이고 예의 바르고 박식하며 포르셰를 모는, 말하자면 엄마들은 누구나 사위 삼고 싶을 만한 남자를 만났답니다. 그런데 처음으로 그 남자의 집에 초대 받아 갔던 날, 그가 키스를 하다 말고 정중하게 "당신 얼굴에 사정해도 될까요?" 하고 물었다는 거예요. 저는 어안이 벙벙했습니다.

탱커드 리스트 맞습니다. 아니면 "항문에다 해도 괜찮지요?"라고 했을지도 모르죠.

작가 이런 일이 모두에게 일어나고 있습니다. 제가 사립학교 여학생 둘이서 하는 말을 엿듣게 됐는데, 고작해야 열대여섯 살밖에 안 돼 보이는 여학생이 "요즘 남자애들은 왜 그러지? 이제 젖가슴에는 관심도 없어. 바로 아랫도리로 달려든다니까!" 하더군요. 앤드류 케빈 워커의 영화 〈8mm〉에 나왔던 성인물에 대한 내용을 인용해보겠습니다. "펜트하우스, 플레이보이, 허슬러 같은 성인잡지들은 이제 아무도 성인물로 안 봅니다. 그리고 트리플 X라는 잡지가 있는데, 다루는 삽입 위치가 달라요. 좀 더 야하지요. 이 산업은 이미 작가, 감독, 성인물 스타가 나올 만큼 너무 커졌습니다. 마치 연예인 같아요. 적어도 자기들은 그렇게 생각합니다. 그들은 일주일에 비디오 150개를 제작합니다. 단 일주일 만에요! 그들은 성인물 아카데미상도 제정했지요. 미국에서는 이 정도로 성인물이 성행합니다. 누가 한 번도 성인물을 못 봤다고 한다면 거짓말입니다. 누군가는 그런 비디오를 사고, 누군가는 일 년에 9억 달러를 전화 섹스에 씁니다. 앞으로는 더 심각해질 거예요. 점점 더 수위가 높고 엽기적인 성인물들이 대중화되겠지요. 그것이 진화의 수순이기도 하고, 사람들이 웬만한 자극에는 둔감해질 테니까. 예전에는 '어머! 엘비스 프레슬리가 골반을 흔들고 있어. 너무 역겨워!' 했지만, 지금은 TV에서 엉덩이가 다 드러나는 수영복을 입은 여자들이 춤추는 장면을 그대로 내보내지요. 제 말이 무슨 뜻인지 아시겠죠? 성인물 중독자들은 웬만큼 큰 젖가슴에는 자극도 못 느낍니다. 세상에서 제일 큰 젖가슴이어야 간신히 자극을 받을 정도예요. 그래서 젖가슴에 사람 머리통보다 더 큰 보형물을 넣은 성인물 여배우까지 있어요. 조만간 플레이보이가 펜트하우스가 되고 펜트하우스가 허슬러가 될 거예요. 또 허슬러는 하드코어가 되고 하드코어는 결국 의학필름이 되겠지요! 사람들이 다친 여자의 벌어진 상처에다 대고 사정을 하고 있을지도 모릅니다. 더 이상 갈 곳이 없어요."

케빈 워커가 1998년에 쓴 이 글을 보면 그에게 예지 능력이 있었던 것 같습니다. 그렇다면 모든 것을 다 시도해 본 사람들은 어떻게 될까요? 모든 것이 다 구식이 되어버렸을 때는요?

탱커드 리스트 그때는 고문, 결박, 가학적인 변태 성욕에 빠져서 고문이 나오는 성인물을 보면서 그룹섹스를 즐기게 되겠지요. 저는 출장을 다니면서 의사들에게 어디서 들어보지도 못한 얘기들을 많이 들었습니다. 하지만 그런 일은 분명히 일어나고 있습니다. 점점 더 많은, 점점 더 어린 여학생들이 항문이 찢어져서 찾아오는데 인공항문수술을 받아야 할 만큼 심각한 경우도 있다고 합니다. 또 오랄 섹스가 안전하다고 생각하지만 유두종 바이러스 때문에 기도암이 생길 위험이 있습니다. 하지만 여학생 잡지에는 그런 정보가 없습니다.

작가 일부 페미니스트들은 성인물과 매춘까지도 여자들의 선택적 권한이라고 규정합니다. 하지만 그것은 사회적으로도 독이 될 뿐 아니라, 전부 거짓입니다.

탱커드 리스트 맞습니다. 그들은 자신들을 객관화하려고 맹렬히 싸워왔지요. 그러나 그것은 거짓 권력이며 거짓 권한입니다. 물론 자신의 웹페이지를 갖고 있는 성인물 여배우들도 있지요. 하지만 대부분은 여자들 중에서도 가장 권리를 박탈당한 사람들입니다. 개중에는 다중인격 장애를 앓고 있는 경우가 많은데, 업체들은 그런 여자들을 더 선호합니다. 다중인격 중 하나는 대개 아주 어린 여자아이인데, 일부러 그런 인격을 찾는 고객들이 많기 때문이지요. 그들은 자기 자신을 보호하려고 그런 인격을 만들어냅니다. 스톡홀

름증후군(억류되어 있는 인질이 극도의 스트레스를 받는 상황에서 인질범에게 정신적으로 동화되어 호감을 갖거나 지지를 하는 등 긍정적인 느낌을 갖게 되는 현상)과 비교한 연구들이 있습니다. "너는 몸매가 최고야!", "이 분야에서는 널 따라올 여자가 없지!", "너는 섹스를 너무 잘해. 남자들이 널 쳐다보는 눈을 봐!"와 같은 최악의 칭찬도 그들이 받을 수 있는 유일한 칭찬인 경우가 대부분이지요. 그래서 거기서 벗어나지 못하는 거예요.

작가 최근 한 젊은 여성이 자기 몸을 촬영한 성인물에 가까운 영상을 온라인에 무료로 올렸는데, 자신의 몸매를 타박하는 친구에게 자신의 매력을 확인시키려는 의도였다고 합니다. 그녀는 '기대 이상의 반응'을 얻어서 꼭 다시 해보고 싶다고 하면서 "더 인기를 끌려면 더 많이 보여줘야 한다는데 자신감이 떨어져서 위로가 필요해지면 다시 하겠다."고 말했습니다. 저는 지금의 젊은 여성들이 노력해서가 아니라 성기를 보여주는 것으로 자신감을 찾는다는 것에 너무 마음이 아픕니다. 우리는 지금 반사회적인 미개의 상태로 회귀하고 있습니다.

탱커드 리스트 맞습니다!

작가 웹 사이트를 통해 어린 매춘부 하나가 연락을 해왔는데, 그녀는 자기 부모가 둘 다 매춘부로 일한 적이 있다는 사실을 알게 되었다면서 아직도 자기한테 일어난 일을 이해하려고 애쓰는 중이라고 하더군요. 그녀는 페미니스트들의 홍보 포스터에 성매매업 종사자들의 이미지가 도용된 것을 보면서 갈등을 느꼈다고 합니다. "한편으론 힘이 되지만, 다른 한편으론 그들이 자기들의 경험을 부인하는 거예요." 제가 처음 쓴 책『피의 점심』은 BDSM[기학적 성적 성향이나 활동]을 다뤘습니다. 저는 한 매춘부와 짜고 옷을 입은 채 조수로 위장해서 매춘 장면을 참관했습니다. 특권의식에 빠져서 우리를 무시한 그 남자가 한 짓은 일반 사무실이었다면 고소를 당하고도 남을 일이었습니다. 하지만 그 방에서는 어떠한 권한도 행사할 수 없었습니다. 그녀는 평생 정신상담소를 전전했고, 12살짜리 여자아이들과 일한 적도 있는, 완전히 망가진 사람이었어요. 제가 책이나 기사를 쓰려고 인터뷰했던 많은 매춘부들에게는 하나같이 문제가 있었습니다. 구시대 노예제도의 찌꺼기 같은, 너무나도 끔찍한 삶이었어요. 제가 보기에는 자유로운 성을 주장하는 페미니스트들도 성매매 업소를 찾는 사람들과 마찬가지로 매춘부들을 이용하고 있습니다. 방법만 다를 뿐이죠. 간접적인 착취이자 관음증이며, 파괴적입니다. 성매매업 종사자들을 이용할 뿐 그들이 생존하고 있는 심리적, 영적 존재라는 사실은 그들의 관심 밖입니다. 그들에게 중요한 것은 선택이라는 개념뿐입니다. 사람보다 이상을 우선시하는 발상이지요.

탱커드 리스트 그렇군요.

작가 성인물을 보는 시각도 부모와 아이들이 서로 다릅니다. 어른들은 요즘 아이들이 접하는 성인물이 얼마나 타락했는지 잘 모릅니다. 말 그대로 아예 이해를 못해요. 그래서 그저 플레이보이 잡지가 온라인에 존재하는 것쯤으로 믿지만 실제로는 부검장면이나 소아성인물, 배설물이 나오는 지저분한 영상, 임산부 집단폭행, 폭력, 강간까지 등장합니다.

탱커드 리스트 그런데도 부모들은 자기 아이들이 젖가슴이나 보고 있을 거라고 생각하지요!

작가 아니면 성기 좀 본다고 웬 호들갑이냐고 합니다. 반대로 아이들이 뭘 보는지 일일이 부모가 관리해야 한다는 부모들도 있습니다. 하지만 그것은 요즘 아이들이 인터넷을 얼마나 잘 뚫고 다니는지, 친구나 친구의 형제로부터 얼마든지 성인물을 접할 수 있다는 걸 모르고 하는 생각입니다. 저도 처음 성인물을 접한 게 겨우 일곱 살 때였거든요. 친구 집에 갔다가 보게 되었지요. 실상이 이런데도 맞벌이를 하는 부모가 아이들의 인터넷과 전화사용을 24시간 내내 관리할 수 있다고 생각한다면 큰 오산입니다. 성인물이 뭐가 문제냐고 하는 부모들도 있습니다. 제 부모님이 그랬지요. 성인물은 섹스나 마찬가지라서 건강한 것, 정상적인 것, 아니면 우스운 것 정도로 생각하지요. 성인물 중에서도 사이버 성인물이 인간의 뇌에 얼마나 해로운지, 특히 어린이들의 뇌를 얼마나 쉽게 바꿔버리는지를 모르는 거예요. 그것에 관한 정보는 제가 운영하는 웹페이지에 많이 올려두었습니다. 제 남편은 호주에서 이름난 기숙학교에 다녔는데도 의료용 장갑에 윤활제까지 골고루 갖춰놓고 성인물을 보면서 자위를 하는 친구도 있었고, 성인물 중독으로 다섯 살짜리 사촌동생을 추행해서 문제가 된 친구도 있었다고 합니다. 상황이 이 정도인데 아이들을 걱정하는 부모들이 할 수 있는 일은 무엇일까요?

탱커드 리스트 대부분의 부모들이 어떻게 해야 할지 몰라서 쩔쩔매지요. 집안에서 아무리 통제해도 학교에서 친구의 전화기로, 아니면 친구 집의 컴퓨터로 성인물을 볼 확률이 더 높으니까요. 그래서 적절한 규제가 꼭 필요합니다. 영국에서는 성인물에 대한 사전동의 시스템이 시행되었습니다. 어른들까지 못 보게 막은 것이 아니라 사전등록을 해서 볼 수 있게 한 것입니다. 그건 그렇고 성인물 제작자들은 대체 왜 학대, 강간이 나오는 가학적 성인물을 아이들도 볼 수 있게 열어놓을까요? 그리고 궁극적으로는 그것이 오히려 표현의 자유를 위협하는 것인데도 왜 그것이 표현의 자유로 여겨져야 할까요? 그런 쓰레기 같은 성인물을 보고 싶은 남자들은 사전등록을 해서 보면 될 텐데도 "내가 왜 그래야 하나?", "우리에게도 권리가 있다."고 반박합니다.

작가 그런데 그것이 꼭 남자들만의 문제는 아닙니다. 성인물 배우 브룩 마그나티는 최근 성인물 사전등록 반대시위에서 이렇게 말했습니다. "잘 알려져 있지는 않지만 여자들도 성인물 고객입니다. 우리는 12살짜리가 성인물을 얼마나 보는지에 대해서 듣고 충격을 받지만, 그보다 훨씬 많은 여자들이 성인물을 본다는 말은 들어보지 못했을 겁니다."

탱커드 리스트 여자들이 어떤 것을 보나요?

작가 남자들과 다르지 않아요. 로맨틱 코미디 배우인 케이트 허드슨은 한 언론 인터뷰에서 즐겨보는 성인물이 약한 것이냐는 질문에 "아니요, 저는 바로 센 것들을 찾아요!"라고 대답했습니다. 공개적으로 이렇게 말하는 그녀의 두 자녀들에게 무슨 희망이 있겠습니까?

탱커드 리스트 그래서 부모들에게도 도움이 필요합니다. 아이 하나를 키우는 데는 마을 전체가 필요한데, 그 마을이 독소로 가득 차 있으니까요. 아이들끼리 성폭행을 저지르는 일이 늘고 있고, 성인물을 접하고 나서 이상 행동을 보이는 다섯 살짜리를 데리고 상담을 오기도 합니다. 우리는 지금 선진국의 한복판에서 학교에 다닐 나이의 어린이들이 저지르는 성범죄가 불과 4년 만에 4배나 늘어난 것을 목격하고 있습니다. 그런데 이런 뉴스는 왜 신문 첫 면에 실리지 않을까요? 전문가들은 이 모든 문제들이 다 성인물 때문이라고 말합니다. 바로 그 결과지요.

작가 어느 학교의 보조교사가 한 말은 정말 충격적입니다. 열두세 살밖에 안 된 여학생들이 오럴섹스를 아무렇지도 않게 얘기한다는 겁니다. '그냥 섹스일 뿐인데 뭐가 어때?'라고 한다는 거예요. 호주에서 제일 이름난 사립여학교에 다니는 제 친구의 딸이 열네 살 때 학교에서 지속적인 괴롭힘을 당했는데, 그 이유가 '거시기가 이상하게 생겨서'였다는 겁니다. 지금 아이들은 그런 것으로 친구를 판단합니다. 자기 자식들이 성인물에 얼마나 노출되고 있는지에 대해 무관심한 부모들 때문에 수천 명의 다른 아이들이 나쁜 영향을 받을 수 있습니다. 성인물은 기술의 발달이 낳은 병균입니다.

탱커드 리스트 맞습니다!

작가 우리의 성역할은 전부 대중문화에 반영됩니다. 유명한 팝송 〈흐려진 선들〉의 가사는 이렇습니다. "그런데 너는 착한 여자야 네가 나를 잡는 방법… 지나가다 나하고 만나줘. 내가 네 항문이 찢어질 만큼 큰 것을 줄게."

탬커드 리스트 지금 여학생들은 자기 자신을 남학생들에게 성적 서비스를 제공하는 사람쯤으로 보고 있고, 남학생들도 자기들이 여학생들에게 그렇게 대우할 자격이 있다고 믿고 있습니다. 그래서 거부하는 여학생들에게는 내숭 떤다, 전전긍긍한다, 불감증이다 하면서 비난을 서슴지 않고, 다른 애들은 다 하는데 혼자만 유난을 떤다고 비아냥거립니다. 남자친구가 너무 좋고 함께 있고 싶어서 뭐든지 요구하는 대로 다 들어주겠다고 하는 여학생도 있습니다. 약간의 사랑을 받으려고 섹스로 대가를 치르는 것이지요. "사귀지는 않으면서 '부담 없이 즐기는 사이'라는 말 들어보셨나요?" 영어로는 friends with benefits라고 합니다. 한 젊은 여자는 "왜 그는 원하는 걸 다 차지하는데, 나는 얻는 것이 하나도 없을까요?"하고 속상해합니다.

작가 정말 안타깝네요.

탬커드 리스트 그렇습니다. 저는 여학생들에게서 섹스가 위대하고 힘이 있다는 말을 들어보지 못했습니다.

작가 그런데 롤모델이 되는 몇몇 페미니스트들에게 성인물이나 성매매는 부끄러운 것이 아니라는 말을 듣고 있는 여학생들이 어떻게 다른 생각을 할 수 있을까요? 캐서린 하킴 같은 학자들이 자기 몸을 무생물처럼 광고하라고 부추길 때는요?

탱커드 리스트 정말 난감하지요.

작가 제가 정말 비극적이라고 생각하는 부분은, 남자아이들이 섹스를 어떤 관계의 맥락에서 이루어진 결과로 이해하도록 배우지 못한다는 것입니다. 그들에게는 영혼 없는 섹스가 더 좋고 남성다움의 한 부분인 것처럼 묘사됩니다. 그래서 그들은 섹스를 권력과 힘, 사회적 지위의 관점에서만 이해합니다. 성기만 존재하는 세계인 거죠. 반대로 여자들은 전통적으로 섹스를 앞뒤관계가 있는 것으로 이해합니다. 성별 표시만이 아닌, 어떤 관계의 종점으로 인식하지요. 섹스를 보다 포괄적인 의미로 받아들이는 것입니다. 선생님께서는 성인물 때문에 아이들이 자기 몸을 바라보는 시선이 달라진다고 하셨는데, 좀 더 자세히 설명해주세요.

탱커드 리스트 성인물이 아이들에게 자기 몸과 인간관계, 성적 매력에 대해 왜곡된 시각을 심어준다는 건 누구나 아는 사실입니다. 비현실적이고 성적으로만 부각된 이미지들을 접하다 보면, 자기들도 그렇게 보여야 할 것 같은데 그렇지 못한 자기 몸이 혐오스러워지는 것이죠. 심지어 아주 건강한 여덟 살짜리 여자아이가 "나는 너무 뚱뚱해."라고 말할 정도예요. 초등학생들이 벌써 뱃살을 만져 보면서 서로 얼마나 뚱뚱한지를 비교합니다. 어른들이 아이들을 아프게 만들어놓고 아이들이 자기 몸을 싫어하게 된 것을 자연스러운 성숙의 과정이라고 착각하고 있습니다.

작가 아이들을 성인물이나 성적 상품화로부터 어떻게 보호할 수 있나요?

탱커드 리스트 저는 사람들에게 개개인이 정치적으로 행동하기를 강하게 권합니다. 그런 상품은 사지 마세요. 성적인 문구가 적힌 옷은 불매운동을 하세요. 우리는 지갑으로 투표해야 합니다. 기업들이 사회적 책임을 보여주지 않는다면 지지를 철회하겠다는 의사를 분명히 해야 합니다. 바로 그 지점이 〈집단외침〉이라는 단체가 등장한 배경입니다. 지역의원에게 연락해서 당신의 영향력을 행사하세요. 어머니들에게는 힘과 영향력이 있습니다. 그런 기업들은 변화를 요구하는 유권자가 나서지 않으면 바뀌지 않습니다. 우리가 지지기반을 만들어야 합니다. 그것은 우리의 책임입니다. 자녀들에게 독이 되는 문화는 의식적으로 거부하고 더 나은 것을 요구하세요.

작가 그럼 남자아이들에게 자기존중과 여성존중을 어떻게 가르칠까요? 또 성적인 욕구는 어떻게 다스리게 할까요? 관계의 맥락으로 성을 이해하는 것의 문제인가요?

탱커드 리스트 우선 집안에서는 성인물을 강력하게 차단해야 합니다. 가벼운 성적 농담도 함부로 하지 못하게 해야지요. 또 본이 되는 건강한 남성상을 만날 수 있어야 합니다. 그런데 요즘 아이들이 건강한 남성다움을 어디에서 접하겠습니까? 스포츠스타에게? 우리는 너무 뒤틀린 비인간적인 남성성의 문화에서 아이들을 기르고 있습니다. 그래서 아이들은 좋은 남자가 되는 법을 모릅니다. 그런 모습을 볼 기회가 없으니까요! 그래서 아버지들은 건강한 남성성의 본보기가 되어야 합니다.

작가 하지만 너무 많은 아버지들이 아들에게는 이방인 같은 존재입니다! 기업에서는 하루 12시간이 넘도록 아이들에게서 아버지들을(지금은 어머니들까지도) 떼어놓습니다. 친밀감은 기본적으로 관심이 있어야 생기고 관심을 가지는 데는 시간이 필요한데, 삶이 너무나 분주한 요즘 그럴 시간이 어디 있습니까? 제가 아는 친구들 중에 크게 성공한 남자들은 대부분 말도 안 될 만큼 오랜 시간 동안 일을 합니다. 그리고 잔뜩 스트레스를 받은 상태로 밤늦게 퇴근해서 늦도록 뉴스를 보고는 다시 성인물을 틀어놓습니다. 다들 결혼해서 아이들이 있는데도 그래요. 그렇다고 아내를 사랑하지 않는 것도 아닙니다. 그런데도 포르노를 보면서 자위를 합니다. 성모 마리아를 사랑하면서도 매춘부를 보면서 사정하는 것이죠.

탱커드 리스트 이 모든 문제들이 사실은 서로 연결되어 있습니다.

작가 부모들이 자녀들에게 성인물이 별것 아니라고 여기면 어떤 문제가 생길까요?

탱커드 리스트 지금 우리는 아이들의 성적 발달에 전례가 없는 실험을 하고 있습니다. 그들이 실패하든 말든 그냥 내버려두는 거죠. 그렇지만 아이들은 자기들이 성인물 때문에 망가지고 있다는 사실을 알고 있습니다. 알면서도 너무 깊이 중독된 것뿐이에요. 십대 초반의 남학생들에게서 성인물중독에서 건져달라는 구조요청이 오는 경우도 있어요. 제가 일일이 상담해줄 형편이 아니라서 안타까울 뿐입니다.

작가 학교는 어떤가요? 어떤 방침을 세워야 할까요?

탱커드 리스트 3주 전에 어느 교장선생님이 학교 화장실을 완전히 다시 설계하고 있다면서 그 이유가 거기서 일어나는 부적절한 성적 행동 때문이라더군요. 이제는 학교가 화장실까지 개조해야 할 지경이 된 것입니다! 그렇다면 학교가 할 수 있는 일은 무엇일까요? 학교에는 성인물을 절대로 가져오지 못하게 해야 하고, 안 되면 정학이라도 줘야 합니다. 핸드폰에 다운로드 받았을 때도 똑같이 처벌해야 합니다. 음담패설이나 성적 농담도 금지해야 합니다. 그냥 참고 있는 요즘 여자아이들이란! 그 애들은 함부로 만지는 것, 성적 발언, 야한 농담이 불법인지조차 몰라요!

작가 고등학교 때 저는 미식축구 팀이 회의 중이던 방에 들어간 적이 있어요. 젊은 남자 과학선생님이 감독이자 책임자였는데, 제가 방해해서 죄송하다고 말했는데도 "아니, 그냥 남아줄래? 우리는 언제라도 창녀가 필요하거든."이라고 말했습니다. 지금까지도 도저히 잊을 수 없는 말이었지요. 아버지가 교장 선생님한테 항의하겠다고 했지만 저는 스스로 해결하고 싶었습니다. 그래서 과학과 주임선생님을 찾아가서 그에게 사과 받고 싶다고 했더니 자리를 만들어보겠다고 했습니다. 하지만 저는 "아니요. 저는 과학과 선생님들이 모두 보는 앞에서 사과 받고 싶어요. 안 그러면 조용히 넘어가지 않겠습니다."라고 했지요. 주임선생님은 안 그랬다가는 그 선생님이 징계를 받을까 봐 제 뜻을 들어주셨어요. 결국 그 과학선생님은 교무실에서 저에게 사과했습니다. 처음에는 마지못해하는 시늉만 하기에 제가 '죄송한데, 하나도 안 들려요.' 했더니 다시 큰 소리로 사과했습니다. 아름다운 순간이었지요.

탱커드 리스트 그때가 몇 살 때였나요?

작가 열다섯 살이었습니다. 저는 그때 무지하게 화가 난 상태였지요. 만약 제 딸에게 그런 일이 생긴다면, 어떻게 하라고 해야 할까요?

탱커드 리스트 자신에게 부정적인 말은 하지 말아야 합니다. 친구들에게 "나 뚱뚱해 보이니?" 같은 질문을 하지 말고, 몸매 가꾸기에도 너무 열중하지 말아야 합니다. 살이 찔까 봐 디저트를 포기하지 마세요. 여자아이들은 대개 어머니를 따라한다고 합니다. 그래서 엄마들은 각별히 말과 행동에 신경 써야 합니다. 딸의 겉모습에 대해 칭찬하지 마세요. 성적이 올랐거나 동생을 돌봐주었거나 봉사활동을 한 것에 대해 칭찬하세요. 외모보다는 내면의 가치, 배려하는 마음, 성과를 칭찬해야 합니다. 집안에서부터 몸에 대한 부정적인 말을 금지하세요. 수준미달의 허접한 물건은 아예 사지도 마세요. 〈집단외침〉처럼 서민과 지역이 중심이 되어 변화를 추구하는 단체나 모임에 가입해서 힘과 용기를 얻으세요. 이러한 시도를 해보고 용기를 얻었다는 여자분들이 많습니다.

멜린다 탱커드 리스트의 '자녀 보호 가이드'

☆ 개개인이 정치적으로 행동하세요.

☆ 아들이 누나나 여동생, 다른 여자들에게 부정적인 말을 하지 못하게 하세요. 아버지들에게는 가정에서 건강한 남성상을 보여줄 의무가 있습니다.

☆ 딸들에게 외모와 무관한 다른 업적을 칭찬해주고, 가치를 인정해 주세요.

☆ 엄마들도 자기 몸매에 대해 부정적인 말을 하지 마세요. 딸들은 엄마의 영향을 많이 받기 때문에 엄마가 자기 자신을 좋아하지 않으면 딸도 그럴 가능성이 크다고 합니다. 건강에 별 상관도 없는 체중계는 치워버리세요. 음식을 즐기세요. 건강한 식습관을 유지하면서 가족들과 함께 식사하세요.

☆ 딸들이 자신의 가치를 느낄 수 있는 활동을 추천하세요. 컴패션이나 월드비전 같은 봉사단체를 통해 어렵게 사는 아이들을 후원하게 해주세요. 그 아이들과 만나게 해주면 더 좋습니다. 다양한 봉사활동에 참여하게 하세요. 그런 경험이 아이들에게 세계관을 바로 세우고 자기가 알고 있는 세계가 전부가 아니라는 것을 깨닫게 합니다.

☆ 아이 스스로 힘과 회복력을 기를 수 있게 도와주세요. 당신이 부모로서 추구하는 가치를 함께 실천할 수 있도록 가치관이 비슷한 친구들과의 네트워크를 만들어보세요.

☆ 집에 있는 컴퓨터에는 모든 유해사이트 차단 프로그램을 설치하세요.

☆ 컴퓨터는 모든 가족이 함께 쓰는 공용공간에만 두세요. 아이들에게 SNS에 대한 관심과 즐거움을 가질 수 있게 해주되 실제로 아는 친구들하고만 교류하도록 규제하시고, 사생활 수준을 가장 높게 설정

하세요.

☆ 문화적인 상술에 넘어가지 마세요. 성적 매력을 드러내는 옷을 취급하는 가게에서는 물건을 사지 마세요. 성인잡지가 굴러다니는 주유소에선 주유하지 마세요. 그리고 가게주인에게 직접 항의하세요.

☆ 지역의원들에게 아이들을 대상으로 한 성의 상품화를 어떻게 생각하고 있으며 어떤 노력을 기울이고 있는지 물어보세요. 〈집단외침〉 같은 시민단체에 가입하세요. 그런 단체는 중요한 이슈들을 이해할 수 있도록 도와주고, 항의하는 방법도 알려줍니다. 당신이 막지 않고 그냥 외면해버리면 결국 당신이 그것을 허락한 것이 된다는 것을 잊지 마세요.

collectiveshout.org

가족과 따로 사는 남자들

"20세기의 대부분은 아버지들을 일시적이고 산만하며
야행성의 존재로 이해해왔다."

베스트셀러 작가 윌리엄 리이스는 뭔가 잘못된 것 같은 느낌에 번쩍 눈을 떠보니 자신이 침대가 아닌 바닥에 깔린 낡은 매트리스에 누워 있었다. 집이 아니라 사무실에서 그냥 잠들었던 것이다. 그것도 혼자서. 그의 곁에는 이제 아내와 아들이 없다. 그는 이미 심리적으로나 육체적으로나 돌이키기 어려운 상태였다.

별거와 이혼은 심리적인 건강에 큰 문제가 된다. 현재 영국과 미국에서는 결혼부부가 가장인 가정이 역사상 처음으로 소수집단이 되었고, 호주와 캐나다에서도 점점 줄고 있다. 전체 결혼의 3분의 1이 10년 안에 파탄이 나는데, 사실혼 관계에서 자녀를 둔 커플의 경우 헤어질 확률이 결혼커플의 열 배가 넘는다. 3,40대 남자의 이혼율이 가장 높고, 아내가 먼저 이혼을 요구하는 경우가 60퍼센트나 된다. 놀랍게도 신부의 나이가 결혼생활의 지속 가능성을 가늠할 수 있는 지표가 되는데, 신부의 나이가 많을수록 결혼생활이 오래 유지될 가능성이 높다. 『나 홀로 집에, 미국: 보육원, 약물 그리고 부모를 대신하는 것들 뒤에 가려져 있는 비용』의 저자 메리 에버스타트는 이혼을 '부성 부재의 문제'로 규정했다.

심리적으로 좋지 않은 결과는 직계가족에서 그치지 않고 다음 세대로까지 이어진다. 하나의 로맨틱한 관계가 깨지면 재혼, 삼혼, 어머니는 같고 아버지가 다른 이부형제, 배다른 형제, 이혼으로 생긴 금전적인 불확실성, 주거지 변경, 금이 간 공동체 등 엄청난 후폭풍이 뒤따르기 때문이다. 또 친밀감을 느끼지 못하거나 신뢰나 자존감, 책무, 우울증 같은 심리적인 문제들도 겪게 된다.

1936년 당시 영국 왕 에드워드 8세가 이혼녀와 결혼하기 위해 왕위까지 내려놓아야 했던 것에 비하면, 지금은 이혼이 너무 흔해져서 사회적인 비판에서는 벗어났다. 하지만 매년 이혼으로 수없이 많은 사람들이 상처를 받는데도 그 과정이 지나치게 미화돼서 거짓 이미지가 만들어졌다. 이혼은 가족의 죽음과 맞먹을 만큼 극심한 스트레스다. 흥미롭게도 이혼을 긍정적으로 생각할수록 결혼의 질과 수치는 감소한다. 사회학자 레베카 오닐은 『삶의 실험: 아버지 없는 가족』이란 책에서 "이혼은 종종 불행한 결혼의 결과가 아닌, 선택사항의 하나로 인식된다."고 밝혔다.

이혼자들의 삶의 질은 결혼생활을 유지하고 있는 사람들보다 전반적으로 훨씬 나쁘고 그 증거도 너무나 확실하다. 그런데도 이혼이 아버지들에게 미치는 영향에 대한 연구는 아직 너무 미미하다. 남자들이 괴로움을 삼키고 무시해야 한다고 배워왔기 때문에 도움을 아예 거부하기 때문으로 보인다. 하지만 통계자료에서는 그들의 심리적인 문제가 너무나 확연히 드러난다.

남자들은 이혼한 뒤 건강이 급격히 나빠지고, 불안, 중독, 우울, 죽음에 더 많이 노출되며, 20~60살 사이의 사망률도 결혼생활 중인 남자들보다 70~100퍼센트나 높았다. 오닐은 음주량이 늘 확률도 이혼남이 두 배 이상 높고, 안전하지 않은 성생활을 한 비율(2013년 한 해 동안의 통계 기준)도 가장 높다는 것을 확인했다. 여러 명과 관계를 맺으면서도 콘돔을 쓰지 않는 비율도 유부남은 3퍼센트, 동거남이 10.4퍼센트, 총각이 9.6퍼센트인 데 비해 이혼남은 15.7퍼센트로 크게 높았다. 전체 이혼남 중에서도 자녀들과 함께 살고 있지 않은 아버지들이 심리적으로 가장 불안정했고, 마약이나 음주운전 같은 위험 행동의 가능성도 더 높았다. 〈전염병 역학과 공동체 건강저널〉에서는 별거와 이혼으로 남자들의 자살률이 두 배 이상 높아진다고 밝혔다.

별거와 이혼으로 아버지들이 느끼는 비통함이 의아하다면, 최근의 뉴스를 봐도 이해할 수 있을 것이다. 서른다섯의 호주 인 아서 프리맨은 네 살짜리 딸을 멜버른의 웨스트게이트 다리 위에서 떨어뜨렸다. 두 아들은 차 안에서 그 장면을 고스란히 지켜보았다. 딸은 결국 얼마 뒤 엄마가 지켜보는 가운데 숨을 거뒀다. 양육권 분쟁이 길어지면서 프리맨이 이성을 잃고 저지른 사건이었다. 전날 밤 그가 쓴 메모에는 "너는 큰 싸움을 앞두고 있고 절대 쉽지 않을 것이다."라는 글이 있었다.

프리맨의 광기만 특별한 것은 아니다. 영국인 게리 그린하프(44세)는 남편과 헤어지겠다고 공개적으로 발표한 아내를 두들겨 패서 죽인 뒤 두 딸에게 편지를 남기고 자살했다. 또 아지아 주바 하산(37세)은 두 아이의 아빠인 남편에게 이혼을 요구했다가 참수당한 채 발견되었다. 미국 국적의 남편 무자밀 하산(44세)은 살인죄로 재판에 넘겨졌다. 호주 인 게리 벨(44세)은 세 아이와 함께 가스를 마시고 스스로 목숨을 끊었다. 그는 아이들 없이는 살 수 없다고 적힌 편지를 남겼다. 영국인 앤드류 매킨타이어(39세)는 치사량이 넘는 약물을 삼키기 전에 이미 두 살짜리 아들을 목 졸라 살해했다. 그는 자살하기 전에 "레옹은 이제 나와 함께 있고, 아무도 이 아이를 데려갈 수 없다."는 편지를 남겼다. 스코틀랜드 인 로버트 톰슨(50세)은 27년 된 결혼생활이 파탄나자 두 자녀를 칼로 찔러 죽이고 스스로 손목을 그었다. 영국인 게빈 홀(33세)은 아내의 불륜을 알게 된 뒤 3살짜리 딸을 목 졸라 죽였다. 그리고 영국인 크리스토퍼 호킨스(47세)는 헤어진 아내가 새로운 사람을 만난다는 사실을 알고는 아들을 칼로 찔러 죽인 것으로도 모자라 딸까지 공격했다. 영국인 닐 크램프톤(36세)은 아내가 더 이상 같이 살고 싶지 않다는 말을 했다고 어린 두 자녀와 처남, 그리고 아내까지 칼로 난도질했다. "저는 아내의 생각을 받아들일 수 없었습니다. 저는 아름다운 아내를 잃고 싶지 않았어요." 다섯 번이나 자살을 시도한 뒤 크램프톤이 한 말이다.

2008년 9월에 드림걸스라는 영화로 오스카상을 받은 여배우 제니퍼 허드슨은 언니와 별거 중이던 미국인 형부 윌리엄 발포어(27세)가 난사한 총에 어머니와 남동생, 일곱 살 된 조카를 잃었다. 조카는 발포어의 친아들이 아닌 의붓아들이었다. 발포어의 정신병은 허드슨의 언니가 다른 남자를 사귄다는 사실을 알게 된 뒤 질투심에서 생긴 것이라고 한다.

심리학자 스티브 비덜프에 따르면, 남자들이 경험하거나 만들어낸 고립감과 심리적 무기력은 흔히 분노로 표출된다고 한다. 그는 이혼이라는 문제의 중심에는 친밀감을 무시하는 문화가 있다고 말한다. 남자들이 가족들과 느긋하게 보내는 교감의 시간보다 직업적 성취가 더 중요하다고 배워왔기 때문에 친밀감의 핵심이 되는 기술을 잃어버렸다는 것이다.

"양육자인 부모의 가치가 폄하되고 있는 현실이 우리에게 위협이 됩니다." 비덜프의 설명이다. "지금은 많은 부부들이 얄팍한 목적으로 맺어집니다. 섹스라는 상품으로 경제적 동맹을 맺는 것이지요. 결혼으로 같이 쇼핑하고 즐길 거리를 찾아다니는 하나의 팀이 되는 거예요. 나눔, 웃음, 어려움 극복, 희생을 통해 더 깊은 즐거움을 얻기 위해 결혼을 하고 가족이 되는 사람들이 점차 사라지고 있습니다. 하지만 조금만 더 깊이 생각하면 정작 우리가 원했던 것은 그게 아니었던 걸 알게 됩니다. 그런 목표가 있어야 어려운 상황이 와도 '포기하지 않는 것'이 절대적인 선택사항이기 때문에 끝까지 포기하지 않을 수 있습니다. 좋아지기 전에는 늘 어려운 법이니까요."

이런 비딜프의 관점은 최근 리이스가 그의 자서전 『나의 일부분이 조금씩 허물어지고 있다: 중년에 시작된 어두운 생각들』에서 경제가 사랑에 미치는 영향에 대해 말했던 것과 똑같다. 리이스는 "우리가 만들어낸 세계와 그 세계가 돌아가는 꼴을 좀 보세요!" 하면서 탄식한다. "모두 남자들이 만든 것들이에요! 뇌에 관한 연구를 보면 여자들의 뇌는 이해와 연결에 집중되어 있고 기계적으로는 생각하지 않아요. 반면 남자들의 뇌는 모든 것을 시스템화하고 작은 기계로 만드는 데 관심이 많습니다. 그런 남자들이 공경에 처해 있습니다. 우리가 만든 기업이나 금융 같은 작은 기계들이 다 고장 나서 무너져 내리고 있으니까요."

"인간관계에서 일어나는 일이나 지역사회에서 일어나는 일은 똑같습니다. 모두에게 나눠줄 것이 모자라니 살아남으려면 어쩔 수 없이 서로 협력하지 말아야 한다고 강요당하는 것이지요. 그리고 겉으로는 부유해 보여도, 그렇지 않습니다. 모두가 빚을 지고 있어요. 그래서 그런 환경에서 살아가면서 점차 사악해지고 각박해지며 자기 자신을 부정적으로 바라보게 됩니다. 그 여파는 다시 인간관계를 비롯한 모든 것에 파고들지요. 그렇다면 무엇이 가장 중요할까요? 돈 버는 데 오랜 시간을 쓰는 사람들에겐 사랑보다 돈이 더 중요합니다. 하지만 돈은 독이 될 뿐입니다."

지난 몇 세기 동안 '아버지들의 삶은 곧 밥줄'이라고 여겼다. 20세기의 대부분은 아버지들을 일시적이고 산만하며 야행성의 존재로 이해했고, 아버지와 직접 만나는 것조차 일주일에 한두 번 있는 이벤트가 되어버렸다. '아버지'가 거리감은 있지만 관대한, 삼촌 같은 종족이 된 것이다. GK 체스터턴이 "잊어버린 어제의 언덕에서 내일이라는 보이지 않는 산으로 내려진 나약한 줄"이라고 표현했던 가족에 대한 관점은 불가피한 소비와 자기애가 강조되는 후기 모더니즘에 의해 짓밟혀버렸다. 결혼의 60퍼센트는 이혼으로 끝이 나고, 호주에서는 양육권이 엄마에게 있는 경우가 88퍼센트나 된다. 결과적으로 아버지의 역할을 정의하기가 점점 더 어려워지고 있다.

데이비드 블랜큰혼은 『아버지 없는 아메리카: 가장 시급한 사회문제 대면하기』에서 아버지들은 비교적 최근까지도 '대체 불가능한 일차 양육자'로 여겨졌고 자녀들의 규범이나 습관, 장래를 궁극적으로 책임지는 사람이었다고 말했다. 그러나 예견했던 대로 산업혁명을 거치면서 '노동의 혁신적인 분업화, 대량생산이 시작되면서 복잡해진 관리체계, 가정과 일터의 분리, 주체적인 생산자에서 월급쟁이 고용인으로 바뀌면서' 정서적인 면에서 아버지의 권위가 조금씩 땅에 떨어졌고 그것이 가족들에게도 영향을 미쳤다.

새로이 등장한 '부성단절'로 자녀들과의 심리적인 단절을 비롯한 많은 문제가 야기되었고, 그것이 자녀들로 하여금 친구들에게만 애착을 느끼는 유년기를 보내게 함으로써 결국 중증 행동장애라는 유행병을 앓게 만들었다. 특히 일관성 있는 남성성의 본보기를 보지 못하고 자란 남자아이들의 경우, 자존감을 갖기가 아주 어렵다. 많은 연구에서 이혼한 뒤 따로 사는 아버지와 자녀들은 시간이 갈수록 사이가 멀어지는 것으로 나타난다. 같이 살 때는 부성애도 강했고 아이들과도 사이가 좋았던 아버지들 역시 결과는 같았다. 또 양육권을 잃은 부모의 30퍼센트는 아이들과 전혀 연락하지 않고 지내는 것으로 나타났다.

이렇게 자녀들과의 사이가 심각하게 틀어지는 이유는 돈, 교통, 일, 전처의 동의 외에도 부모로서의 위신 하락, 의사결정에 동참할 수 없다는 점 등의 문제 때문이며, 아이들이 다시 싱글이 된 아버지를 보면서 정체성에 혼란을 느끼거나 강한 적개심을 갖게 되기 때문이기도 하다. 어떤 아버지들은 이런 문제로 극심한 고통을 느낀다. 더 비극적인 것은 몇 년 동안이나 연락을 끊고 지내는 아버지들도 연락이 끊긴 지 얼마 안 되는 아버지들과 마찬가지로 계속해서 똑같은 강도의 고통을 느끼며 살고 있다는 것이다.

블랜큰혼은 아버지들이 육체적으로나 법적으로 사라지고 있다고 말한다. 미국에서는 출산의 3분의 1이 미혼 상태에서 이루어지고, 그 중 2/3는 끝내 아버지가 법적 책임을 지지 않는다. 호주에서는 40만 명이나 되는 아이들이 아버지와 같이 살지 않는다. 남아프리카공화국에서는 한부모가정이 대부분이고 부모와 같이 사는 경우는 33퍼센트밖에 안 된다. 캐나다의 한부모가정 열의 여덟은 어머니가 가장이다. 그리고 2백만 호나 되는 영국의 한부모가정에서 아버지가 가장인 경우는 단 8퍼센트뿐이다.

아버지라는 사람과 아버지의 개념이 점점 불필요해지고 있다.

『결혼, 하나의 역사: 복종에서 친밀함까지』 그리고 『사랑은 어떻게 결혼을 정복했나?』를 쓴 유명 역사학자 스테파니 쿤츠도 그 말에 동의한다. "저는 정부기관이나 경제단체들이 실제로 자녀양육의 가치를 하찮게 여기는 것이 큰 문제라고 생각합니다." 그녀는 "온갖 고상한 미사여구를 갖다 붙이지만, 실제로는 모든 종류의 양육에 불이익을 줍니다. 아이들을 소중하게 여기지 않아요. 미국이나 호주가 특히 그렇습니다. 그래서 다양한 형태의 가정에서 자라는 이 두 나라 아이들의 빈곤율이 유럽의 다른 나라들보다 높지요. 자기만의 세계에 숨어 지내려는 사람들이 점점 많아지고 있습니다." 하고 한탄한다.

"역사적으로 봐도 전쟁으로 아버지를 잃은 아이들은 언제나 있었습니다. 20세기 초반까지만 해도 사망률이 높아서 아이들이 자라서 독립하기도 전에 부모의 죽음을 경험할 가능성이 높았습니다. 하지만 지금은 부모의 이혼 때문에 엄마나 아빠를 잃을 가능성이 더 높습니다. 역사적으로도 그 어느 때보다 이혼으로 상처받은 아이들이 많았던 때가 1980년대와 90년대라는 말이 있습니다. 비관적인 예언가들은 죽음으로 아버지를 잃는 것보다 이혼으로 아버지를 잃는 것이 아이들에게 더 해롭다고 말합니다. 하지만 실제로는 의붓아버지와 사는 아이들의 상황이 가장 열악합니다."

외환 트레이더인 마흔 두 살의 드루는 아홉 살 때 영웅으로 생각했던 아버지를 갑자기 잃었다. 그는 의붓아버지를 혐오했고 평생 인간관계의 문제와 중독으로 고통받으면서도 그것을 숨기고 살았다. 그러다가 서른에 부모가 이혼해서 친형제도 있고 의붓아버지에게서 난 동생까지 있는 그와 두 가지 공통점이 있는 여자와 결혼했다. 하지만 그의 결혼생활은 자기 멸시에 빠진 그와 대립관계를 두려워하는 아내 때문에 병들어가고 있었다. 그는 아내가 왜 잠자리를 피하는지를 물었을 때 "솔직히 당신이 슈퍼모델은 아니잖아."라고 대답했다. 결국 2001년 9월 10일, 그는 두 딸을 데리고 휴가를 떠난 아내로부터 한 통의 전화를 받았다. 아내는 그에게 자기가 돌아가기 전까지 집을 비워달라고 통보했다. 그는 그 주에 열린 외환시장에서 2백만 달러를 잃었다.

"저는 소통할 줄 모르는 여자와 결혼하지 말았어야 합니다."그가 한숨을 내쉬었다. "물론 제가 다르게 할 수도 있었겠지요. 하지만 저는 제 역할을 다했습니다. 저는 이혼으로 파산해서 완전히 빚더미에 깔렸어요. 그래서 하는 수 없이 런던을 떠나 버밍햄에 있는 어머니 집으로 들어갈 수밖에 없었지요. 딸들이 저를 보고 싶어 하고 저도 그 애들의 황금기를 보고 싶지만, 이제는 그럴 수가 없습니다. 20년 전에는 술도 많이 마셨고 인생을 즐기느라 여자들을 만나면서도 별다른 책임감을 느끼지 않았습니다. 하지만 지금은 짬짬이 공부하랴, 직장 다니랴, 정신없이 바쁜데다 책임감에 짓눌려 인생을 즐길 여유가 없습니다. 저는 아무데도 가지 못하고 다람쥐 쳇바퀴 같은 일상을 보내고 있습니다."

여러 연구조사를 보면 불륜이나 성인물중독, 약물중독, 심리적 또는 육체적 폭력, 심리적 거리감 등의 이유로 결혼생활이 파탄에 이르러도 남자들은 대부분 책임을 회피한다. 그러나 풀어야 할 파괴적인 문제들을 고치려는 자기인식이 없이는 관계는 갈수록 악화될 수밖에 없다. 또 재혼의 60퍼센트는 이혼으로 끝이 난다. 그런 면에서 봤을 때 드루는 결혼생활을 파탄으로 몰아가는 사람의 전형이다. 이기적인 사람들이 잘 쓰는, 그의 적대적인 말투는 현대의 남성성 타락의 전형적인 예이며 가정파괴의 주범이다.

적대적인 이혼임이 분명하게 드러나는 노여움과 멸시는 살인도 부를 수 있다.

서른아홉의 정치학 강사 샘은 이혼소송에서는 돈 문제가 가장 작은 부분이라는 것을 알게 되었다. "우리는 둘 다 전문직에 종사했습니다. 제가 제일 걱정했던 것은 아들, 폴이었어요. 폴은 두 살 때부터 홀아비가 된 저와 엄마 사이를 왔다 갔다 하면서 늘 분노로 가득한 집안 분위기를 견뎌야 했어요. 다른 이혼남들처럼 저 역시 아들과 소원한 사이였지요. 그래서인지 아들은 아주 어려서부터 불안과 공포에 시달렸고, 2주 전에는 열여덟의 나이로 네 번째 자살을 시도했습니다. 수면제와 진통제를 과다복용해서 눈동자가 뒤집혔고, 간간이 발작을 일으키면서 무려 쉰여섯 시간 동안이나 잠만 자더군요. 그 모습을 보면서 아들을 위해서라도 제가 이혼하지 말았어야 했나 하는 생각까지 들었습니다. 하지만 그것은 자책하는 아빠의 환상일 뿐이죠."

『좋은 이혼』의 저자 콘스탄스 아론이 이혼한 98가정의 자녀 178명을 연구했더니, 이혼한 뒤에도 계속 다투다가 서로 완전히 등을 돌리게 된 부모 밑에서 자란 자녀들에게는 20년이 지난 뒤에도 그때의 상처가 그대로 남아 있었다. 그들 대부분은 떨어져 사는 부모와도 자주 만나고 싶어 한다. 그런데 조사결과에서는 그렇게 자주 만나는 경우가 오히려 심리적으로 더 불안정했다. 남자아이나 어린 아이들의 경우에는 아버지를 자주 만난 아이들일수록 자신감은 높았지만 문제행동을 더 자주 경험했다. 반대로 여자아이들과 나이가 좀 더 많은 아이들의 경우에는 문제행동은 덜 경험했지만 자신감은 더 낮게 나타났다.

가장 심각한 것은, 그들이 자기들이 부모에게 최우선이 아닌 부차적 존재로 여겨진다는 느낌을 받는다는 것이다. 성년이 된 이혼가정의 자녀들은 부모들이 일에서 받는 스트레스나 다툼, 분노 때문에 자기들의 욕구를 무시했다고 생각한다. 그리고 자녀들의 이혼율도 결혼가정이 11퍼센트인데 비해 이혼가정은 57퍼센트나 된다.

피터는 스물아홉 살이 되도록 부모가 함께 있는 것을 두 번밖에 보지 못했다. 그것도 자신의 성적문제로 상의할 일이 있어서였다. 그의 부모는 그가 두 살 때 이혼하면서 양육권 다툼을 벌였고, 그가 성인이 될 때까지 서로 겉치레만 했다. 바리스타였던 어머니는 매주 월요일과 격주 주말에 그가 아버지와 의붓어머니의 집에 가는 것을 허락했다. 그래서 그는 두 집안의 서로 다른 규율을 지키느라 두 명의 다른 사람이 되어야 했고, 그 때문에 어른이 되어서도 정서통합에 어려움이 많았다.

그가 잠시 망설이다가 말했다. "저는 아직도 아버지를 사랑하지만 실망스러운 부분도 있습니다. 왜냐하면 아버지는 겨우 2년 만에 이혼하셨거든요. 제가 보기에는 노력을 안 했다는 생각밖에 들지 않아요. 아버지는 조금 더 견뎠어야 합니다. 그래서인지 아버지가 나약해 보여요. 그리고 재혼한 뒤에는 저를 그 가정에 끼워주었어야 하는데 그러지 않았어요. 그래서 전 늘 이방인 같았습니다. 이혼한 가정의 아이들이 새 가족에게 그런 느낌을 받는 건 당연합니다. 하지만 진짜 문제는 아버지와 의붓어머니는 제 어머니와 아무것도 함께하지 않았다는 겁니다. 두 가족은 완벽하게 별개였고, 저에게 아주 중요한 일조차 알면서도 무시했지요."

"그래서 저는 남자들을 믿지 못하게 됐어요. 아버지도 믿지 않았지요. 남자들이 이해되지 않았거든요. 친구들이 저를 이용하는 건지 판단하는 건지 아니면 그냥 편하니까 따라다니는 건지도 가늠할 수 없었어요. 남자 어르신들 앞에서는 나도 모르게 긴장이 되서 말을 더듬었지요. 저는 어르신들에겐 한 번도 대든 적이 없어요. 뭘 시키든 다 들어드리면서 화가 나도 참으면서 뒤에서만 투덜거렸죠. 그런데 여자들 앞에서는 의외로 당당했어요. 남자들은 보통 여자들과 어울리기를 불편해하는데 저는 전혀 그렇지 않았습니다. 제가 아마 어머니를 더 좋게 생각했던 것 같아요. 저는 절대로 여자들에게 아버지가 어머니를 대했던 것처럼 하지는 않을 겁니다."

피터는 결혼을 한 지금도 부모님이 자기 아내를 업신여기는 것에서만 마음이 맞는 것을 보곤 한다. 어릴 때부터 이어진 불화가 여전히 되풀이되는 것이다. "두 분은 당신들이 하는 행동은 온갖 핑계로 정당화하고 그렇게 해도 안 되면 아내 탓으로 돌리지요. 제 부모님은 누구와도 어울리기 힘든 분들이에요. 제가 여전히 두 사람의 인격이 되어야 한다는 뜻이지요. 두 분을 만날 때는 다른 사람이 되었다가 집에 와서는 다시 저 자신으로 돌아와야 하니까. 그렇다고 부모님에게 책임지시게 할 방법도 없습니다. 오로지 제 아내 탓만 하시니까. 두 분이 양육에 대해 일관성 있게 계속하고 있는 단 한 가지는 '불화를 일으키는 것'뿐입니다."

로버트 E 에머리는 〈결혼, 이혼, 그리고 자녀들의 적응〉에서 이혼을 생각하는 커플들에게 명상과 이혼소송 중 하나를 선택하게 했더니, 5~6시간의 명상만으로도 장기적인 변화가 있었다는 연구결과를 밝혔다. 이혼소송그룹은 명상그룹보다 분쟁해결에 두 배나 많은 시간이 들었다. 반면 명상그룹은 10년 뒤에도 자녀의 인성, 여행, 성적, 훈계 등에 대해 훨씬 쉽게 의견일치를 보았다. 자녀들과 떨어져 사는 부모들의 경우에도 명상을 한 부모가 자녀들과 더 자주 연락하고 지냈다.

1990년대부터 시작된 공동이혼(Collaborative divorce, 육아를 지속적으로 함께 책임지기로 합의한 이혼)은 점점 호응이 높아지고 있다. 스테파니 쿤츠에 따르면 전문가들의 참여도 20배나 늘었다고 한다. 그러나 이런 주목할 만한 발전에도 불구하고 현행 가족법에는 여전히 자기 이익이나 양육, 금전문제로 상대방을 비하하고 위신을 떨어뜨리는 도발적이고 적대적인 부분이 남아 있다. 쿤츠는 2007년 한 보고서에서 콜로라도 변호사협회가 그 과정을 비윤리적이라고 보는 이유를 밝혔다. "의뢰인이 변호사를 전적으로 신뢰할 수 없게 만들기 때문입니다. 변호사들 대부분은 여전히 의뢰인들에게 이혼 분쟁 과정에 뒤따르는 잠재적인 이점을 포기하는 것은 어리석다고 조언합니다." 그것 말고도 소송에 들어가는 높은 변호사 수임료도 문제다.

오스카상 수상자인 고 로빈 윌리엄스도 공동이혼을 선택해서 19년 동안 함께 살아온 아내에 대한 비난을 그만두었다. 힙합거물인 러셀 시몬스도 전처 키모라 리 시몬스에게 양육권과 거액의 양육비를 지불하기로 합의했다. "키모라는 훌륭한 엄마로 아이들을 잘 양육합니다. 덕분에 제 딸들은 굉장한 삶을 살고 있어요. 모든 것을 전처가 관리하고, 저는 기쁜 마음으로 후원하고 있습니다."

하나의 지혜로운 추세라고 할 수 있는 공동이혼은 아이들을 우선시해야 한다는 것이 전제조건이다.

비딜프는 "부부가 서로 잘 맞지 않거나 잘 맞지 않는 방향으로 변했다면 이혼은 꼭 거쳐야 하는 과정입니다. 하지만 우리 부부가 30년 동안 부부상담을 한 경험으로 보면 이혼의 3분의 2는 미리 막을 수 있는 것이었습니다. 기본적으로 거의 모든 부부들이 결혼생활이나 함께 사는 일에 아주 미숙합니다. 결혼은 서로 타협하고 배워가는 긴 성숙의 과정입니다. 누구도 갓 결혼했을 때와 똑같은 상태로 계속 지낼 수는 없어요. 감사한 일이지요!"

"결혼생활을 하면서 겪는 위기는 정말 끔찍합니다. 서로에게 강한 내면의 안정감과 친절함, 경청의 자세가 없다면 공황상태에 빠지거나 상대방을 탓하면서 공격적이 될 수 있어요. 그러다가 결국에는 헤어지는 겁니다. 하지만 어려운 시기를 서로 꾸준히 대화하면서 노력해온 부부들은 더욱 친밀한 관계로 발전합니다. 누구나 젊은 시절의 풋사랑에서 점차 성숙한 관계로 발전해가는 거예요. 풋사랑은 실제 상대방이 아닌 그에게 투영된 자신의 이미지를 사랑하는 것입니다. 상대방에게 단점이 있어도 그에게 다가갈 수 있는 것, 그리고 상대방에게 기대지 않고 명확한 자존감을 세우는 것이 우리가 평생 풀어야 할 과제입니다. 노년의 부부들에게는 혈기만 왕성해서 상대에게 너무 집착한다거나 상대를 파괴적으로 조정하려는 의도 같은 것은 보이지 않습니다. 그래서 그들과 있으면 절로 즐거워지지요."

리이스는 자기가 버려진 것이 전적으로 자기책임이었다는 것을 받아들였고, 아내가 떠난 이유에 대해서도 동의했다. 그는 이별의 과정을 자신을 성숙시키는 방향으로 승화시켰다. 아내가 지적했던 재정관리에서의 실수나 미숙함을 만회하려고 재정상태를 재정비해서 생애 처음으로 집을 장만했고, 출판 계획을 잘 세워서 아내와 아들에게 보내는 사랑의 편지를 책으로 펴냈다.

그는 '심리적인 책임감이 정말 중요하다.'고 강조한다. "어려서는 본능적으로 자신을 합리화하지요. 그러나 어른이 되어서까지 잘못된 부분이 있다면, 거의 다 자기 탓이며 그것을 인정해야 합니다. 상대방에게 기대하지 마세요. 당신은 그들을 조정할 수 없습니다. 아예 시도도 하지 마세요. 저는 화나는 일이 생겨도 화를 내면서 언쟁하기보다는 '자, 우리한테 지금 안 좋은 상황이 벌어졌어. 당신은 내 말을 이해 못하고 나도 당신이 하는 말을 이해 못해. 그러니 지금은 서로 다투지 말자. 열흘쯤 지나고 나면 둘 다 어리석었다는 것을 알게 될 거야.' 하고 말로 풉니다. 항상 시간을 두고 길게 보는 것이 좋습니다. 괜히 싸움을 시작했다간 금세 폭발해버릴 수 있으니까."

그런 점에서 리이스는 현명하다. 이혼을 초래하는 가장 흔한 이유는 의사소통 부재와 애정부족이다. 그런데 안타까운 것은 불행한 결혼생활을 벗어나려고 이혼을 감행한 사람들이 결혼생활을 계속 하고 있는 사람들보다 정서적으로 더 나은 것은 아니라는 사실이다. 한 조사에서는 이혼남의 3분의 1이 이혼한 지 10년이 지나서도 고통을 못 이겨서 전처에 대한 분노를 버리지 못하고 있고, 그들의 대다수가 아직도 사랑의 감정이 남아 있다고 고백했으며, 3분의 1이 때때로 전처에게 호감을 느끼는 것으로 나타났다.

비덜프는 이렇게 말한다. "정말 많은 사람들이 너무나 미성숙해요. 그리고 섣불리 이혼을 해버리지요. 그러면 잘 참아가며 꾸준히 대화해서 얻을 수 있는 성장이나 발전을 피해가는 겁니다. 뭣보다 자녀들을 위해서라도 서로의 차이를 맞춰가야 합니다. 계속해서 대화하세요. 물론 남자들의 머릿속에는 공감의 언어가 너무 적어서 어렵다고 느낄 수도 있고, 다른 남자들과의 거리감 때문에 문제가 생길 수도 있습니다. 상담을 받아봤거나 남자들 그룹에서 활동했거나 제 책『어른』을 읽어본 남자들은 '강해야 하고 함께 있을 때는 상대에게 안전함을 느끼게 해줘야 하며 도망가거나 멈추지 말아야 한다.'는 것을 이해합니다. 그리고 자기 아내를 위해 듣기도 좋고 안도감을 줄 수 있는 목소리를 찾습니다. 여자들은 강하면서도 온화한 남자들을 좋아하거든요."

양육은 성스러운 의무

"대중은 애착을 이해 못하는 문화에서 정보를 얻고 있어요.

우리는 애착을 무너뜨리고 무시하고 해치는 문화에서 살고 있고,

상황은 점점 더 심각해지고 있습니다."

가보 마테의 얼굴은 공포로 일그러진 느낌으로 그나마 눈동자라도 깜빡거리지 않았다면 인간이 아니라 바위라고 생각했을 것이다.

그가 아주 어렸던 2차 대전 당시, 그의 고향 부다페스트에는 아우슈비츠 수용소로 유태인을 추방시키려는 독일 군과 나치 친위대원들이 몰려들었다. 그가 감정을 억누르는 법을 배운 것도 바로 그때였다. 그런데 그때부터 이어져온 혼란이 그의 인생을 뒤바꿔 놓았다. 지금은 일흔 살이 넘은 그는 예술가 레이 마테와 결혼해서 46년을 사는 동안 아이 셋을 두었으며, 캐나다에서는 ADHD(주의력 결핍 및 과잉행동장애)와 양육 분야의 전문가로 유명하다. 그는 유아기의 경험이 질병과 정신건강에까지 영향을 미친다고 주장한다.

"저는 유년시절의 파괴에 대해 관찰했습니다." 그가 쓴 『배고픈 귀신의 영역에서: 중독에 깊이 맞닥뜨림』, 『몸이 NO라고 말할 때: 스트레스의 숨겨진 비용』, 『흐트러진 마음: 주의력결핍 및 과잉행동 장애의 원인과 치료에 대한 새로운 시선』, 그리고 『아이들을 붙잡으세요!: 부모가 친구보다 더 중요해야 하는 이유(발달 심리학자 고든 뉴펠드와 공저)』 등은 모두 초베스트셀러다. 우리 내면의 지도를 찾는 것, 애정 어린 돌봄과 배려로 트라우마를 넘어 진화하는 것, 그리고 생존에 머물지 않는 삶 등에 대해 쓴 그의 글에는 폭넓은 지적 능력과 강한 연민의 마음이 담겨 있다. 그는 결과적으로 혁명적인 심리학자 앨리스 밀러의 이론을 확장하여 자녀양육을 대하는 문화적 입장과 중독을 이해하는 자세를 바꾸어놓은 것이다. 그는 유전자에는 소인적인 요인, 즉 특정한 질병에 잘 걸리는 요인이 있지만, 그렇다고 해서 꼭 숙명적인 것만은 아니라고 설명한다. 궁극적으로 그의 꿈은 "사람들이 타고난 자기능력에 전적으로 접근할 수 있어야 한다."는 것이다.

작가 앨리스 밀러처럼 중독의 중심에 유아기의 학대가 있다고 믿으시죠?

마테 네. 유아기의 학대만이 아니라 유아기의 상실도 포함됩니다. 학대는 구체적인 표현이에요. 중독이 심할수록 트라우마가 생길 가능성도 크지만, 구체적인 학대를 당하지 않았어도 중독을 겪을 수가 있습니다. 영국의 위대한 아동정신분석가 도날드 위니코트가 지적한 유아기의 두 가지 어긋남은 첫째, '일어나서는 안 되는 일이 일어나는 것'으로, 그 영향력이 엄청납니다. 둘째는 '반드시 일어났어야 할 일이 일어나지 않은 것'으로 이것 때문에 생긴 상실감은 엄청난 상처를 남깁니다. 중독의 핵심은 바로 이것입니다. 그리고 암이나 류머티스관절염, 다발성 경화증을 일으키기도 합니다.

작가 심리적 장애가 질병으로 나타나는 건가요?

마테 중독이나 정신병, 신체적 질병이나 만성질환의 중심에는 심리적인 상실감이 존재합니다. 그 상실감이 학대처럼 트라우마가 심한 것에서 비롯된 것일수록 암이나 관절염, 정신이상, 중독으로 발전할 가능성이 높지요. 생명체는 이렇게 모든 것이 연결되어 있는 연속체입니다.

작가 "어머니와의 관계를 잃으면 세상과 연결된 관계도 잃게 된다."고 하셨는데, 그럼 그 사랑과 관심의 연결고리가 끊어지면 어떤 일이 벌어지나요?

마테 어떤 방식을 말하는 건가요?

작가 영국의 연쇄살인자 이안 브레디의 경우 그에 관한 표현은 동물적인 살인자, 부끄러움을 모르는 인간, 아이들을 성적으로 학대하기를 즐기는 사람 등 상상초월의 것들이었습니다. 제가 관련 리포트들을 읽다가 너무나 잔인해서 그만둘 정도였지요. 그런데 저는 그의 야만성이 어디에서 나왔는지가 궁금해졌습니다. 균열이 일어난 바로 그 지점 말입니다.

마테 그는 학대당했어요.

작가 실은 그보다 더 흥미롭더군요. 그의 어머니는 아주 어렸고 가난했는데, 그의 아버지가 누구인지를 밝힌 적이 없어요. 그의 어머니는 일을 하는 동안 그를 방치했습니다. 그래서 그는 유아기부터 매일매일을 혼자 지냈죠. 그러다가 그의 어머니는 네 달밖에 안 된 그를 한동네에 사는 이웃에게 입양 보냈습니다. 미혼모 밑에서 자라는 것보다는 낫겠다 싶었던 거예요. 그러니까 그는 뇌 진화의 가장 중요한 시점에 아무것도 없었던 것입니다.

마테 유아를 혼자 내버려두는 것 자체가 학대입니다.

작가 그렇죠. 하지만 그의 어머니가 일부러 학대한 것은 아니었다고 생각합니다.

마테 물론 이해는 갑니다. 아이를 다치게 하려던 것은 아니니까. 그래도 어쨌거나 아이에게는 트라우마를 남겼습니다. 이것이 바로 때린 것도 아니고 다른 고통을 주지도 않았지만 '일어났어야 할 일이 일어나지 않은' 경우입니다. 일어났어야 할 일이란 당연히 '친밀감 형성'입니다. '적절한 교감'이 필요했던 거예요. 브레디에게는 보호자에게 안기고 받아들여지고 위안 받고 소중히 여겨지는 일들이 일어났어야 합니다. 그런 일이 일어나지 않으면 아이들은 상실감을 느낍니다.

작가 재미있게도 제가 브레디처럼 최면에 걸린 듯 크고 으스스한 느낌의 깜빡거리지 않는 눈, 영혼 없는 시선을 하고 있는 여자아이 하나를 알고 있습니다. 놀이터에 나온 그 아이는 무서울 정도로 감정이 없어 보여서 거의 사람이 아닌 것 같았습니다. 20대 후반의 그 아이 엄마는 정말 아름다웠는데, 기저귀를 갈거나 음식을 줄 때

마마
262

빼고는 딸에게 전혀 손길을 주지 않는다고 했습니다. 그러니까 우울증에 걸린 엄마가 다른 방에서 벽만 쳐다보고 있는 동안 아이는 몇 시간이고 혼자서 천장이나 바닥을 보면서 방치되어 있었던 거예요.

마테 혹시 연속체의 개념을 아시나요?

작가 진 리드로프의 이론이요? 네, 알고 있습니다.

마테 방금 얘기해주신 두 가지 사례 모두 관계가 끊어진 경우입니다.

작가 그러면 모성애는 왜 연속체의 개념으로 얘기되지 않나요?

마테 저는 그렇게 다루고 있습니다!

작가 제 말은 대중적으로는 그렇지 않다는 뜻입니다. 대중은 모성애를 귀찮은 과제나 부담으로 여길 뿐 연속체의 개념으로 받아들이지 않는 것 같아서요.

마테 대중은 애착을 이해 못하는 문화에서 정보를 얻고 있어요. 우리는 애착을 무너뜨리고 무시하고 해치는 문화에서 살고 있고, 상황은 점점 더 심각해지고 있습니다. 인간은 본디부터 핵가족 단위로 양육되던 존재가 아닙니다. 오히려 공동체가 합심해서 양육해왔어요. 그런데 자본주의가 부족을 괴멸시키고 공동체를 파괴하고 대가족을 해체시켰습니다. 아들은 런던에 사는데 부모님은 경제적인 이유로 맨해튼에 살 수도 있습니다. 우리는 애착관계가 끊어진, 애착을 존중하지 않는 사회에서 살아가면서 잘못된 애착의 결과를 보면서도 그 원인에는 관심을 기울이지 않고 겉으로 드러난 현상만을 고치려고 합니다. 그래서 학교에서도 ADHD를 앓고 있는 아이들에게 벌을 주거나 약물만 투여합니다.

　작가 선생님도 ADHD 판정을 받으셨는데 약물은 드시지 않는다면서요.

　마테 사실입니다. 제가 진단을 받은 뒤에 처음 쓴 책이 『흐트러진 마음』입니다. ADHD는 절대 질병이 아닙니다. 아이를 대신해서 대처하기 위한 반응체계가 발동한 것일 뿐이지요. 뇌가 발달해야 할 시기에 주변상황으로부터 극심한 스트레스를 받았을 때, 집중하는 데도 지장을 받고 자기방어기제가 작동됩니다. 뇌는 특히 생후 첫 3년간의 환경에 따라 모양이 만들어지는데, 중독은 그때 받은 스트레스로 생깁니다. 그런데 우리는 방어기제가 작동해서 집중하지 못하는 아이를 진단하고 약물을 투여하는 것으로 행동을 조정하려고 합니다. 그러나 우리가 정작 고민해야 하는 것은 '그 아이의 정상적인 발달을 위해서는 어떤 조건들이 충족되어야 하는가?'입니다.

　작가 며칠 전에 제가 베데스다와 학교버스를 탔는데, 이미 서른 명쯤 되는 아이들이 버스에 있었습니다. 그런데 일 분쯤 지나자 아이들의 태도가 완전히 엉망이 되었습니다. 소리를 지르고 서로 물을 끼얹질 않나 흥분해서 악을 쓰면서 난리를 치고…… 결국 운전기사가 버스를 세우고 아이들을 진정시켜야 했지요. 어찌나 소란스럽던지 정말 끔찍했어요. 저는 그때 선생님이 하신 이 말씀이 떠올랐습니다. "지금 미국에서는 300만 명의 아이들이 흥분제 치료를 받고 있고, 항정신성질환에 쓰는 약물을 복용하는 아이들도 50

만 명이나 됩니다. 이런 사실은 사회적으로 점점 더 심각해지는 스트레스와 부모들이 느끼는 어마어마한 육아 스트레스의 영향을 여실히 보여줍니다." 나쁜 육아 때문이 아닙니다. 사회적, 경제적인 여건 때문에 육아가 엄청난 스트레스가 된 것이 문제지요.

마테 캐나다 자동차산업의 수도인 윈저에서 2008년~2009년 사이에 아동 대상의 정신과 상담이 50퍼센트나 는 것이 그 한 가지 예라고 할 수 있어요. 자동차산업의 부진을 걱정하는 부모의 스트레스가 아이들에게까지 영향을 미쳐서 진단과 약물처방까지 늘었지요. 지금의 상황을 단적으로 보여주는 사례입니다. 그런데도 사회적 여건이나 가정형편, 가족과 부모에 대한 지원에는 관심을 기울이지 않고 무턱대고 아이들만 통제하려고 합니다. 그것도 약물을 써서 행동만 통제하면 되는 줄 알아요. 하지만 아이들은 긴장을 느끼면 스트레스를 쭉 빨아들입니다.

작가 선생님은 중독이 유전이나 유전자 때문이라는 주장을 "터무니없다"고 일축하셨죠?

마테 그렇습니다.

작가 그렇다면 그런 이상이 유전이라고 우겨서 이득을 보는 쪽은 누구인가요?

마테 예전에는 아버지가 알코올중독이고 아들이 마약중독이면 '유전이군.' 하고 생각했습니다. 아주 간단했지요. 그러면 누구 탓도 아닌 것이 되고, 그래야 부모들은 자기가 자녀들에게 물려준 고통을 인정하고 보살펴야 할 책임에서 벗어날 수 있으니까요. 저 역시 그렇게 하고 싶어요. 사실 제 아이들에게도 문제가 있거든요. 그래서 누가 저한테 '당신은 아무 잘못이 없어, 그냥 유전자 탓이지.'라고 그 럴싸하게 말해준다면, '잘 됐다! 이제 걱정할 필요가 없구나!' 하겠 지요. 이런 가설에 힘이 실리는 이유는 그만큼 사회적으로 유용하기 때문입니다. 그렇다면 어떤 점에서 유용할까요? '전부 유전 때문이 잖아, 그러니 우리가 사회제도를 다시 살펴볼 필요가 없어. 기관이 나 학교, 의료시스템, 감옥, 정부, 사회여건은 물론이고 인종차별 같 은 중요한 문제에도 신경을 안 써도 돼.'라고 말할 수 있게 되지요. 원주민을 대하는 방식이 캐나다와 비슷한 호주에서는 일생 동안 중 독을 경험할 가능성이 백인보다 원주민이 훨씬 더 높습니다.

작가 정말 심각한 문제로군요.

마테 지금은 캐나다도 마찬가지예요! 하지만 제가 궁금한 건, 백 인들이 들어오기 전부터 캐나다에는 중독성이 강한 물질이 존재했 다는 사실입니다. 지역마다 알코올음료, 페요테 선인장이나 담배, 향정신성 버섯 등 온갖 식물들이 다 있었고, 원주민들도 그것을 알 았고 직접 사용하기도 했지요. 그런데 그들이 그것들을 어떻게 썼 는지 아세요?

작가 종교행위에 썼나요?

마테 맞습니다! 중독 때문에 의존하는 것과는 완전히 다른 개념 이지요. 중독 때문에 쓰이는 것의 핵심은 감정입니다. 의식을 억 누르려는 거예요. 하지만 그 반대로 영적으로 사용하는 것의 핵심 은 오히려 의식을 깨우는 것입니다. 좀 더 의식하고, 좀 더 자각하고, 좀 더 관계를 깊이 느끼기 위한 거예요. 만약 중독이 유전 때문이라면 백인이 들어오기 전에는 원주민들에게 왜 중독이 없었을까요? 설상가상으로 백인들은 식민통치, 억압, 대량학살, 성적학대까지 갖고 들어왔지요. 원주민 아이들은 백인교사들에게 성적학대를 당했습니다. 심각한 스캔들이었죠. 학교에서 죽어나간 아이들이 몇 만 명이나 됩니다! 결국 지금은 예전보다 원주민 사회의 중독률이 더 높아졌습니다. 결코 유전 탓이 아니란 말이지요. 오히려 트라우마나 안 좋은 경험, 자연스러움에서 멀어진 것 때문에 생긴 것입니다. 지금까지는 오로지 유전 때문이라고 생각해왔고 그것은 약물치료만으로도 쉽게 치유된다고 여겼습니다. 하지만 실제로는 유전적 요인 외에 심리적 요인도 큽니다. 그런데도 제가 유전 때문만은 아니라고 말하는 것이 충분히 예방이 가능한 것임에도 불구하고 현대의 약물로는 고칠 수 없는 것이라고 오해됩니다. 하지만 그것 역시 모두를 책임으로부터 벗어나게 해주는 또 다른 믿음입니다! 그러면 역사를 되돌아보지 않아도 되고, 규제들을 수정할 필요도 없고, 여전히 뿌리 깊은 우리 사회의 인종차별 문제를 살펴보지 않아도 되니까요. 어쨌든 모두를 책임에서 자유롭게 해주기 때문에 유전이라는 주장은 너무나 유용합니다. 하지만 안타깝게도 그런 주장은 과학적으로는 허튼소리일 뿐입니다! 그리고 실제로는 심리적인 트라우마를 대면해야 합니다.

작가 그런데도 트라우마와는 아무 상관이 없는 것으로 여지지요! 지금의 문화는 오로지 '얼마나 돈이 될까?', '재정적으로 도움이 되는 사람인가?'가 중요할 뿐입니다. 오늘날의 문화가 돈이 많은 것으로 규정되는 성공을 위해 자기 자신과 가정을 파괴하는 사람들이 너무나 많습니다.

마테 제 다음 책은 물질주의가 우리를 어떻게 아프게 만드는가에 관한 것입니다!

작가 선생님의 발언 중 가장 아름답고 짜릿했던 것은 "아이들이 그들의 발달을 위한 '양육의 여건'이 무너지는 것에 반응하고 있다."는 말씀이었습니다.

마테 아이들에게 정말 필요한 것은 무엇일까요? 우리는 아이의 뇌가 생리적으로 잘 발달하고 심리적으로도 건강하게 자라서, 자신감 있고 자신의 모든 가능성을 이해하며, 새롭고 창의적이고 믿음직하며, 열린 마음으로 살아갈 수 있게 양육되는 것이라고 말하겠지요. 또 뇌가 건강하게 발달하기 위해 필요한 것에 대해서도 얘기할 수 있습니다. 그런데 뇌의 어떤 부분을 관찰하든, 뇌의 모든 시스템의 화학적 생리적 애착관계나 아이의 심리적 욕구를 관찰하든, 결론은 똑같습니다. 심리적으로 언제나 기댈 수 있고 변화나 스트레스가 없으며 우울하지도 않고 적절하게 대응해주는 양육자가 필요하다는 것입니다. 그것이 바로 모든 아이들에게 필요한 것입니다! 그런 환경이 아니면 아이들의 뇌는 최적의 상태가 될 수 없고 정서적으로도 제대로 발달하지 못합니다. 대신 여러 보상기제들이 드러나는 것이 바로 질병이나 행동장애라고 진단되지요. 저는 2006년에 "아이 울려 재우기"라는 기사를 썼습니다. 그런데 최근 난데없이 그 기사가 그 신문의 홈페이지에 다시 떴고, 일주일 만에 56,000명이 내려받고 공유했습니다. 그런데 어마어마한 분노의 댓글들이 달렸지요. 그들이 스스로 인정하든 말든 그것은 그들이 느낀 죄책감에서 나온 것입니다.

작가 그들의 신경을 건드리셨군요.

마테 그렇습니다. 하지만 수천 번이나 공유되었지요!

작가 예전에는 감정이 질병, 중독, 장애의 발달과 치료에 관계가 있다는 사실을 당연하다고 생각했는데, 너무 많은 의사들이 그것을 잊고 있다고 하셨습니다. 하지만 저는 그들이 그걸 잊었다기보다는 돈을 벌 기회가 너무 많아진 거라고 생각합니다. 왜냐하면 정신질환의 정의를 보면…….

마테 잠깐만요. 저는 사람들이 그렇게 끔찍하다고는 생각지 않습니다. 물론 그런 경우도 있겠지요. 제약회사들이 약을 팔아먹으려고 담합하는 것도 분명한 사실이고. 돈 욕심 때문에 제약회사의 접근방식을 따라 하는 의사들도 분명히 있으니까요. 관련 스캔들도 많고 충분히 그럴 수 있습니다. 그러나 저는 그보다는 더 구조적인 문제라고 생각합니다. 우리는 마음과 육체를 분리해서 생각하는 문화에서 살고 있습니다. 우리는 기본적으로 물질을 얻고 관리하며 상품생산을 최상의 목적으로 하는 물질주의 문화에서 살고 있습니다. 따라서 마음과 육체의 분리는 필연적입니다. 왜냐하면 우리가 사람들을 감성적이고 영적인 존재로 인식했다면 지금처럼 서로를 이런 식으로 착취하지는 못했을 거예요. 의사들은 오늘날의 문화에서 유행병처럼 번지고 있는 사고방식을 그대로 따르는 것뿐입니다. 이 문화의 구성원으로서 그것을 반영한 것뿐이니까요. 그리고 우리는 점점 인간의 직감보다는 환상적인 수술 실력, 강력하고 아주 유용한 의약품, 항생제, 영상기술, 발달된 기계장비 등 물리적 치료에 더 많이 의존하게 되었습니다. 마음과 육체의 분리는 2500년 전 고대 그리스로 거슬러 올라갑니다! 그리고 의료계에 종사하는 사람들이 누구인지를 자세히 살펴봐야 합니다. 일중독에다 추진력이 강하고 불안감을 가지고 있는 사람들이 명예나 권력, 소득을 쫓아가지요. 저 같은 사람들입니다! 저는 의대에 진학하면서 "이제 사람들이 날 존경할 거야!"라고 생각했습니다. 제가 왜 존경이 필요했을까요? 제가 스스로를 존경하지 않았기 때문입니다. 그리고 의대생 대부분은 이과 졸업생들입니다. 고교 시절 이후로 시한 구절도 읽어보지 않고 살았을 사람들이지요. 의학계가 기술적이며 이성적인 학생들을 선호하니까요.

작가 로봇이네요.

마테 그렇습니다. 컬트라는 사이비 종교집단에서 신도들을 어떻게 세뇌시키는지 아세요? 첫째 유니폼을 입혀요. 둘째 독재자에게 데려가지요. 셋째 가족들에게서 분리시키고, 넷째 모든 시간을 컬트 활동으로 채우게 합니다. 또 다섯째는 잠을 재우지 않습니다. 마치 의과대학에 대한 설명과 똑같지 않습니까? 결국 스트레스가 많은 지원자들이 필요하고 실제로 트라우마를 만들어주기도 하지요. 학생들은 의학 트레이닝에서 살아남으려고 스트레스를 인지하지 못하도록 스스로를 억누를 수밖에 없습니다. 그러니 스트레스에 시달리는 환자들을 어떻게 이해하고 얼마나 공감해줄 수 있겠습니까? 신체 부위별로 돈을 지불하는 의료시스템이 만들어진 이유가 바로 그것입니다. 환자를 많이 보면 볼수록 더 많은 보상을 받게 된 거예요! 제 말은 단지 금전적인 부분만으로 욕해서 되는 단순한 문제가 아니라는 뜻입니다. 저도 의사로 일하면서 많은 돈을 벌지만 접근 방법은 완전히 다릅니다. 저는 금전적으로 어려워질까봐 괜찮아 보이는 새로운 관점의 개발을 멈추지는 않습니다. 하지만 다른 의사들의 저항은 훨씬 더 내면적이에요. 사람들의 실체를 알아보는 것에 대한 감정적인 저항이라고 할 수 있지요. 스스로를 돌아보라는 강요를 받게 되는 것이라서 명예와 전문지식을 갖추고 이미 많은 찬사와 환호를 받고 있는 경우에는 그것을 내려놓기가 어렵습니다.

작가 선생님께서는 유아기에 이미 강한 스트레스를 받으셨지요? 독일 군이 나치 SS와 함께 쳐들어왔을 때 갓난아기였던 선생님이 울음을 그치지 않아서 어머니가 소아과 의사에게 전화했더니 "모든 유태인 아기들이 울고 있습니다."라고 했다면서요.

마테 저는 1944년 1월 6일에 태어났습니다. 이듬해 1월 러시아가 독일 군을 부다페스트에서 쫓아내고서야 해방을 맞았지요. 독일 군이 헝가리에 있는 유태인들을 변두리에서 중심부로 데려와서 아우슈비츠로 보내진 제 조부모님을 포함해서 50만 명이나 되는 사람들을 3개월 동안 곳곳으로 추방시켰습니다. 그것이 제가 태어난 첫 해에 있었던 일입니다.

작가 그들은 살아남았나요?

마테 아니요, 모두 가스실에서 목숨을 잃었습니다. 그리고 헝가리에 있는 유태인들을 모아 자신의 가축운반차에 태워서 아우슈비츠로 보냈던 아흔여덟 살 노인은 전쟁 중에 저지른 죄 때문에 재판을 받기로 되어 있었는데 재판을 앞두고 이번 주에 사망했습니다. (잠시 멈춤) 어머니와 젖먹이였던 저는 부다페스트에 살았습니다. 가구 제작자였던 아버지는 강제노역에 보내졌는데, 어머니는 일 년 뒤 아버지가 돌아왔을 때까지도 부모님이 아우슈비츠에서 돌아가셨다는 소식만 간신히 들었을 뿐 아버지의 생사 여부는 알 수 없었습니다. 어머니는 조부모님이 아우슈비츠로 보내졌던 날, 잘 나오던 젖이 갑자기 끊겼다고 합니다. 그리고 얼마 뒤에 빈민가가 생겼습니다. 헝가리 정부는 1944년 미국, 바티칸 등에서 전 세계적인 항의가 격렬해진 뒤에야 유태인 추방을 멈췄습니다. 그 덕분에 우리 가족은 추방되지 않았습니다. 그런데 빈민가의 환경은 상상을 초월할 만큼 끔찍했습니다.

작가 어땠는데요?

마테 대단한 상상력을 발휘하지 않아도 어머니의 심리상태를 알 수 있을 정도였어요. 어머니는 날마다 겪어야 하는 비인간적인 스트레스 때문에 어린아기였던 제가 안정감을 확인하고 조건 없는 사랑을 느낄 수 있도록 부드러운 미소를 보여주거나 신경을 써준 적이 없었습니다. 그 당시에는 극심한 절망감에 빠져 지낸 날이 많아서 아침마다 저를 돌봐야 한다는 의지 하나로 간신히 일어났다고 하시더군요. 그래서 저는 관심을 끌기 위해서는 노력이 필요하다는 것을 아주 어려서부터 배웠고, 어머니에게 절대로 부담이 되면 안 된다는 생각에 제 불안감이나 고통은 억누르는 게 가장 좋겠다고 생각했습니다.

그 뒤로 몇 달 동안 우익 파시스트의 통치가 이루어졌고, 더 많은 사람들이 죽임을 당했습니다. 그 모두가 제가 태어난 지 일 년 만에 일어난 일입니다. 그 중간에 어머니와 2주 동안 떨어져 지낸 적이 있는데, 어머니는 자신이 죽을지도 모른다는 생각에 생판 모르는 사람에게 저를 맡겼다고 합니다. 저는 지금 일흔 살입니다. 그런데도 45년이나 함께 살아온 아내가 심한 말을 하면 겉으로는 안 그래 보여도 심리적으로는 내면으로 물러나곤 합니다. 아내와 다툴 때마다 자동으로 "그래, 끝이야, 여기서 나갈 거야! 당신이 집을 갖고 돈도 얼마든지 가져가, 원하는 조건을 말해보라고! 헤어지자!" 등의 말을 하게 됩니다. 어머니와 떨어져 지낸 그 2주 때문에 사람들에 대한 무심함과 거리 두기가 깊이 몸에 밴 것이지요.

작가 그런 상황에서 모두를 포용하는 연민이 놀랍군요.

마테 왜 그게 놀라운가요?

작가 그렇게 큰 고통을 당했는데도 그것을 연금술로 아름답게 승화시켰으니까요.

마테 글쎄요. 혹시 "이해하는 것이 용서하는 것이다."란 말 들어보셨나요? 완벽하게 이해하면 예수님이 "저들을 용서해주세요, 저들은 자기들이 무슨 짓을 하는지조차 알지 못합니다."라고 하신 것처럼 모든 것이 용서됩니다. 너무나 많은 사람들이 자기들이 무슨 일을 하고 있는지 모릅니다. 의식이 없는 것이죠. 의식적인 행동을 하는 사람이라도 본능 앞에서는 무의식적으로 행동할 수 있거든요.

작가 결국 양육의 문제로 돌아갈 수밖에 없겠네요. 아이들을 이해하는 데 제일 큰 걸림돌이 '행동장애가 문제라는 생각'이라고 하셨는데, 그런 시각을 어떻게 바꿀 수 있을까요?

마테 우리가 그 "못된 행동"의 의미를 실제로 안다면 어떻게 될까요? 아이들은 말로 표현할 수 없을 때 행동으로 표현합니다. 제스처 게임에서는 말을 해선 안 되고 오로지 행동으로만 설명해야 합니다. 그래서 아이가 하는 행동을 마음의 표현으로 이해해야 합니다. 그리고 겉으로 드러난 행동이 아니라 그 아이가 마음으로 전하려는 메시지를 보려고 노력해야 합니다. 아이의 행동을 '내면의 움직임을 겉으로 표현한 것', '늘, 항상, 언제나! 도와달라고 소리치는 것'으로 이해한다면 모든 것이 바뀝니다.

작가 만약 마술지팡이를 사용할 수 있다면 무엇을 하고 싶으세요?

마테 저는 그것으로 겉으로 드러난 행동 뒤에 가려져 있는 감정의 실상을 보겠습니다. 그리고 드러난 행동보다는 감정의 실상에 반응하겠습니다.

작가 저는 그것으로 기업문화를 뒤집어버리고 싶어요.

마테 모든 사람들이 과부하에 걸려서 스트레스를 받고 있지요. 그런데 문제는 어느 한 사람의 힘만으로는 기업문화를 바꿀 수 없다는 것입니다. 마술지팡이 같은 건 존재하지 않으니까요. 거대한 문화적, 경제적, 정치적 요소들을 감안해야 합니다. 그것이 첫 번째 해야 할 일이지요. 두 번째로는 지금의 문화가 어떻게 되어 가고 있는지 그 진실을 우리가 말하는 것입니다.

작가 그렇지만 페미니스트들이 엄마들에게 육아가 마치 '선택사항'인 것처럼 떠든다는 것이 가장 큰 문제입니다. 그들은 인간의 정서적 삶의 근본이 사회적 지위와 같은 것이라고 여깁니다.

마테 페미니스트들은 아주 중요하고 반드시 필요한 사항들에 대해 말하고 있습니다. 하지만 그들의 잘못은 애착의 중요성을 폄하한 것입니다. 그 결과 자녀양육은 아무나 할 수 있는 기계적인 일로 여겨집니다. 페미니즘의 잘못은 바로 그것입니다. 이견의 여지가 없어요. 저는 어느 연로한 페미니스트 학자가 방송에서 여성 변호사나 학자들이 갓난아기와 시간을 보내겠다고 일을 쉬는 것은 이제껏 싸워온 것들에 대한 배신이며 남자에게 기대는 짓이라고 말하는 것을 보면서 슬펐습니다.

작가 남자들도 여자들을 갈망만 하지 보호해야 한다는 사실은 잊고 있습니다. 여자들은 특히 자녀를 잉태하는 존재이기 때문에 보호받아야 합니다. 그리고 우리 문화의 가장 비극적인 면의 하나는 남자들이 그들의 역할을 '돈 버는 일'에 한정해서 이해하기 시작했다는 것입니다. 상호의존적이어야 할 남녀관계가 기업모델 때문에 망가진 것입니다. 성인물에 나오는 여자들이 남자들과 사랑을 나누는 것이 아니라 성적서비스를 제공하는 것과 똑같은 생각입니다. 결혼에도 반대되고 이혼에도 너무 많은 영향을 미쳤습니다. 저는 이혼한 남자들이 자녀들과는 좋은 관계로 지내고 싶어 하면서도, 전처들에게는 계속 무시와 경멸의 태도를 보이는 것을 자주 목격했습니다. 그들은 그것을 아무렇지도 않게 생각하면서 그 두 가지 관계가 별개라고 인식합니다. 문화적으로 엄마들에 대한 멸시가 이보다 더 확연할 수는 없습니다.

마테 동의합니다. 그러면서도 이혼 후에는 아이들이 아내와 지내는 시간만큼 자기들도 아이들을 만날 수 있게 해달라고 억지를 부립니다. 그래도 공정하게 남자들의 편을 들어보면, 가족이나 공동체에서 엄마들을 지지하는 역할을 전적으로 아빠들에게만 맡겨놓아서 혼자 감당하기가 너무 버겁다는 것입니다. 제가 만약 인생을 한 번 더 살 수 있다면, 의사로서 자리를 잡아야 한다는 염려를 내려놓고 나 자신을 믿고 가족을 부양할 만큼만 일하면서 집에서 가족들과 더 많은 시간을 보내겠습니다. 다시 그렇게 할 수만 있다면 정말 좋겠습니다.

작가 후회가 크신 것 같은데 어느 부분에서 실패했다고 느끼세요?

마테 몇 가지 예를 들면, 저희가 지금 살고 있는 집으로 이사 왔을 때는 막내딸이 태어나기 전이었고 두 아들은 여섯 살, 아홉 살이었습니다. 저는 그때 가정의학과 진료 외에도 열다섯 명의 임신부들을 추가로 맡고 있어서 늘 밤늦게까지 집 밖에서 보내는 경우가 많았습니다. 그러니 집에 와서는 어땠겠습니까? 그런데도 집에는 어린 두 아들과 제 도움이 필요한 아내가 기다리고 있었지요!

작가 그러면 결혼생활을 오래 유지해온 비결은 무엇인가요?

마테 어느 기자가 비틀즈의 멤버이자 싱어 송 라이터인 조지 해리슨의 아내에게 오래 결혼생활을 유지해온 비결이 무엇인지 물었더니 그녀는 '이혼하지 않는 것'이라고 대답했습니다. 제 아내의 경우에는 두 가지 이유로 떠나지 않았습니다. 나쁜 이유는 아내 자신이 불안정했기 때문입니다. 실제로 자신과 아이들을 위해 떠나는 것보다 "이제 그만해! 당신이 정신 차리지 않으면 더 이상 같이 살 수 없어."라고 말하는 것이 더 나았을 겁니다. 좋은 이유는 우리가 서로 많이 사랑하고 있었고 결혼생활에도 헌신적이었기 때문입니다. 우리는 우리 둘의 관계라는 맥락에서 우리 자신의 진실을 찾으려는 마음의 목표가 있었습니다. 그것이 지금까지 헤어지지 않고 함께 살 수 있는 이유입니다.

작가 저는 남편과 10년 동안이나 심각한 갈등을 겪어와서 어떻게 우리가 아직까지 같이 살고 있는지 제가 생각해도 신기합니다. 남편은 우리 이야기가 위대한 사랑이야기라고 장담하더군요.

마테 사람들은 자신과 완전히 똑같은 정도의 심리적 상처가 있는 사람들과 결혼합니다. 겉으로는 달라 보여도 내면에 내재된 정서는 완벽하게 똑같습니다. 그렇지 않다면, 같이 지내서는 안 됩니다.

작가 그것을 이해하시는군요. 자녀들에게 잘못한 일들 때문에 여전히 죄책감도 느끼시고! 그럼 엄마가 자신의 양육방법에 죄책감을 느낄 때는 어떻게 해야 하고, 그렇게 했을 때 어떤 도움을 받을 수 있을까요?

마테 운전을 하다가 우연히 못을 밟아서 타이어에 구멍이 나면 어떠세요? 얼마나 죄책감을 느끼시나요?

작가 전혀 안 느낍니다.

마테 맞습니다. 어쩌다 일어난 일이기 때문이지요. 당신 때문에 펑크가 났고 당신이 일으킨 문제가 맞지만 일부러 그런 것은 아니니까요. 이 세상 어떤 엄마도 아침에 일어나서 "오늘은 내 자식을 어떻게 괴롭힐까?" 하고 말하지 않습니다. 엄마들은 단지 자기가 속한 문화에서 오는 압박감 때문에, 또는 어떻게 해야 할지 잘 몰라서, 그것도 아니면 자신도 제대로 양육 받지 못했거나 경제적인 여건 때문에 아이들에게 상처를 줍니다.

작가 그렇다면 우연히 상처를 준 것인데 아이들이 반항을 할 땐 어쩌죠?

마테 그 아이가 애착에 상처가 있어서 아픈 것이고, 그런 행동도 스스로를 방어하려고 나온 자동반응이라는 걸 알아차려야 해요. 그 아이를 돕는 방법은 상처가 아물 수 있게 해주는 겁니다. 그렇다면 그런 상처는 어떻게 해야 아물까요? 처음에 제대로 못 해줘서 상처가 된, 바로 그 부분을 다시 제대로 해주면 됩니다. 조건 없이 받아들이고 항상 아이 곁에 있어 주고 적극적으로 지지해주는 것이죠. 제가 『아이들을 꽉 붙잡으세요!』에서도 다룬 내용입니다. 여러분의 자녀들은 완전히 망가진 것이 아니에요. 인간의 두뇌는 경험에 의해 변화되는 능력인 신경가소성이 있어서 끔찍한 학대를 당한 사람이라도 치료만 잘하면 다시 온전해질 수 있습니다. 온전함은 인간이 날 때부터 지니고 있는 권리이기 때문에 그렇습니다.

따라서 최선이 무엇이건 당신이 최선을 다했다는 걸 깨닫는 것이 중요합니다. "내 잘못으로 생긴 일인데 어떻게 고쳐야 관계가 다시 좋아질까?" 하고 말하는 거예요. 그것은 언제든지 가능합니다. '완전히 끝'인 경우는 절대로 없습니다.

작가 하지만 진짜 끔찍한 학대일 경우에도 그럴까요? 만에 하나, 소아성애자와 폭력적인 부모들이 선생님의 말을 핑계 삼아 자기들이 한 행동이 아이들에게 아무런 충격도 주지 않았다고 우기면 어쩌죠? 모든 중독자들과 ADHD환자들, 그리고 수십만 명의 아이들이 실제로 상처받아 아프다는 증거들을 보시지 않았나요?

마테 누구든 마음대로 핑계를 댈 수는 있지요. 하지만 아무런 피해도 주지 않았다고 말한다고 해서 진짜 아무런 고통이나 아픔을 주지 않았다는 말이 되지는 않습니다. 그러니 상처를 주는 짓을 계속해도 된다고 핑계 삼을 수는 없습니다. 이것은 사람들이 어릴 때 받았던 상처가 무의식적으로 자녀들에게 어떻게 대물림되는가를 깨닫는 문제예요. 누구 탓을 하자는 것도, 일부러 그러는 것도 아닙니다. 문제는 책임을 져야 한다는 것입니다. 누구나 최선을 다하지만 우리의 최선은 우리의 의식수준에 따라 제한되는 것이니까요.

가보 마테의 행복한 삶을 위한 안내서

☆ 나 자신을 알아야 합니다. 해결되지 않은 심리적인 문제들을 풀어보

려고 노력하세요.

☆ 계획적으로 사세요. 가족의 삶과 자녀들의 성장에 관한 목표를 설정해보세요.

☆ 계획에 맞춰 여러분의 삶을 계속 점검하세요.

☆ 직장생활이나 재산보다는 자녀들의 건강과 심리적 안정을 우선적으로 생각하세요. 아이들이 어릴 때는 특히 그래야 합니다.

☆ 자녀들이 어릴 때는 경제적으로 버겁더라도 엄마 아빠 둘 중 한 명은 집에 있으면서 아이들을 돌보세요.

☆ 육체적으로나 심리적으로나 양육은 어느 한 사람의 일이 되어서는 안 됩니다. 될 수 있으면 엄마 아빠가 아기 돌보는 일을 함께하세요.

☆ 자기 자신을 잘 돌보세요. 나의 스트레스가 결국 아이들에게 전달됩니다.

☆ 가족식사 시간이나 주말처럼 가족이 함께 보내는 시간을 성스럽게 여기세요.

☆ 자녀들이 자라서 당신이 지향하는 방향과 기대에 맞게 잘 따라주고 원만한 관계가 될 때까지는 텔레비전이나 핸드폰, 아이패드 같은 기기를 아예 집안에 두지 말고, 두더라도 되도록이면 아이들 가까이에는 두지 마세요.

☆ 영적 활동이나 명상을 하고 있다면 계속하면서 자녀들의 나이와 수준에 맞춰 함께해보세요.

gabormate.com

느린 차선에서의 삶

"텔레비전 때문에 우리 가족이 붕괴된 것은 아니었지만
텔레비전의 정의 자체가 단절을 촉진하는 것은 분명하다."

나는 어렸을 때 나무에 기어올라가본 기억이 없다. 피크닉이나 야구경기를 보러갔던 기억도 없다. 왜냐하면 그런 일을 해본 적이 아예 없기 때문이다. 유년기에 정해진 나의 한계는 부모님의 참견 때문이 아니라 오히려 참견의 부재 때문에 만들어졌다. 아버지는 나에게 시간을 내주지 않았고, 어머니도 다른 이유로 늘 부재중이었다. 아버지가 의무감에 묶여 있었다면, 어머니는 그냥 무관심했다. 결과적으로 나와 남동생은 거의 텔레비전이 키워준 것이나 마찬가지다.

나는 아버지가 돌아가시고 나서야 아버지의 어렸을 적 별명을 알게 되었고, 왜 그렇게 돈에 집착했었는지도 알게 되었다. 그것도 하나뿐인 손녀에게 남겨준 추억앨범 덕분이었다. '당신이 태어날 무렵 어떤 일들이 일어났나요?', '부모님이 당신의 이름을 어떻게 지었나요?' 등의 질문들을 보면서 나는 약간의 흥분을 느꼈다. 수수께끼 같은 아버지에게 아이들이 가지는 호기심이나 추상적인 관계에 대한 기대 같은 것도 있었고, 약간의 거리감이나 상처가 되지는 않을 만한 새로운 발견이나 오래도록 담을 쌓고 지내왔던 아버지였지만 우리 사이에 서로 모르는 척했거나 정말 몰랐던 어떤 것을 찾고 싶었다.

아버지의 대답은 대부분 '네! 아니오!' 하는 단답형이었는데, 그것도 뇌졸중으로 오른손을 못 써서 어머니가 대신 써준 것이었다. 아버지의 대답을 보면서 나는 부모와 자식의 관계가 멀어지는 것은 흔한 일이고, 경우에 따라서는 선택의 여지가 없다는 것도 깨달았다. 기업을 경영했던 아버지는 날마다 새벽에 출근해서 하루 종일 부재중이었다가 저녁식사 때나 되어야 돌아왔다. 하지만 30분의 식사시간에만 겨우 얼굴을 마주할 수 있었을 뿐, 식사를 마치고 나면 아버지는 곧장 텔레비전 앞으로 가버리곤 했다.

1950년 이후 유아기는 줄곧 텔레비전 방송 프로그램들 사이사이의 짧은 틈으로만 경험되었는데, 나 또한 그렇게 자랐다. 그러니까 나의 실제 생활은 텔레비전을 보다가 화장실에 가려고 일어나서 기지개를 켜는 잠깐 동안이 전부였다. 방과 후에는 남동생하고 텔레비전 앞에서 간식을 먹으면서 화면을 뚫어져라 쳐다보는 것이 다여서 우리에게 텔레비전 화면은 다른 세계로 들어가는 문 같은 것이었다. 휘어진 유리 화면에 플라스틱 테두리를 두른 것일 뿐인 텔레비전이란 물건은 어린 우리 남매를 순식간에 거침없이 매혹시켜서 우리의 의도나 능력과는 상관없이 돌이킬 수 없을 정도로 많은 시간을 허비하게 만들었다.

우리의 꿈도 부도덕하고 촌스러운 인기 시트콤의 재방송이 결정했다. 브라운관 속 세상은 남동생이나 나의 소극적인 성격과는 평행선을 달리는 기찻길이었다. 우리는 머리에 총이라도 맞은 것처럼 텔레비전에서 펼쳐지는 이미지의 지속적인 움직임에 홀려 비판적인 사고능력이 고장 나 버렸다. 우리는 어느덧 다른 세상의 것으로 느껴지는 어머니의 잔소리나 수학숙제, 뜨거운 태양 같은 것으로부터 의식이 완전히 단절된 상태에 빠져들어 어머니가 아무리 잔소리를 해도 우리는 거의 무아지경이었고, 텔레비전에 나오는 주인공들처럼 되기만을 꿈꿨다.

나의 유년기의 많은 부분을 차지했던 텔레비전은 마치 가족의 일부 같았다. 나는 〈트리니티가 다시 달린다〉라는 드라마를 보다가 초경을 시작했고, 남동생은 〈괴짜경주〉라는 만화를 보다가 포도 알이 목에 걸려 질식할 뻔했다. 나는 〈길리건의 섬〉이라는 시트콤을 보다가 눈썹을 태워먹은 적이 있고, 아버지와 다퉜던 몇 안 되는 기억들 중 하나도 텔레비전 때문이었다.

여름밤에는 남동생과 발코니에 쪼그리고 앉아 나방을 잡으면서 놀았다. 건넌방에 있던 부모님은 우리에게 아무런 관심이 없었다. 텔레비전의 푸른 불빛에 비쳐서 왁스처럼 굳어 보였던 두 분은 어딘가에 감금되어 있는 사람들처럼 오로지 화면만을 주시했다. 우리는 저녁을 먹기 직전에 몇 마디 주고받는 몇 마디 말을 빼면 온종일 아무 말도 나누지 않았다.

전쟁이나 항공기사고에서 살아남은 사람들에게서 확인되듯이 트라우마를 나누는 것만으로도 친밀감이 생긴다. 그런데 친밀감은 보통 직선이 아니라 구불구불하고, 격식이 없는 믿음, 시간이나 주제에 딱 들어맞지는 않는 단어들이나 별 생각 없이 하는 이야기와 그다지 관계가 없는 의견들, 또는 감탄사나 수군거림 같은 것들로 다져지는 것이다. 일부러 친밀감을 만들겠다는 의도조차 필요 없다. 그냥 열린 마음만 있으면 흔들리지 않는, 단단한 오크나무 같은 친밀감이 만들어진다.

이러한 나눔이 쓸데없다고 조롱하는 사람들은, 부수적인 정보의 교환과 저장을 기반으로 만들어지는 공동체의 가치를 이해하지 못하는 것이다. 가족이나 친척들과의 친밀한 나눔이 차츰 사라지면서 페이스북이나 트위터 같은, 겉으로라도 친밀감을 채워주는 사회적 네트워크 서비스(SNS)가 필요해졌다. 하지만 온라인에는 가까움과 친밀감이라는 착각이 존재하는 것이지 인류 보편적으로 이해되는 의미의 사랑은 존재하지 않는다.

만약 텔레비전에도 성격이 있다면 '대화 가로채기'와 그 과정에서 일어나는 "세대 간 단절"이라고 규정할 수 있다. 텔레비전 시청으로 만들어진 단 하나의 중앙 집중적인 관계 때문에 우리의 과거와 미래에 연결된 관계들이 끊어졌다. 지금 세대는 대화나 직접적인 경험으로 이어지는 것이 아니라, 수동적이고 감정이 배제된 상태로 연기하고 있는 이방인들을 관찰하는 것으로 서로 간의 연결점을 찾게 되었다.

내 유년기의 기억에는 단 하루도 텔레비전이 없었던 적이 없다. 텔레비전은 세상에서 느낀 실망에서 우리를 보호해줄 것처럼 보이는 보호막을 만들어주었다. 그러나 실제로는 오히려 사람들을 비인간화시켰다. 텔레비전을 매일 4시간씩 본다면 일주일에 7일, 일 년이면 52주, 10년이면 일 년 반이나 된다. 평생으로 따지면 몇 년이 훌쩍 넘어가는 것이다.

우리는 빙산의 조각들처럼 서로에게서 서서히 떨어져 나가서 천천히 그리고 영원히 각자 다른 방향으로 떠내려갔다.

결국 우리 집에는 텔레비전이 5대나 됐다. 닐슨미디어의 조사를 보면 지금은 집집마다 식구 수보다 텔레비전 수가 더 많다고 한다. 그런 면에서는 우리 가족이 시대를 앞서간 것이다. 우리 식구들은 저녁마다 각자 자기 방에서 텔레비전을 보면서 세상에 대한 의식이 차츰 희미해졌다. 밤에 복도를 지나다 보면 마치 여러 겹의 소리로 이루어진 지층을 뚫고 지나가는 느낌이 들었다. 화면과 따로 울리던 그 소리들은 낮은 불협화음이 되어 마치 내 고립의 주제곡인 것처럼 아주 친근하게 느껴졌다.

그맘때쯤 나는 텔레비전을 그만 보기로 결심했다. 첫 번째 반항은 내가 아직 줄넘기를 하고 놀면서 아나이스 닌의 명언을 처음 읽기 시작했을 무렵, 무척 갑작스럽게 찾아왔다. 어느 한순간 내가 나 자신을 제대로 볼 수 있게 된 것이었다.

텔레비전 때문에 우리 가족이 붕괴된 것은 아니었지만 텔레비전의 정의 자체가 단절을 촉진하는 것은 맞다. 나는 우리가 정상인 것처럼, 행복한 것처럼, 모든 상황에 해결책이 있는 것처럼 연기하는 것이 싫었다.

나는 더 이상은 기운이 빠진 채 넋이 나가서 살고 싶지는 않았다. 텔레비전을 보는 데 집중하다 보면 감각이 흐려졌다. 그래서인지 내가 직접 경험한 것인지 텔레비전에서 본 것인지 종종 내 기억조차 믿지 못할 때도 있었다. 분별없이 지속적으로 텔레비전을 보다가는 성격이나 태도가 거칠어질 수 있다. 제 아무리 귀한 음식이라도 텔레비전을 보면서 먹으면 음식은 뒷전이 된다. 텔레비전과 비교하면 먹는 일조차 별 볼일 없는 부차적인 것이 되어버리는 것이다. 우리가 텔레비전 보면서 아무 생각 없이 먹게 되는 정크푸드를 평상시에는 굳이 찾아 먹지 않는 이유가 바로 그것이다.

무엇보다 나는 관객의 일부인 것이 지겨워졌다.

어른이 되어서도 내가 텔레비전 없이 살고 있다는 사실에 다들 깜짝 놀란다. 텔레비전을 가지고 있지 않다는 것은 분명히 급진적이고 반항적인 몸짓이다. 그리고 작가라는 내 직업과 연결되면서 나는 문화변동을 가장 분명하게 주도한다는 기대를 받고 있다. 텔레비전이 없다는 것 때문에 민주주의나 자유에 관련된 것도 아니고 그저 이미지를 통치할 권리 같은, 사람들이 지갑만큼이나 가깝게 품고 다니는 신념을 해칠 만한 위험요소가 된 것이다. 지금의 문화에서 텔레비전은 하나의 장기처럼 진화했고, 부재중인 부모를 대신해서 우리가 사람 구실을 할 수 있게 해준 존재일지도 모른다. 하지만 그렇다고 해서 그것이 '텔레비전은 좋은 것'을 뜻하는 것은 아니다. 우리가 시간을 TV 대신 현실을 대면하는 데 조금만이라도 더 쓴다면 세상은 분명히 더 좋아질 것이다.

내가 한 대형 방송사의 임원을 인터뷰한 적이 있는데, 그는 TV 시청률 집계가 나오면 수십만 명이 본 그 프로그램을 보지 않은 다른 사람들은 그 시간에 과연 뭘 하고 있었을지가 궁금해진다고 했다. 그는 텔레비전보다 인간관계를 우선적으로 생각하는 것을 개인적인 실패로 여겼다. 그래서 그는 2009년 닐슨 리서치의 조사보고서에서 젊은이들(18~24살)의 일일 텔레비전 시청시간이 평균 3.6시간이라는 데 충격을 받았다고 했다. 그것이 젊은이들의 지적, 영적, 심리적 성장을 반영한 것이기 때문이어서가 아니라 그들이 같은 시간대에 35~44살의 중년들보다 TV를 덜 보았기 때문이었다. 그래서 그는 자기가 뭘 잘못하고 있는지를 고민 중이라고 했다.

내가 엄마로서 나 자신이 가장 자랑스럽게 느껴졌던 순간은, 세 살 된 베데스다를 데리고 출산한 지 얼마 안 된 친구를 보러 산부인과에 갔을 때였다. 친구가 텔레비전을 보면서 젖을 물리고 있는 모습을 본 베데스다가 놀라며 "엄마, 공중에 떠 있는, 저 그림상자는 뭐예요?"라고 물었다. 그 말에 제 친구는 깜짝 놀랐지만, 나는 너무나 만족스러워서 베데스다를 꼭 안아주었다.

사랑의 능력

"생리학적인 면에서 여자들이 점점 출산 능력이나

모유수유 능력을 잃어가고 있습니다."

미셸 오당이 전 세계에 미친 영향력은 말로 할 수 없을 만큼 대단하다. 그는 학구열이 넘치는 프랑스의 산과전문의이자 영국 런던에 있는 원초건강연구센터의 설립자이다. 그는 사랑호르몬 "옥시토신"의 중요성을 발견했고, 세계 곳곳에 집처럼 안락한 출산 공간, 수중출산 등을 소개한 인물이다. 그는 〈산과학〉에 "관문조절이론(1975)"을 처음 발표했고, 의학저널에 "모유수유는 출산 후 한 시간 이내에 시작해야(1977)" 등 수백 개의 글을 기고했다. 그는 한마디로 예지력을 가지고 현대의학의 산과의술 및 산파술 형성에 아주 독특한 역할을 담당해왔다. 『출산과 호모 사피엔스의 미래』, 『출산과 모유수유: 임신과 출산 기간 동안의 여성들의 욕구 재발견』,

『출산의 진화 Birth reborn: 출산은 어때야 하는가』, 『원초적 건강: '착상에서 첫돌까지'의 중요한 시간에 대한 이해』, 그리고 『플라스틱 시대의 출산』 등 22권이나 되는 그의 저서들은 대단히 획기적인 철학서나 실용서이다.

파리 북부의 브레슬레 출신인 그는 지혜롭고 급진적인 어머니의 지극한 사랑을 받으며 유년기를 보내서인지 2차 세계대전조차 그의 긍정성을 무너뜨리지는 못했다. 그는 외과의사가 되어 피티비에르 지방병원에서 외과와 산과 책임자로 일하면서 '인간의 모체'라는 주제에 매료되었다. 그는 지금도 선동가이고 매우 프랑스식이다. 결혼 여부를 묻자 그는 "단순하지 않아요."라고 답했다. "저는 공식적으로는 아직 결혼 상태지만, 영국 여인과의 사이에 아이가 하나 있습니다. 그 아이가 벌써 스물여덟 살인데 우리는 그 아이를 함께 양육했습니다. 그리고 저는 프랑스에 있는 제 아내와도 함께 아이들을 양육했습니다. 쉰다섯 살인 제 딸은 이미 성인이 된 아이들이 셋이나 있습니다. 저는 주로 영국에서 활동하지만, 여행을 워낙 많이 다녀서 딱히 영국에서 머문다고 말하기는 어렵습니다." 실제로 그는 출산을 대하는 전 세계 여자들의 태도를 바꿈으로써 우리들의 삶을 바꿔놓았다.

작가 어머니와 아주 밀착된 유년기를 보내셨지요?

오당 네. 저희 어머니는 1895년에 태어나 프랑스의 한 국립유아원에서 주요부처 책임자로 일했습니다. 마리아 몬테소리의 영향을 많이 받았지요. 그 당시 프랑스에는 몬테소리를 아는 사람이 아무도 없었는데, 1차 세계대전 후에 미국에서 건너온 크롬웰에게서 처음으로 몬테소리 연구에 대해 듣고 알게 되었다고 합니다. 몬테소리 학교를 만들라는 제안도 받았지만 어머니는 국립교육 시스템에 소개하는 것이 더 옳다고 여겼습니다.

작가 어머니도 선생님처럼 혁신적이었군요.

오당 네. 그랬습니다! 어머니는 그 새로운 접근법에 관심이 많았지요.

작가 아버지는 어떤 분이었나요?

오당 아버지는 근처 설탕제분소에서 회계 일을 했습니다. 그 제분소는 우리 마을 경제의 중심이었어요. 식구가 부모님과 저, 그리고 남동생밖에 없어서 우리 가족의 생활은 무척 단순했습니다. 저는 두 살 때부터 어머니가 일하는 유아원에 다녔습니다. 유아원이 우리 집에 붙어 있어서 어머니를 따라다녔던 거죠! 어머니가 피아노를 쳤던 기억이 납니다. 2차 세계대전은 제 유년기의 기억 중에서 가장 큰 사건이었어요. 포격은 우리가 프랑스 남부로 피난을 갔다가 돌아온 다음까지도 계속되었습니다. 제가 1930년생이기 때문에 그 당시 일을 정확하게 기억합니다. 독일 점령기에는 하루에 26킬로미터를 자전거로 오가야 했습니다! 차가 없었거든요. 완전히 다른 삶이었어요. 물론 당시의 기억들이 전부 부정적인 것만은 아닙니다. 독일 군들과 같이 수영장에도 갔으니까요! 군인들은 영국군이나 미국군이나 다 똑같습니다.

작가 2차 세계대전이 공포나 두려움으로 이어지지는 않았나요?

오당 그렇지는 않았습니다. 물론 어려울 때도 있었지요. 1944년에 폭격으로 지역주민이 다섯 명이나 죽었거든요. 저는 그때 처음으로 인간의 공격성을 경험했어요. 제 어머니는 유아기의 경험이 인간의 삶에 가장 큰 영향을 준다고 믿었어요. 초등학교가 아니라 유아원에서 일한 것도 유아기가 훨씬 더 중요하다고 여겼기 때문입니다.

작가 어렸을 때는 모성애를 어떻게 이해했나요?

오당 아주 단순했어요. 어머니를 전형적인 보호자, 의지할 수 있는 사람 정도로 생각했지요. 제 부모님의 결혼생활은 단순했고, 98세로 돌아가실 때까지 두 분이 함께 지내셨지요.

작가 오늘날의 엄마들은 어떻게 달라졌다고 보시나요?

오당 매우 실질적인 변화가 관찰됩니다. 생리학적인 면에서 여자들이 점점 출산 능력이나 모유수유 능력을 잃어가고 있습니다. 그런 능력은 가장 원초적인 것입니다. 그런데 가장 원초적인 부분에서 약해지고 있는 거죠.

작가 옥시토신의 분비를 가로막는 시스템들 때문에 전 세계적으로 자연분만을 하는 산모의 수가 점점 적어지고 있다고 하셨지요?

오당 네. 옥시토신은 출산은 말할 것도 없고 애착형성에 필수적이며 어른이 되어서까지도 정말 중요한 사랑호르몬입니다. 저는 그 옥시토신 시스템이 약해지고 있다고 생각합니다. 이와 관련해서 두 가지 연구조사가 있는데, 하나는 미국에서 이루어진 공감능력 저하에 관한 7개의 조사들(1979년~2009년)을 통합한 크고 중요한 연구조사입니다. 다른 하나는 진통의 첫 단계에 관한 것으로 신체용적지수를 고려해 진통 초기단계의 시간을 분석했더니 2002년~2008년의 평균이 1959년~1966년의 평균보다 2.5배나 긴 것으로 나타났습니다. 이 놀라운 조사결과를 통해 저는 당연한 사실을 다시 한 번 확인했습니다. 여자들이 점차 출산능력을 잃어가고 있다는 사실입니다. 물론 의사들이 제왕절개수술을 권하기 때문이기도 합니다. 아무튼 이 두 가지 조사결과만으로도 앞으로 옥시토신 시스템은 점점 더 약해질 것으로 예상됩니다.

작가 의학 윤리학자 안나 스마조르 박사는 최근 〈임상윤리〉라는 저널에서 "연민은 의학에 꼭 필요한 요소가 아니다. 연민이 없어도 의학의 중요한 임무를 제대로 수행할 수 있기 때문이다. 의사는 환자가 누구인지 몰라도 그 사람의 맹장을 제거할 수 있고, 누가 채운 것이든 상관없이 소변기를 치울 수 있으며, 누가 먹을 것인지를 몰라도 음식을 제공할 수 있다."고 썼습니다.

오당 그것도 하나의 사례가 되겠군요!

작가 옥시토신 시스템의 약화를 이야기하면서 인간을 생태계로 표현하셨던데요.

오당 예. 미생물학적 혁명을 설명할 때 저는 그렇게 표현합니다. 사람들이 아직 그것을 눈치 채지 못했지만, 호모사피엔스를 이해하는 새로운 방법입니다. 사람은 누구나 이 세상에 존재하는 것보다 더 많은 미생물을 몸 안에 가지고 있습니다. 우리 몸 안에는 미생물의 군집, 즉 미생물의 공동체가 존재하기 때문에 호모사피엔스를 생태계로 묘사할 수 있는 것입니다. 그 미생물의 군집들 사이에서는 끊임없이 교감이 일어납니다. 우리 몸을 지배하는 몇 조 개의 미생물들, 특히 소화관과 피부에 있는 것들과 유전적인 물질들이 서로 교감합니다. 세포 하나에 10개의 미생물이 존재하니 '늘' 교감과 협동, 공생이 일어나는 것이지요. 그래서 생태계라고 말할 수 있는 것입니다. 미생물의 활동과 세포의 활동 사이에는 균형이 존재합니다.

작가 세균학적 관점은 어떤가요?

오당 출산과정에서 일어나는 일이 얼마나 중요한지를 설명할 때는 세균학적 관점이 가장 쉽고 유용합니다. 오늘날에는 누구나 소화관 세균층이 인체시스템의 80퍼센트를 차지한다는 것을 알고 있습니다. 우리의 태도가 소화관 세균층에 있는 미생물군단의 영향을 어마어마하게 받고 있는 것이지요. 소화관 세균층은 출생 직후에 곧바로 만들어집니다. 출생이 곧 '미생물세계로의 진입'인 것이지요! 그래서 세균학의 관점에서 볼 때 출생 당시 어떤 일이 일어났는지가 20년 전보다 훨씬 더 중요해졌습니다.

작가 그것이 질병과도 어떤 관계가 있나요?

오당 미생물학적 관점으로 자가면역질환, 과민반응, 인체의 조절장애 같은 병적 상태의 발생 정도가 높아지는 것을 설명할 수 있습니다. 전염병학자들이 출산 당시 이러한 병들에 대한 세균학적 위험요인이 있다는 것을 발견했습니다. 세균학적 관점으로 설득력 있는 해석이 가능해진 것이지요! 지금은 유아기의 중요성도 세균학적 관점으로 이해할 수 있습니다. 얼마 전까지만 해도 아기 몸으로 들어가는 첫 미생물은 어머니의 회음부분에 있던 것들이었습니다. 그런데 지금은 많은 아기들이 그곳을 거쳐 태어나지 않습니다. 제왕절개로 태어나는 아기들이 너무나 많은 것은 정말 심각한 문제예요. 그리고 많은 아기들이 항생제에 노출되기 때문에 출생 직후 만들어지는 소화관과 피부층 형성에 지장을 받습니다.

작가 선생님께서는 사랑할 수 있는 능력의 진화에 대해서도 말씀하셨던데, 좀 더 설명해주세요.

오당 그것은 아주 중요한 주제입니다. 저는 한 달 전 런던에서 열린 인간진화에 관한 회의에 참석했습니다. 저는 주로 미래에 관해 연설하곤 하는데, 그 자리에 참석한 고생물학자나 고고학자, 진화론자들은 모두 과거에 대해 말하더군요. 그래서 제가 말했죠. "미래에 대해 얘기합시다! 지난 10년 동안 인간의 삶에서 관찰된 가장 급격한 변화는 출산입니다. 현대과학적 관점에서 보면, 출산의 과정은 인류의 형성과정에서도 중요합니다. 그런 면에서 가까운 미래에 호모사피엔스의 변신이 예상됩니다." 저보다 앞서 연설한 진화론자는 사람이 원숭이에서 진화하는 동안 뇌 크기가 점점 커지고 있다고 말했습니다. 그것을 막아주는 것이 바로 '제한된 산도'입니다. 아기의 머리가 좁은 산도를 통과하게 되어 있어서 머리둘레가 계속 커지는 현상이 다음 세대로 이어지지 않는다는 것입니다. 그런데 제왕절개수술이 시작되면서 이 병목효과가 사라졌습니다! 점점 뇌와 머리둘레가 커지는 것을 막을 방법이 없어진 것이지요! 앞으로뇌와 머리둘레는 점점 더 커질 것입니다. 그것이 인간의 옥시토신 시스템의 미래입니다.

작가 너무나 불편한 진실이군요.

오당 그렇습니다! 지금까지는 진화를 "강한 유전", 즉 대대로 유전자를 전달하는 것으로만 생각했는데, 이제부터는 후천적인 요소들도 전달된다는 것을 감안해야 합니다. 유전자 발현과 더불어 어떤 특성이 전달되는 '약한 유전'까지 고려해야 하는 것이지요. 인간의 출생과정의 변화는 호모사피엔스의 변화를 가늠할 수 있는 좋은 근거입니다. 그것이 제 책의 주제이기도 하고요. 구글을 찾아봐도 출산방법이 미치는 영향에 대해 말하는 사람은 아무도 없습니다. 출산이 인간의 삶을 형성하는 하나의 단계라는 인식은 없고 다른 요소들에만 관심을 갖지요.

작가 그 이유가 뭘까요?

오당 문화 때문입니다!

작가 아마도 여자들이 출산에 대해 느끼는 엄청난 공포감 때문일 것 같습니다. 우연이든 의도된 것이든 원초적인 공포심이 의술의 개입을 불러왔습니다.

오당 공포심이 새삼스러운 것도 아닙니다. 역사 내내 그래왔으니까요. 많은 여자들이 아이를 낳다가 목숨을 잃었습니다!

작가 제약회사들은 이러한 공포심을 이용해 매년 엄청난 수입을 올려가며 자기들의 이익을 추구합니다. 슬픔과 아픔에 대한 두려움을 악용해 뒤이어 올 사회적 영향은 고려하지 않고 약을 만들어냅니다. 의학계도 크게 다르지 않습니다.

오당 늘 일관된 사고방식이지요. 산업혁명 이전에도 전통적으로 어느 사회에나 산파들이 있었습니다. 그들은 산고를 덜어주고 잘 이겨낼 수 있게 허브를 사용했지요. 지금과 다를 게 없습니다! 지금은 좀 더 강력한 약물을 쓴다는 것만 다르지요. 다만 출산에 대한 두려움은 항상 존재했는데, 의학이 출산과정에 끼어들면서 이 부자연스러운 부분을 제거할 수 있는 해법이 자연에 있다는 것을 이해하지 못하고 있습니다. 그 해법이란 대뇌의 신피질, 즉 우리 뇌에서 가장 발달된 부분의 활동을 억제하는 것입니다. 그 핵심 키워드는 '보호'입니다. 당신이 산모를 도와주거나 인도하고 조정하고 지지할 수는 없지만, 진통 중인 산모를 신피질의 자극에서 보호할 수는 있습니다. 제가 산모 곁에 경험 많은 산파 한 사람만 말없이 한구석에서 뜨개질을 하는 상황을 '가장 쉬운 출산'이라고 표현하는 데는 그럴 만한 이유가 있습니다. 신피질의 자극만 없다면 출산 중인 산모는 포유류처럼 행동할 수 있습니다. 그런데 이 엄청나게 단순한 해결책이 아직까지 우리 사회에는 알려져 있지도 않고 문화적으로도 받아들여지지 않습니다! 오늘날의 문제는 출산의 의료화가 아니라 출산의 사회화입니다. 생물학적인 측면으로부터 배워야 하는데도 사람들이 얘기하는 자연분만의 방식은 여전히 중세사회 때와 똑같습니다.

작가 하지만 출산 중에 문제가 생겼을 때는 뇌의 신피질 자극을 어떻게 피할 수 있나요?

오딩 안전을 위해서 가장 먼저 고려해야 할 것은 출산을 쉽게 만들어주는 것입니다. 자연스러운 출산이 부자연스러운 출산보다 더 안전하니까요. 그러나 우리가 쉽게 이해할 수 있는 개념은 아닙니다. 우리는 쉬운 출산이 어려운 출산보다 안전하다는 것을 이해해야 합니다. 출산 중에 문제가 생기면 자연분만 중이라도 제왕절개 수술을 하면 됩니다.

작가 사랑호르몬 생성에 유전적 결함이 있는 쥐를 실험한 자료를 읽어본 적이 있는데 흥미로웠습니다. 그 쥐들은 새끼들을 씻기지도 먹이지도 사랑하지도 않았습니다. 저는 그것을 보면서 뇌에 무슨 문제라도 있는 것처럼 끔찍하게 자녀들을 학대하고 방치하는 엄마들의 사례가 생각났습니다. 그런 경우가 바로 '사랑이 부재중'인 것입니다.

오딩 그것이 인류의 미래를 얘기할 때 고려해야 할 부분입니다. 최고도로 대뇌화된, 지능은 높지만 감정조절 시스템에는 장애가 있는 미래인간을 상상할 수 있습니다. 이미 비슷한 모델도 있습니다. 자폐와 비슷한 아스퍼거 장애를 가진 사람들입니다.

작가 신경과학 분야의 리처드 티엔 교수의 말은 이것입니다. "옥시토신은 뇌에서의 정보전달에 탁월한 영향력을 미칩니다. 주변 잡음을 제거해주고, 자극 받은 충동이 움직임으로 표출될 때 정확성을 높여주지요. 우리는 연구를 통해 뇌 회로의 움직임이 어떻게 더 정확해지고, 뇌 회로의 리튜닝이 어떻게 자폐 등의 상태로 빗나갈 수 있는지에 대한 힌트를 얻을 수 있습니다. 옥시토신 신호의 결여가 자폐 등의 질환에 영향을 준다고 말하기는 아직 어렵습니다. 물리치료적인 효과 역시 아직은 심리 중이지요. 하지만 자연적으로 존재하는 신경호르몬들이 원하는 신호를 끌어내고 필요 없는 잡음을 제거해서 뇌 회로의 활동을 향상시킨다는 사실을 발견했다는 점은 아주 긍정적입니다."

오당 이미 많은 사람들이 아스퍼거 질환을 앓고 있습니다! 흥미롭게도 많은 노벨상 수상자들이 아스퍼거 환자들입니다. 지능은 엄청나게 높지만 감정은 이해하지도 읽지도 못하는 사람들이지요.

작가 그들이 사랑의 감정을 되살리려면 어떻게 해야 할까요?

오당 좋은 질문입니다. 우리가 지금 시점에서 사랑이 존속되기를 정말로 바란다면 유토피아만을 꿈꿀 수는 없습니다. 정치적으로 옳은 것만을 일방적으로 추구할 수는 없다는 말입니다. 하지만 한 가지 꼭 짚고 넘어가야 할 것은, 산과전문의나 산파는 반드시 '출산경험이 긍정적인 사람'이어야 한다는 것입니다. 물론 너무 이상적이고 문화적으로도 받아들이기 어렵겠지만, 이 간단한 원칙만 지켜져도 악의 순환고리를 끊을 수 있습니다. 지금은 제왕절개수술이 줄어야 한다는 것이 누구나 동의하는 상식이 되었습니다. 하지만 누군가 새로운 시대, 새로운 국면을 열 혁신적인 방법을 소개하려면 공상가가 되어야 합니다. 하지만 오늘날 문화적으로 출산을 최대한 쉽게 만드는 방법에 대한 제안조차 받아들여지지 않고 있습니다. 사람들이 당장 눈앞에 있는 장애물만 보기 때문입니다. 하지만 유토피아가 불가능을 뜻하는 것은 아닙니다.

작가 문제는 우리 스스로 포유류라는 인식을 하지 않는다는 것입니다. 그런 관점이 우리에게 이미 익숙해진 것들과 반대되기 때문이지요. 사람들은 인간이 동물보다 우수하다고 여기고 그런 생각으로 접근하기 때문에 기존의 모든 가치와 우선순위가 뒤흔들리는 것입니다. 관점의 문제인 것이지요.

오당 출산할 때 주위에 산파 한 사람 말고는 아무도 없더라도 산모는 무엇을 어떻게 해야 할지 압니다. 출산은 지식이나 경험의 문제가 아니라 포유류의 본능이기 때문입니다.

작가 선생님이 내세운 산과의사와 산파가 갖춰야 할 전제조건은 논란이 많을 것 같습니다.

오당 그렇겠지요! 현재는 산과전문의와 산파들의 교육에 대해 이야기되고 있지만 저는 그것이 부수적인 문제라고 생각합니다. 기본쟁점은 그보다는 '선택의 과정'입니다. 의학적인 출산이 여러 세대에 걸쳐 오래 지속되어왔기 때문에 산파로서 이상적인 인성을 갖춘 여자들도 많지 않고, 긍정적인 출산경험이 있는 경우도 흔치 않습니다. 그래서 긍정적인 출산을 경험한 분들이라면 꼭 산파가 될 의무가 있습니다. (웃음)

작가 여자들이 출산에 자신감을 갖고 강해져야한다고 생각해요. 자기 몸이 알아서 할 것이라는 자기 확신이 필요합니다.

오당 가장 좋은 교육은 임신부들과 즐거운 출산을 경험한 여자들이 만나게 해주는 것입니다. 우리 산과병동에서 운영했던 산모노래교실에는 몸을 푼 지 얼마 되지 않은 젊은 엄마들도 나왔습니다.

몸은 회복이 덜 되었어도 얘기를 나눌 수는 있었으니까요. 정말 좋은 교육이었습니다! 꼭 어떤 목표를 세워서 준비할 필요도 없습니다. 그보다는 출산 당시의 환경에 집중하는 것이 더 중요합니다. 그것이 출산준비에서나 자연분만그룹의 잘못된 부분을 바로잡을 수 있는 방법입니다. 분만을 미리 준비하면 자연분만이 아니지요. 우리는 혁신적이어야 합니다. 그렇지 않으면 아무 소용이 없습니다!

작가 스트레스가 있는 환경에서 태어났거나, 스트레스가 있는 환경에서 출산한 사람들이 본능이나 진실한 감정에 다시 연결되려면 어떻게 해야 할까요? 그것이 출산정책보다 훨씬 더 광범위한 문제이니까요. 너무 많은 사람들이 자기 자신과 동떨어진 삶을 살고 있습니다.

오당 정말 중요한 문제는 우리가 이 필수적이고 새로운 의식에 어떻게 참여하느냐 하는 것입니다. 우리는 문화적 요구에 따라 일합니다. 자신의 의식의 단계와 직관력을 공유하거나 필수적이고 새로운 의식에 참여하고 싶은 사람들은 두 가지 언어를 쓰는 훈련을 해야 합니다. 마음의 언어만 써서는 아무 도움이 되지 않습니다! 지금은 마음의 언어와 과학의 언어 두 가지를 다 사용할 줄 알아야 합니다. 수천 년 동안 문화적으로 길들여진 것을 되돌리는 방법은 과학의 언어를 사용하는 것뿐입니다. 문화적으로 길들여진 여파가 너무 강한 지금으로서는 다른 방법이 없습니다.

저는 60여 년 전인 1953년에, 6개월 동안 파리의 한 병원 산과 병동에서 일한 적이 있습니다. 그때 저는 출산 후에 "아기를 제 곁에 두어도 될까요?"라고 묻는 산모를 본 적이 없습니다. 절대! 절대! 절대로요! 산모들은 무조건 산파가 탯줄을 끊게 한 뒤 신생아를 간호사에게 곧바로 넘기는 것이 급선무라고 여겼습니다. 그 당시에는 아기는 신생아실에, 산모는 병동에 따로 있게 했거든요! 아무도 엄마와 아기가 한방에 있어야 한다고는 생각하지 않았습니다. 그 전부터 엄마와 아기를 떼어놓았던 경험에 길들여진 결과였지요. 그러다가 신생아에게 엄마가 필요하다는 것을 과학적으로 인식하게 되었습니다. 애착과 초유에 대한 과학자들의 연구가 시작되면서 세균, 기관지, 호르몬을 살펴보다가 불현듯 그 사실을 알게 된 것입니다. 과학적 훈련은 그래서 필요한 것입니다!

작가 우리가 왜 이토록 과학적 승인에 의지하게 되었을까요?

오당 수천 년 동안 문화적으로 너무 깊이 길들여진 것들 때문이지요! 신생아에게 엄마가 필요하다는 것을 알면서도 현실에서는 지금도 엄마와 신생아를 떼어놓고 그 사이에 끼어들 핑계만 찾고 있습니다. 그래서 과학적인 관점에서 배울 것이 있는데도 쉬운 출산을 가능하게 해주는 전제조건이 받아들여지지 않습니다.

작가 평등에 대한 우리의 인식 때문이기도 합니다. 우리는 '동등하다'의 의미를 '가치가 같다'가 아니라 '구별할 수 없다'로 잘못 받아들이곤 합니다. 성별이라는 이슈는 이제 정치적으로 너무 뜨거운 쟁점으로 떠올라 도저히 가라앉힐 수 없을 정도입니다. 절대 변하지 않는 성별까지도 고리타분한 암호쯤으로 여겨서 그 중요성에 대한 의견조차 꺼낼 수 없는 금기가 되어버렸습니다. 하지만 분만

실에서만큼은 별 의미가 없습니다. 당신 말처럼 여성전용이니까요.

오당 어려운 이슈가 맞습니다.

작가 우리가 왜 이토록 사랑을 두려워하게 되었을까요?

오당 우리 사회의 기반 때문이지요! 신석기혁명 이후 우리 조상들은 식물과 동물을 기르기 시작했고, 농업과 축산업이 시작되면서 생존전략의 기반이 자연을 정복하고 서로를 정복하는 것이 되었습니다. 영역에 대한 새로운 개념이 생겼고 새로운 갈등요인이 등장한 것이지요! 결국 인간의 공격성을 극대화할 수 있는 무리들만 살아남을 수 있었지요. 그래서 수천 년에 걸쳐 내려온 생존전략은 바로 정복이었고, 공격능력을 키우는 가장 좋은 방법은 사랑의 능력을 절제하는 것이었습니다. 생명을 파괴하는 능력을 기르기 위해 가장 중요한 시간인 '출산 전후'에 끼어들어야 했던 겁니다. 그래서 예전에는 초유가 위험하다느니 엄마가 아기 눈을 바라보거나 살결이 닿으면 안 된다느니 하는, 말도 안 되는 믿음들이 존재했던 것이지요.

작가 그래서 비즈니스 세계에서도 서로 먹고 먹히는 방식이 통해온 것이고요.

오당 그렇지요. 지금까지 우리는 내가 속한 그룹의 생존만을 생각해왔습니다. 그런데 요즘 와서 갑자기 달라졌습니다. 인류 전체의 생존에 대한 관심이 부쩍 커진 거예요. 완전히 새로운 현상이지요! 이제 모든 것이 한계에 부딪혀 자연을 정복하는 데 한계가 있음을 깨닫게 된 것입니다. 그래서 갑작스럽게 인류 전체의 생존을 위한 새로운 전략이 필요해졌습니다. 그런데 우리의 미래에 필요한 것이 바로 '사랑의 에너지'입니다. 자연을 사랑하고 대지를 사랑하는 능력 말입니다. 지금까지는 그것을 절제하는 것이 득이었지만 지금은 상황이 좀 복잡해졌습니다. 지금까지 믿고 따랐던 것들에서 얻어지는 이득이 적어졌거든요. 지금은 초유가 아기에게 해롭다는 말이 결코 득이 되지 않습니다! 오히려 과학적으로 매우 소중하다는 사실이 밝혀졌지요. 이제 우리는 과학의 말을 들어야 합니다. 과학적인 관점만이 수천 년 동안 문화적으로 이어져온 잘못을 되돌릴 힘이 있습니다.

작가 출산 직후에 엄마와 아기가 분리되면 정확히 어떤 일이 일어나나요?

오당 많은 일들이 벌어지지요. 신생아에게는 엄마가 필요하고, 산모에게도 아기가 필요합니다. 출산 직후 산모가 가장 이상적인 상태라면, 산모의 몸에서는 아주 강한 옥시토신이 발산됩니다. 옥시토신은 태반을 안전하게 반출하는 데 필수적이고, 출산 당시 산모에게서 나오는 사랑호르몬의 주요성분이기 때문입니다. 옥시토신의 강한 분비를 위해서는 산모가 집중해야 합니다. 엄마의 피부가 아기의 살에 닿아야 하고 아기의 눈을 들여다보고 아기의 냄새를 맡아야 합니다. 그것이 산모와 신생아 사이에 일어나는 교감입니다. 그런데 수천 년 동안 그것을 이해하지 못했습니다. 그래서 아무렇지도 않게 산모와 신생아를 떼어놓았지요. 산모의 치사율이나 과다 출혈이 특정 문화적 환경에서 유난히 많이 발생하는 것도 바로 그것 때문입니다.

작가 선생님께서는 출산할 때 혼자 있어야 하고, 엄마 혼자 아기를 낳아야 한다고 강조하셨는데, 흥미롭게도 죽음에 대해서도 비슷한 연구결과들이 있더군요. 사람들은 종종 혼자가 될 때까지 기다렸다가 숨을 거둔다고 합니다.

오당 아, 혼자 있는 것이라고 말씀하셨지만, 사생활이란 단지 혼자라는 것과는 다른 개념입니다! 제가 말하는 사생활이란 타인에게 관찰당하지 않는 상태를 말합니다. 예를 들어 영국의 옥스퍼드 광장에서 빅토리아 역까지 가는 지하철 안에서는 사생활이 보장됩니다. 지하철 안에서는 혼자가 아니지만 익명이기 때문에 관찰당하는 느낌을 받지 않습니다. 그래서 저는 '혼자'가 아니라 '관찰당하지 않는'으로 표현합니다. '혼자'와는 완전히 다른 의미죠.

작가 관찰당하는 느낌이 대뇌신피질 활동을 촉발시키기 때문인가요?

오당 누군가에게 관찰당하는 느낌을 받으면 우리도 스스로를 관찰하게 되거든요. 대뇌신피질이 작동되는 겁니다. 포유류는 감시당하는 느낌이 들면 아드레날린의 분비가 강해집니다.

작가 아드레날린의 분비가 옥시토신의 분비를 막고 출산도 멈추게 만드나요?

오당 예. 모든 포유류가 그렇습니다. 그래서 출산 중에는 관찰당하는 느낌을 받으면 안 된다는 것이 기본적인 요구사항입니다.

작가 엄마와 아기의 이상적인 첫 만남은 어떤 것인가요?

오당 만약 엄마에게서 태아를 몸 밖으로 내보내는 진정한 반사작용이 작동되었다면 그 엄마는 아직도 호르몬의 홍수 속에서 거의 다른 행성에 있는 느낌을 받고 있을 것입니다. 요즘 사회에서는 그런 경우가 거의 없지만, 만약 있다면 '방해받지 않는 출산'의 본보기가 되겠지요. 엄마가 먼저 아기를 본 다음 좀 더 대담하게 아기의 몸을 손끝으로 어루만지고, 안아주고, 아기에게 눈을 맞추고 들여다봅니다. 이렇게 서로 눈을 마주보면서 주고받는 깊은 교감은 엄마와 아기의 관계설정 초기에 무척 중요한 것 같습니다. 한 엄마는 "아기 눈을 들여다보면 온 우주가 보이는 것 같아요!"라고 말했습니다. 엄마들에게는 그 처음 순간을 설명할 수 있는 수많은 방법이 있습니다.

작가 "고대로부터 전해져 온 메시지"를 자주 언급하셨는데, 과학에선 고대의 메시지들을 어떻게 해석하나요?

오당 성경의 창세기에는 하와가 생명나무에서 선악과를 따먹는 이야기가 나옵니다. 우리는 그 이야기를 너무 많이 보고 너무 많이 알아버린 것에 대한 벌로 이해합니다. 그리고 선악과를 먹은 죄 때문에 인간이 해산의 고통이라는 끔찍한 벌을 받았다고 해석합니다. 고대로부터 내려온 메시지를 지금의 과학적 관점으로 해석한 사례입니다. 대뇌신피질 억제의 개념이지요!

작가 그렇다면 여자들이 총명할수록 출산의 합병증을 더 많이 겪는다는 뜻인가요?

오당 (웃음) 총명함의 문제라기보다는 원초적인 뇌와 신피질의 관계에 관한 문제입니다. 핵심은 신피질의 활동을 억제하는 능력이지요. 다시 문화적으로 설명해보자면, 성경은 사랑의 메시지로 끝이 납니다. 위인전을 볼 때 보통 그 사람이 어떻게 태어났는지는 잘 읽지 않습니다. 그러나 사랑의 메신저인 예수가 나오는 성경의 경우에는 어떻게 태어났는지도 이야기의 일부입니다! 예수의 엄마, 마리아는 누군가에게 관찰당한다는 부담감이 없이 다른 포유류가 있는 마구간에서 자연스럽게 예수를 낳았습니다. 덕분에 아드레날린을 분비하는 신피질의 활동은 억제되고 옥시토신은 잘 분비되어서 순산했다는 걸 알 수 있습니다.

작가 네! 그렇지만 남편 요셉이 옆에 있었죠!

오당 (웃음) 그렇긴 하지요. 어쨌든 이렇게 오래된 이야기도 과학적인 방법으로 완전히 새롭게 해석할 수 있습니다.

동화 같은 결말

"결혼은 종교나 성별에 관한 것이 아니다.
약점이 있음을 인정하는 것이다."

내가 언젠가 친구의 결혼식에 늦게 도착한 적이 있었다. 친구는 손님들과 악수를 하느라 정신이 없었고, 신부도 사람들에게 둘러싸여 있었다. 내가 축하인사를 하려고 사람들 사이를 비집고 다가가는데 신부가 손을 흔들어 보이면서 "드디어 얻었어!"라고 말했다. 그 모습은 마치 사냥감을 자랑하는 사냥꾼 같았다.

결혼을 승리로 여기는 그녀의 관점이 나에게는 낯설었다. 나는 맏이였지만 너무 억압적인 결혼생활을 하는 부모님 사이에서 오래 견디지 못하고 열여섯에 집을 나왔다. 결혼은 내게 여자를 가두는 줄 쳐진 상자였을 뿐이다. 지금 생각해보면 나는 자라면서 동화에서처럼 여자들의 삶이 악의적으로 왜곡된 관점에 세뇌되어왔던 것

같다. 그런 꿈같은 이야기들에는 여자들의 인생이 결혼을 하는 것
으로 해피엔딩이 되지만, 나는 결혼 후에 어떤 일들이 생기는지 진
작부터 알고 있었다. 부모님의 결혼사진을 보면 어머니는 케이크
한 조각을 들고 굳은 표정으로 어색한 미소를 짓고 있는데 아버지
는 상대적으로 아주 화사해 보였다. 어머니는 흑백으로 된 결혼식
영상을 보면서 "여기 나오는 사람들은 전부 내가 모르는 사람들이
었어."라고 말했었다. 나는 부모님이 겪고 있는 결혼생활의 현실을
똑같이 견뎌내야 했다. 그러면서 나는 '사랑은 간접적으로 경험하
는 것이 안전하다'고 결론지었다.

유독 내 경험만 그랬던 것은 아니다. 20세기 후반은 결혼의 풍속
을 완전히 바꿔놓았다. 피임, 이동수단의 발달, 텔레비전과 컴퓨터,
누구의 탓도 아닌 이혼의 등장, 신경안정제, 인터넷 성인물의 출연
등으로 사람들이 서로에게 또는 자기 자신에게 기대하는 것이 달
라진 것이다.

격동이 뒤따르는 결혼생활이 어려움에 처할 때마다 도움을 주던
공동체들이 깨지기 시작했다. 한때 자녀와 노부모를 돌보는 일에
도움을 주고받던 사회적 공동체의 주축이었던 여자들이 이제는 하
루 종일 사무실에서 일하게 되면서 아이들은 보육원에, 노인들은
양로원에 맡겨졌다. 인생의 단계에 따라 보육원과 학교, 대학교, 직
장, 양로원 등으로 삶의 환경이 바뀌기 시작한 역사적 전환기였다.
해방감이 커진 만큼 고립감은 더 깊어졌다. 우선순위는 어느 순간
인간이 아니라 물질로 바뀌었다.

내 주변에서도 결혼생활이 물에 부풀었다가 풀어져버린 종이 같아지는 일들이 일어났다.

결론적으로 우리 세대는 사회적 실험의 산물이었다. 우리가 부부간의 친밀감을 이해하지 못했다면 그것은 아마 좋은 본보기를 보지 못했기 때문일 것이다. 우리는 여러 관계들 사이에서 휘청거렸고, 의미도 없는 새로운 것에 마음을 빼앗겼다. 또 통찰력이 뛰어난 사람들조차 알아보지 못하는 그 무언가를 끈질기게 찾아 헤매고 다녔다. 그런데도 내가 스물네 살에 이미 세 번이나 약혼을 했던 것을 보면, 우리 세대가 여전히 동화에 민감했던 것 같다. 처음 두 번의 약혼은 감당이 안 되는 가족에게서 도피하기 위한 것이었고, 세 번째 약혼은 사랑이었다. 그런데 그를 떠나온 것은 나였지만, 내 마음을 깨뜨린 것은 그 사람이었다.

나는 지금도 그 사람이 떠오를 때마다 총알을 잘 피했다는 생각을 하게 된다. 나는 그런 결혼이 어떻게 펼쳐지는지 오래 전부터 봐왔기 때문이다. 그래서 동화 같은 사랑을 원하면서도 그것이 가능하리라는 믿음은 없어서 내 안에서는 늘 전쟁이 일어났다. 그러다가 남편의 진중함이 결국 내 마음을 돌려놓았고, 우리는 아름다운 한낮, 장미정원에서 미얀마 승려의 주례로 결혼식을 올렸다.

우리의 결혼생활도 남들과 다르지 않았다. 한껏 사랑에 취해서 너무 오래 떨어져 지내게 되면 슬퍼했고, 다시 만나면 기쁨에 겨워했다. 그런데 차츰 힘겨운 문제들이 불거지기 시작했다. 양가에서 모두 우리의 결혼을 탐탁지 않게 여겼기 때문이다. 두 집안에서 다 자기 아들과 딸이 만나야 할 사람은 어떤 사람이어야 한다는 구체적인 기준을 가지고 있었고, 우리의 삶에 일일이 참견해왔다. 거기서 오는 압박감은 너무 직설적이었다. 상황은 셰익스피어 풍이었지만, 동시에 코미디 같기도 했다.

나는 삶이 점점 두려워졌다. 딸을 낳고 얼마되지 않아 세계적인 경제위기가 닥쳤다. 우리는 곰팡이가 잔뜩 핀 병든 건물에 살면서도 전혀 알아차리지 못하고 있었다. 사정이 절박한 상황에서 남편이 일을 봐주던 회사 두 개가 파산하면서 우리는 몇 만 불이나 되는 돈을 떼였다. 출판사의 저작권료도 동결된 데다 남편까지 직장을 잃은 것이었다. 나는 남편의 우울증이 악화되는 것을 고스란히 지켜봐야 했다. 결혼 초기의 로맨스는 어느 새 사랑과 공포가 뒤얽힌 상태가 되어버렸다.

설상가상으로 나와 딸의 호흡기에 문제가 생겨서 좋다는 병원과 의사를 다 찾아다녔지만 원인을 찾지 못했다. 그래서 나는 몇 달 동안이나 밤마다 기침에 시달렸고, 베데스다 역시 기침이 멈추지 않아서 우리 부부는 어쩔 수 없이 각 방을 썼다. 우리는 전 세계에서 가장 내로라하는 동네에 살면서도 집 때문에 서서히 병들어가고 있었다. 우리는 너무 지친 데다 두려움 때문에 서로 다투기 시작했다.

차마 말은 못했지만, 나는 결혼이 올가미같이 느껴졌다.

뇌졸중으로 전신이 마비되어 투병하시던 친정아버지는 6개월 뒤에 돌아가셨다. 수십억 원이나 된다던 재산은 단 한 푼도 나에게 돌아오지 않았다. 남편 역시 비슷한 시기에 한때 친어머니처럼 모셨던 할머니가 돌아가셨는데, 유산을 하나도 물려받지 못했다. 우리는 감당할 수 없을 정도의 빚더미에 올라앉았다. 남편은 실패했다는 무력감과 좌절감 때문에 자기 안으로 도피해버렸다. 우리는 고양이들처럼 딸이 잠들고 난 늦은 밤마다 서로에게 야유를 퍼부어댔고, 어떤 때는 험악한 다툼으로 번지기까지 했다. 내가 너무 흥분해서 남편에게 뜨거운 찻잔을 집어던진 적도 있었다. 다행히 그가 피했다.

입 밖에 내지는 않았지만, 차라리 독신으로 남았다면 삶이 이렇게까지 복잡해지지는 않았을 거란 생각도 들었다. 남편과 헤어질 생각도 해보았다. 가끔씩 꺼내서 껴보는 반지처럼 그 생각은 때때로 내 마음을 흔들어놓았다. 하지만 결혼은 서로에게 약속한 것이기도 하지만, 나 자신에게 한 약속이라는 사실을 깨닫고 뉘우쳤다. 나에게는 결혼생활의 길이보다 결혼생활 자체를 존중하는 것이 더 중요했기 때문이다. 화목한 결합을 원했던 내 갈망을 존중해야 했다. 그 때문에 해야 하는 타협 역시 내가 받아들일 몫이라고 생각했다. 나는 오랫동안 내 의지로 결혼하지 않았고, 결혼한 뒤가 이전보다 더 좋았다.

우리가 우리 두 사람보다 더 크고 위대한 어떤 것의 일부라는 느낌이 들 때도 있었다. 결혼이 동거와 다를 것이 없다고 여기는 사람들은 어쩌면 지속적인 것에 덜 예민한 것일지 모른다. 하지만 결혼은 법적으로 사회적으로 우리에게 버팀목이 되어주었다. 전통적으로도 결혼은 역사 이전부터 존재해왔다. 그런데 아직도 결혼이 '종잇조각'에 불과하다거나 달갑지 않다고 꺼리면서 들어가지 않는 사교클럽 정도로 여기는 사람들이 있다. 하지만 결혼은 종교나 성별에 관한 것이 아니다. 약점이 있음을 인정하는 것이고, 우선순위를 끊임없이 다시 고려해야 하는 약속이며, 사회적 안정장치다. 베티 데이비스의 말처럼, 결코 나약한 자들이 버틸 수 있는 곳이 아니다.

결혼이라는 제도가 20세기를 견뎌냈다는 사실만으로도 우리 자신이나 다른 모든 이들에게 그리고 헌신이란 면에서도 결혼은 믿음의 증거라고 할 수 있다. 모든 결혼은 헌신의 능력에 따라 세워지거나 무너지는 것이다. 그렇기 때문에 변화를 선호하는 문화에서는 자발성이나 화려함이 없는 이상에 헌신하기가 쉽지 않다. 남편을 알렉산더 맥퀸의 클러치백과 바꿔버리고 싶은 날도 있었고, 나의 증인, 동반자, 즐거움으로 향하는 문이라고 생각되는 날도 있었다. 결혼은 절대로 고정되어 있는 것이 아니다. 절정도 있고 구덩이도 있고 끊임없이 바뀌는 것이다. 그런데 그렇게 바뀌는 장면들이 언제나 나 자신을 반영한다는 사실은 잊어버리기 쉽다. 우리의 애착능력이 우리 마음에 끌리는 상대를 결정하고, 그 상대를 통해 우리는 영원히 변화한다. 그래서 결혼은 연금술인 동시에 거울이다.

격식 있는 관계는 결혼 제도를 위협하지 않고 오히려 그 가치를 높여준다. 결혼은 기대라는 압력 없이 관계의 건강성을 시험하며, 사람들이 불확실성이나 인생철학 또는 해결되지 않은 고통 때문에 사랑을 거부하지 않게 해주는 것이다. 비용이 많이 들고 여러 절차를 거쳐야 하는 이혼과 마찬가지로, 결혼 역시 금전적 요구와 여러 단계로 이루어진 절차마다 심각하게 고려해야 하는 것들로 이루어져 있어서 그 가치가 높아진다. 두 가지 모두 어떻게든 살아남을 수 있는 관계들이 쉽사리 깨지는 것을 막아주는 것이다. 내 주변에서 있었던 뒷일을 따져보지도 않고 이루어진 이혼 중 하나는 정신병 때문이었고, 다른 하나는 수많은 고민 끝에 결정된 것인데 금전적인 면에서 결코 만만치가 않았다.

우리가 어릴 때 봤던 결혼으로 결실을 맺는 동화들은 '결혼하면 고생 끝!'이라는 인상을 준다. 하지만 대부분의 경우, 고통은 결혼과 동시에 시작된다. 그런 동화들은 남녀가 동등하지 않았을 때 만들어졌고, 대부분의 여자들에게 결혼은 선택사항이 아닌 생존을 위한 필수코스 같은 것이었다. 신데렐라, 잠자는 숲속의 공주, 백설공주 같은 동화와 찰스 페로, 그림 형제 등 여러 명작동화를 쓴 작가들이 한때 힘과 희망을 얻을 수 있는 매개체였던 것은 그 당시 여자들이 결혼을 통해서만 안정과 명예를 얻을 수 있었기 때문이다. 결혼 못한 여자는 조롱받고 이용당하거나 가난뱅이가 되거나 창녀로 낙인찍혀서 사랑받을 수 있는 희망조차 사라져버렸다. 그런 면에서는 문화적으로 진화한 셈이다.

선진국에서는 그런 실용적인 결혼을 시대착오적이라고 여긴다. 여자들도 더 이상 돈이나 명예를 위해 결혼할 필요가 없어졌다. 그런데도 사람들은 계속해서 결혼을 한다. 동화 같은 결말은 늘 종교적, 사회적 의식보다 훨씬 많은 것을 의미해왔기 때문이다. 전 세계적으로 결혼은 여전히 문자 그대로 또는 형이상학적인 의미에서 반쪽인 둘을 하나로 모아주는 것이며, 온전히 하나가 되어 떠나는 새로운 모험이다. 우리는 동화를 통하여 모든 아픔이 치유될 수 있다는 것을 믿는다.

나는 더 이상 결혼을 상자 같은 것이라고 생각지 않는다. 나의 결혼생활 10년을 돌아보면, 결혼이 나를 더 나은 인간으로 만들었다고 할 수 있다. 결혼이 비록 어떤 활동에서의 성공은 아니었지만, 공포감 때문에 로맨스에 충동적이었던 나 자신을 생각하면 승리였다고 생각한다. 결혼이 나를 차분하게 만들어주었고 인내의 목적을 알게 해주었다. 나의 결혼생활이 죽는 것으로 끝이 날지 아니면 내 의지로 끝내게 될지 아직은 알 수 없다. 하지만 나는 절대로 후회하지 않을 것이다. 결혼을 통해서 내가 사랑에 대한 두려움을 극복했기 때문이다.

이혼 확정 판결

당황스러운 이혼, 당황스러운 엄마

안토넬라 감보토 버크

남편은 내가 그에 대한 사랑과 우리가 함께 낳은 아이에 대해 쓴
이 책을 홍보하고 있을 때 내 곁을 떠나갔다. 나는 어떤 말로도 표
현할 수 없을 만큼 당황스러웠다. 그가 천 킬로미터나 떨어진 곳으
로 날아가서 시어머니의 집 맞은편에 새집을 구했고, 결국 우리는
별거에 들어갔다. 정확히 말하면 남편이 같이 가자고 애원했지만
내가 거절했다. 시어머니 집 근처에 사는 것은 내가 죽었다 깨나도
할 수 있는 일이 아니었다. 나는 우리가 너무나 조용히 갑작스레
갈라서게 된 것에 무척 당황스럽다. 누구도 소리 지르지 않았고, 문
밖으로 옷을 집어던지는 일도 없었다. 남편이 만취해서 시내를 헤
매고 다닌 적은 있었지만, 그뿐이었다. 그리고 이전에도 다툰 적이

있었기 때문에 싸움이 대수로운 일도 아니었다. 우리는 몇 년 동안 같은 이유로 다퉈왔다. 그의 가족 때문에, 그리고 내가 그들이 사는 동네로 이사하고 싶어 하지 않았기 때문이었다.

그런데 이번에는 달랐다. 그가 나를 떠나간 것이다.

우리 사이에는 분명히 생각의 차이가 있었다. 우리 딸 베데스다의 탄생은 우리를 서로 다른 방식으로 바꿔놓았다. 딸에 대한 내 사랑은 즉각적이고 압도적이었는데, 남편은 사랑을 표현하고 경험하는 것에 어떤 두려움이 있었던 것 같다. 남편은 베데스다가 태어난 뒤의 몇 개월에 대해 이렇게 썼다. "아내는 우리가 함께 만든 이 작은 사람을 위해서 자신의 삶 전체를 곧바로 재조정했다. 그런데 나는 아기에게 별로 관심이 가질 않았다. 나는 그 상황에 의식적으로 참여하지 못했던 것이다. 부모님이 내가 너무 어렸을 때 이혼했기 때문에 내게 아버지라는 롤 모델이 없어서 그랬을지도 모르겠다. 사실, 나는 어머니와 아버지의 역할을 완전히 나눠서 생각했고, 아버지의 역할은 그다지 중요하지 않다고 이해해왔다."

그는 나중에 자기가 그토록 헷갈려 한 것에 대해 많이 후회했다. 그는 행복한 유년기를 보내지 못한 사람이었다. 가보 마테가 사랑에 대해서 불편해하는 사람들의 유년기에 대해 말했던 것처럼 남편에게도 "일어났어야 했던 일들이 일어나지 않았던" 것이다. 그래서 늘 과거의 기억 때문에 힘들어했다. 그런데도 우리는 정말 오랫동안 많은 것을 나누고 서로를 대면하면서 각자의 가족사를 넘어서려고 노력했다.

나는 이제까지 그렇게 행복했던 적이 한 번도 없다. 남편을 사랑하는 것이 나에게는 너무 당연하고 쉬운 일이었고, 베데스다가 첫 울음을 터뜨렸을 때는 마치 은하계 전체가 반짝거리는 것 같은 경이로움을 느꼈다.

친구 하나가 여자가 글을 쓴다는 것이 주변 사람들에게 많은 희생을 요구하는 일이라고 말한 적이 있었다. 내가 다시 책을 쓰기 시작한 것은 베데스다가 학교에 다니면서부터였다. 집안일도, 가족을 챙기는 일도 여전히 내 몫이었다. 그런데도 남편은 내가 다시 일을 시작하자 혼란스러워 했다. 안 그래도 그의 가족 때문에 불안스러웠던 우리 관계는 그때부터 급격하게 금이 가기 시작했다.

내 주변에서는 나보다 훨씬 나이가 어린 남편이 자기 분야에서 빛을 못 보고 있는데, 이미 작가로서 이름이 나 있던 내가 다시 일을 하게 되니 부담을 느꼈을 거라고 추측했다. 남편은 아마 그런 말에 동의하지 않을 것이다. 다만 그가 이제까지 단 한 번도 내 일에 관심을 가지거나 내 글을 읽어보지 않은 것은 사실이었다. 하지만 나는 그것에 별로 개의치 않았다. 나에게는 우리의 공통 관심사인 베데스다가 제일 중요했으니까.

그런데 이 책이 내 의식에 이렇게까지 많은 영향을 주리라곤 예상치 못했다. 이 책을 쓰면서 나는 내가 미처 생각지 못했던 부분에서까지 많은 변화를 경험했고, 새로운 인연을 만났으며 과거의 인연과도 재회했다. 그리고 마침내 그 인연들이 내 인생을 바꿔놓았다. 하지만 그 많은 변화에 남편은 조금도 관련되어 있지 않았다.

어느 날 문득 나는 우리가 서서히 둘로 쪼개지고 있는 얼음조각 위에 서 있는 것 같은 느낌을 받았다. 그에 대한 나의 무감각이 내 마음을 아프게 했지만, 그렇다고 그에게 나와 똑같은 것을 원하게 만들 능력도, 그럴 마음도 내겐 없었다.

우리는 첫 키스를 한 날로부터 10주년이 되기 바로 전날 헤어졌다. 그가 제안했고 나는 바로 받아들였다. 그의 제안을 받아들인 것에는 물론 명백히 비극적인 면이 있었다. 베데스다가 다시는 부모가 함께 사는 모습을 보지 못하게 된 것이니까. 그런데 다른 한편으론 안도감이 파도처럼 밀려왔다. 내가 그를 사랑하지 않아서가 아니라 그가 나를 사랑한다는 느낌이 더는 들지 않았기 때문이다. 남편도 한때는 나를 아주 깊이 사랑했다는 것을 나도 알고 있다. 하지만 그 사랑을 되살릴 수 없을 만큼 우리는 시험에 빠져 있었다.

전 세계적으로 엄청난 여파를 몰고 왔던 금융위기로 그가 파산하면서 우리 가족은 회복불능의 상황에 내몰렸다. 나는 1년 가까이 몸이 아팠고, 양쪽 집안에 혼란스러운 일들이 벌어졌다. 두 번이나 장례를 치렀고, 돌아가신 분들에게서 한 푼의 유산도 받지 못했다. 여러 번 이사를 했고 직장의 문제도 생겼다. 그 와중에 시어머니까지 끊임없이 우리를 갈라놓으려고 했고, 친정어머니는 반대로 우리 일에 아무런 관심도 없었다.

남편이 결국 그런 압박에 굴복했다고 해서 그것이 그의 나약함의 증거는 아니었다. 나는 우리가 서로 제 갈 길을 갈 때가 온 것뿐이라고 생각한다. 물론 진실을 받아들이기까지 많은 시간이 걸렸다. 나는 그와 헤어진 뒤 두 달 동안이나 앓아누웠고, 아주 희귀한 피부병으로 고생했다. 설상가상으로 베데스다와 나는 지독한 독감에 걸려 끔찍한 고열에 시달렸는데, 나는 목이 너무 부어 말도 제대로 못할 지경이었다. 어느 날 새벽, 내 몸 하나도 제대로 가누기 힘든데 아이가 열이 펄펄 나는 몸으로 내게 다가왔다. 그런데 아이 몸이 내 몸에 닿는 순간, 나는 나도 모르게 아이를 밀쳐버리고 말았다. 거절당했다는 서러움 때문에 베데스다는 목 놓아 울었다. 그런 아이를 끌어안고 나도 결국 울고 말았다.

나는 아무에게도 남편과 헤어졌다는 말을 하지 않았다. 도저히 사실이라고 느껴지지 않았기 때문이다. 그저 묵묵히 베데스다에게 홈스쿨링을 계속 했고 저녁이면 아무렇지도 않게 정원에 쌓인 나뭇잎을 쓸었다. 그러다가 아이를 재우고 난 뒤에 갑자기 나에게 닥친 현실을 실감했다. 하지만 침대에 누워 천장을 바라보고 있노라면 두려움도 희망도 고통도 슬픔도, 아무것도 느껴지지 않았다. 미래라는 거대한 존재가 불쑥 다가왔지만, 나는 무엇을 생각하고 기대해야 할지조차 알 수 없었다.

그렇게 하루하루를 보내던 어느 날, 나는 내 인생에서 남편이란 존재가 맡아온 역할을 비로소 인정하게 되었다. 물론 의식적으로 그런 것은 아니었지만 나는 남편 덕분에 좋은 쪽으로 바뀌었다. 나는 그와의 관계에서 관용을 배웠고 그의 나약함뿐 아니라 나 자신의 나약함까지도 받아들일 수 있었다. 그리고 계속해서 또는 한꺼

번에 들이닥치는 외부의 어려움을 이겨내는 힘을 길렀다. 가장 중요한 것은, 시간이 갈수록 깊어지는 친밀감을 만들어가는 법을 배웠다는 것이다. 나는 그와 더 오래도록 더 깊은 친밀감을 경험하고 싶었다. 하지만 내 운명이 그것을 허락하지 않았다.

나는 남편이 내 인생에서 맡아왔던 역할을 존중하면서 이별의 새로운 모델을 찾기로 마음먹었다. 그래서 그에게 "우리는 결혼하기 전부터 친구였으니 헤어져도 친구로 지낼 수 있을 거야." 하면서 그에게 손을 내밀었다. 하지만 남편은 나에게 등을 돌리는 것으로도 모자라 비난까지 퍼부었다. 그의 분노는 맹목적이었고 다른 생각은 안중에도 없었다. 그는 비탄에 잠겨 상상도 못할 방법으로 나를 공격했다. 나는 그가 그러는 이유를 이해하려고 노력했고 우리가 화합하는 것이 더 지혜로운 것이라고 끊임없이 설득했다. 하지만 그는 듣지 않았다. 자기가 중요하게 생각하는 것은 오로지 '자신의 권리라고 이해하는 것'뿐이라고 했다(나중에 상담사가 "권리"의 주장은 분노의 언어라고 설명해줬다).

그 뒤로 남편은 변호사를 불러들였고, 우리 사이에 남아 있던 좋은 기억들은 쓰레기처럼 내팽개쳐져서 다시는 되돌릴 수 없게 되었다.

변호사들은 내가 그에게 느끼는 애정은 불필요하고 부적절하며, 그를 남편이라고 부르지도 말라고 나무랐다. 오히려 내가 남편을 극복해야 할 어려움이나 장애물쯤으로 여기도록 만들고 싶어 했다. 그때부터 그를 향한 나의 사랑은 유물이 되었고, 그는 그저 "아

이 아버지"가 되었다. 남편과 나의 관계가 더 이상 직접적인 것이
아니라 아이를 사이에 둔 간접적인 관계가 된 것이다. 그것은 베테
스다에게도 감당하기 힘든 변화였다. 나는 이 모든 일이 딸에게 미
칠 영향이 걱정스러웠다. 그리고 아이들이 왜 관계를 새로 정립해
가는 두 어른들 사이에서 압박감을 참아내야 할까, 법은 왜 직접적
인 부모의 애정이나 존중, 정중함의 중요성을 알아보지 못할까, 자
녀와도 무관하지 않은 부모의 다툼이 왜 아이와 아무 관계가 없는
것처럼 여겨질까, 또 부부가 함께 살면서 서로 나누고 영향을 주고
받았던 모든 것을 무시한 채 서로를 헐뜯고 깎아내리고 인격적인
모독을 퍼붓는 것을 아이가 어떻게 받아들일까 하는 질문들이 떠
올랐다. 결과적으로 이런 모든 상황이 아이들에게 가르쳐주는 것
은 서로에게 도움이 될 때에만 상대를 존중하라는 것뿐이다.

　내가 조금이라도 남편을 편드는 것 같을 때 내 변호인들이 보였
던 반응은, 지금의 문화가 애착을 얼마나 여유나 사치로 여기는지
를 여실히 보여준다.

　나는 변호인들의 우려처럼 남편을 갈망했던 것이 아니라(나는 남
편과 다시 합치고 싶은 마음이 없다) 강제로 열정이 없는 상태로 떠밀려
가는 것에 대해 거부감이 들었을 뿐이다. 내가 왜 내 아이의 아버
지가 되어준 남자에게 무관심한 척 해야 하며 누구에게 좋으라고
그래야만 할까? 딸을 생각해서라도 절대 그래서는 안 되는 것이었
다. 징글징글하게 오래도록 이어졌던 부모의 이혼과정을 겪었던
남편은 우리 사이에 연결점이 없다는 걸 강조하는 데만 열을 올렸

지만, 그것은 객기였다. 그가 언젠가는 자신의 그런 행동을 후회할 거라고 생각한다.

베데스다는 자신과 엄마를 대하는 아빠의 태도에 충격을 받아서 더는 아빠와 말하고 싶어 하지 않았다. 부녀 사이가 무한대로 멀어진 것이다. "남자들은 불성실해." 언젠가 딸이 했던 말이다. 나는 그 말에 절망감을 느꼈다. 남편은 딸의 분노조차 내 탓이라고 몰아세웠다.

나는 딸과 나의 전화번호를 바꿨다. 그리고 분노와 불안감이 커진 딸을 위해 심리상담사를 찾았다. 나는 내 모든 힘을 집안의 평화를 지키는 데 쏟았다. 결혼생활이 파탄 났다는 사실을 받아들일 시간도, 다른 어떤 것도 이해할 만한 여유가 없었다. 나는 6개월을 그렇게 비상모드로 살았다.

변호인들은 계속해서 엄마가 얼마나 가치 없게 여겨지는 존재인지를 내게 일깨워주었다. 내가 아무리 딸의 태도를 분석해봐야 전문가의 확증이 없이는 무의미했다. 나는 5년 동안 딸하고 같이 잠을 잤고, 8년 동안 전적으로 육아에 매달렸으며, 홈스쿨링을 일 년 넘게 해와서 딸에 대해서는 하나도 모르는 게 없었다. 그런데도 법정에서는 구시대 여자에게 하듯 오만과 편견으로 내가 아이의 심리상태에 대해서 하는 말을 묵살하거나 회의적으로 받아들였다. 19세기 범죄학자 체사레 롬브로소는 "여자들에게는 아이들과 아주 비슷한 특징이 있다. 도덕적 감각이 떨어지고 앙심을 잘 품으며 질투를 잘하고 학대당한 것에 복수하고 싶어 한다."고 말했다. 지금도 그때와 마찬가지로 여자들을 그렇게 보고 있는 것이다.

나는 변호인들에게 딸이 극심한 트라우마에 시달린다는 말을 계속했지만 아무 소용이 없었다. 내 모성애가 오히려 나를 더 불리한 방향으로 몰고 갔다. 아무런 증거도 없는데 나는 앙심을 품은 비이성적이고 질투심에 불타는 잔인한 여자가 되어 있었다. 그런데 우리 가정 일을 하나도 모르는 심리학자가 불쑥 나타나서 베데스다와 45분씩 딱 6번을 만나고 하는 말은 제 말과 조금도 다르지 않은데도 모두 귀를 기울였다.

나는 어떤 아름다운 임산부가 아이의 아빠가 양육권을 행사하게 두느니 차라리 노숙자가 되겠다고 말하는 것을 본 적이 있다. 다큐멘터리 제작자인 어느 엄마가 폭력을 휘두른 아이 아빠가 아이를 만날 수 없게 해달라고 소송하는 것도 보았다. 어느 성공한 직장여성이 마약중독인 남편에게서 아이들을 보호하려고 아동심리학자에게 상담을 받으러 갔다가 "일단, 당신이 남편의 잘못에 대해 거짓말을 하는 것이 아니라 해도 저는 당신 남편의 마약중독에는 관심이 없습니다. 저는 누구의 편을 들어주려고 존재하는 것이 아닙니다."라는 말을 들었다. 내가 신간홍보를 위해 서점을 다니면서 만났던 수많은 여자들은 별거 뒤에 겪었던 자기들의 경험을 얘기하면서 내 앞에서 눈물을 흘렸다. 시간이 지나면서 분명해진 것 두 가지는 '모성애의 반석'으로 여겼던 엄마들이 아이들에게 보호본능을 더 이상 느끼지 못하게 되었다는 것과 아빠들이 자기 아이의 엄마를 더 이상 존중하지 않아도 된다고 여긴다는 것이다. 믿어지지 않겠지만 이것은 법적으로도 점점 더 강화되고 있다.

한 사회복지사가 들려준 이야기다. "우리는 가부장적인 사회에서 살고 있고, 그것은 가정법에 고스란히 녹아 있습니다. 엄마들은 이제 아무 상관이 없는 존재, 또는 다른 보호자로 대체가 가능한 존재쯤으로 여겨집니다. 예전에는 아빠들에게 불리한 시스템이 적용됐지만, 지금은 반대입니다. 어떤 근거를 제시해도 엄마들이 주장하는 불만은 복수심에 불타는 아내의 발광쯤으로 치부됩니다. 저는 너무나 어처구니없는 사건들을 많이 경험했습니다. 아내를 폭행했던 아빠가 양육권을 얻은 뒤 다시 아이들을 폭행하는 경우, 분노에 찬 아빠가 시작한 전쟁으로 심리적으로 끔찍한 상처를 받는 아이들, 소아성애자에게 맡겨지는 아이들에 이르기까지……. 수많은 아이들이 희생되고 나서야 사람들이 겨우 관심을 기울이게 되었습니다. 느리게나마 조금씩 시스템이 변하기 시작했지만, 정말 끔찍합니다."

이혼이 진행되는 동안 나는 중심을 잃지 않으려고 노력했다. 그것이 딸만이 아니라 나 자신을 위한 것이기도 했다. 나는 남편과 결혼했던 이유를 잊지 않기로 스스로에게 약속했다. 하지만 그것이 말로만 쉬운 것임을 느꼈다. 헤어지는 과정에서 남편이 보여준 태도를 보고 이혼한 여자들이 왜 결혼사진에서 남편의 얼굴을 오려내는지 처음으로 이해할 수 있었다. 결혼반지를 온라인 경매사이트에 팔아버릴까 하는 생각도 했다가 참았다. 놔두는 것도 나중에 베데스다에게 의미가 있겠다 싶어서였다. 나는 베데스다가 엄마가 아빠를 사랑한 적이 없다고 믿으면서 자라는 것을 바라지 않는다. 한참 지나서야 그때의 내 생각이 얼마나 충동적이고 악의적이며 하찮은 것이었는지 깨달아졌다. 이제 내 삶에는 그런 반응을 할 여유가 없다. 지금은 성숙해져야 할 때니까.

한번은, 몇 주 동안 나를 힘들게 했던 베데스다가 갑자기 소리치면서 말했다. "왜 우리에게 이런 일이 일어난 거지?! 왜??" 딸이 외친 '왜?'라는 말은 거의 물리적인 존재로 느껴질 만큼 내 귓전을 맴돌았다. 나는 "그게 왜 안 돼?" 하고 되물었다. 아이는 내 말에 놀랐지만 곧바로 그 말뜻을 알아들었다. 대대적인 손상은 개인적이지 않다. 매일, 모든 곳에서, 모든 사람들에게 일어나기 때문이다. 우리가 누구라고 그런 고통에서 예외가 될 수 있겠는가?

나는 서른둘이라는 꽃다운 나이로 가버린 남동생의 자살을 극복한 경험이 있어서 내 결혼생활이 파탄으로 끝났다고 해서 망가지지는 않는다. 아쉽게도 아름다운 이별을 만들지는 못했지만, 그래도 지금은 아무도 아프지 않고 아무도 죽지 않았다. 베데스다는 여전히 두 팔을 뻗고 나에게 다가와 안기며, 고양이는 아직도 내 이마에 자기 이마를 갖다 댄다. 나도 아직 여기에 있다. 나는 멜로드라마에는 관심이 없다. 나는 언젠가는 내가 다시 열정적인 사랑을 할 것이고, 다시 아무 걱정 없이 행복할 것을 믿는다. 이것이 존재의 본질이다. 기쁨은 항상 돌아오는 법이다.

나도 물론 어쩔 수 없이 결혼 상태가 그리울 때가 있다. 남편의 지금 모습이 아니라 예전의 모습이 그립기도 하다. 그는 깔깔거리며 웃는 세 살배기 딸을 공중에 던져 올리던 젊은 아빠로 영원히 내 기억에 남아 있을 것이다. 이 글을 쓰는 지금도 그 장면이 떠올라 눈물이 난다.

남편이 내 환상이나 기대를 채워주지 못했다고 해서 그를 사랑했던 내 마음이 달라지지는 않는다. 나에게 어떻게 남편에 대한 사랑이 없겠는가? 나는 아이를 더 낳을 생각이 없으니 그는 하나밖에 없는 내 아이의 아빠다. 그가 없이는 베데스다가 존재할 수 없었고, 우리가 서로 나눈 깊고 정신없고 거친 친밀감도 경험해보지 못했을 것이다. 이제 그를 놓아주면서 나는 그에게 내 가슴 깊은 곳에서 우러나오는 축복을 보낸다. "잘 가요, 알렉스. 나는 우리가 사랑에 빠졌던 것을 언제까지나 감사할 거예요."

마마 콤플렉스

2017년 5월 10일 처음 찍음
2017년 5월 15일 처음 펴냄

글 안토넬라 감보토 버크
번역 신주영
펴낸이 권준성
펴낸곳 아현
주소 (413-200) 경기도 파주시 한빛로 43(야당동 501-59)
전화 031-949-5771
팩스 031-946-0986
등록 1999.12.3. 제66호
ISBN 978-89-5878-245-2 03330

편집책임 전정숙
마케팅 이병호
출력 판코리아
인쇄 벽호
정가 13,500원
www.ahyunbooks.modoo.at
blog.naver.com/booknadri

 '그여자가웃는다'는 도서출판 아현의 미즈 브랜드입니다.

이 도서의 국립중앙도서관 출판예정도서목록(CIP)은 서지정보유통지원시스템 홈페이지(http://seoji.nl.go.kr)와 국가자료공동목록시스템(http://www.nl.go.kr/kolisnet)에서 이용하실 수 있습니다.(CIP제어번호: CIP2017009798)

아현은 책으로 세상을 따뜻하게 만들어 갑니다.